KLAUS VON SEE

Freiheit und Gemeinschaft

Völkisch-nationales Denken
in Deutschland
zwischen Französischer Revolution
und Erstem Weltkrieg

Universitätsverlag
C. WINTER
Heidelberg

Die Deutsche Bibliothek – CIP-Einheitsaufnahme

See, Klaus von:
Freiheit und Gemeinschaft: Völkisch-nationales Denken in Deutschland zwischen Französischer Revolution und Erstem Weltkrieg / Klaus von See. – Heidelberg: Winter, 2001

ISBN 3-8253-1217-8

ISBN 3-8253-1217-8

Imprimé en Allemagne · Printed in Germany
Druck: Betz-Druck, Darmstadt
Gedruckt auf umweltfreundlichem, chlorfrei gebleichtem und alterungsbeständigem Papier

INHALTSVERZEICHNIS

Vorwort

Eine frühere Fassung der vorliegenden Arbeit - in ihren Grundzügen ein Vortrag, den ich an skandinavischen und nordamerikanischen Universitäten hielt, - erschien 1975 unter dem Titel *Die Ideen von 1789 und die Ideen von 1914* in einem Verlag, der längst nicht mehr existiert, und dazu noch in einer sehr kleinen Auflage, die schnell vergriffen war. Das Buch setzte sich seinerzeit zwischen alle wissenschaftspolitischen Stühle, da es ein Thema, das - nach damaligem Verständnis - dem Lager einer marxistisch orientierten Gesellschaftskritik nahezustehen schien, eben nicht in diesem Sinne behandelte (vgl. etwa die nur partiell und unwirsch zustimmende Rezension von P.Stein in: Germanistik 18, 1977, S.296f.). Trotzdem wurde hin und wieder eine zweite Auflage angeregt und erwogen. Aber erst die Veröffentlichung meines Buches *Barbar-Germane-Arier. Die Suche nach der Identität der Deutschen* 1994 schien mir ein sinnvoller Anlaß zu sein, das Buch von 1975 in einer überarbeiteten und erheblich erweiterten Form noch einmal herauszubringen. Denn beide Bücher ergänzen einander, obwohl es sich hier wie dort um jeweils eigenständige, in sich geschlossene Themenkreise handelt.

Einer der Rezensenten meines *Barbar-Germane-Arier*-Buches bemerkte, das Buch liefere nicht eigentlich d i e Geschichte der Germanenideologie, sondern eher "Bausteine zur Geschichte der Germanenideologie", - immerhin, wie er freundlicherweise hinzufügte, "sehr solide Bausteine, denen man es schon ansieht, daß man aus ihnen ein vernünftiges Gebäude machen könnte" (G.E.Rieger in: Die Welt, 31.12.1994). Im Gegensatz zum Rezensenten meine ich allerdings, daß ein solches "Gebäude" gar nicht zu "machen" ist, zumindest im Augenblick noch nicht, denn die Geschichte der Germanenideologie - oder allgemeiner formuliert: die Geschichte der deutschen Identitätssuche - bietet sich nicht als homogener, fest begrenzter und nach Zeiträumen gliederbarer Komplex dar, sondern in Form von vielerlei speziellen Traditionszusammenhängen, von einzelnen "Strängen", die den verschiedensten Kulturbereichen angehören und zunächst einmal ihre jeweils eigene Geschichte haben, daher auch am ehesten in Form von Einzelmonographien darstellbar sind. Die Geschichte der Rezeption des Nibelungenliedes als Nationalepos ist ein solcher Traditionsstrang (s. *Barbar-Germane-Arier*, S.83ff.) oder die Geschichte der Männerbund-Ideologie (ebd. S.319ff.), die Geschichte von Verbänden wie den Burschenschaften und den Turnerbünden als Trägern völkischer Ideologien und anderes mehr.

In ebendiese Reihe von Traditionssträngen gehört auch das Thema des vorliegenden Buches: Es versucht darzustellen, wie die Idee der individuellen F r e i h e i t , ein Erbteil der traditionellen Germanenideologie und zugleich ganz aktuell ein Programm der Französischen Revolution, sich in allmählichen Übergängen über das Konzept einer korporativ gebundenen Freiheit schließlich bis zum Beginn des Ersten Weltkrieges in ihr genaues Gegenteil verkehrt, in die Idee der G e m e i n s c h a f t , in der das "Volk" nunmehr "alles" und das Individuum "nichts" mehr ist.

Es zeigt sich dabei im Einzelnen: (1) die anfangs noch enge Verbindung dieses Ideengutes mit dem aufklärerischen Rationalismus, die es möglich macht, die Ideen der Französischen Revolution, die "Ideen von 1789", als Wiedergeburt der alten germanischen Freiheit zu feiern, (2) im Vormärz das Bemühen, durch nationale Erziehung - vornehmlich durch die Forderung nach Preßfreiheit und Geschworenengerichten - die Kluft zwischen gebildeten und ungebildeten Bevölkerungsschichten zu überwinden, um auf diese Weise einen vom bürgerlichen "Mittelstand" belebten Volksorganismus und damit auch eine "öffentliche Meinung" zu schaffen, (3) seit der Jahrhundertmitte die stärker werdende realpolitische Orientierung und in Verbindung damit die Ersetzung des Bauern als idealer Verkörperung des Nationalcharakters durch den "gebildeten" Bürger und den Kaufmann, das heißt zugleich: die Ergänzung der "Biederkeit" durch die "Tüchtigkeit", die Betonung "männlicher Arbeit" und die ersten Anfänge einer "faustischen" Ideologie, (4) nach den Reichseinigungskriegen von 1864, 1866 und 1870/71 einerseits die steigende Wertschätzung des "Staates" und dann auch des Militärs als einer "Schule der Nation", die Gefahr einer "Militarisierung" des politischen und kulturellen Lebens, und andererseits - in der Agitation gegen die "Reichsfeinde", die Ultramontanen und die Sozialdemokraten - der Versuch einer völkisch-vitalistischen Legitimierung der Reichsgründung, (5) seit den 1890er Jahren schließlich die Identifizierung der völkisch-organologischen Ideologie mit der wilhelminischen Weltmachtpolitik, die nicht nur eine neue - das "Biedere" nun endgültig durch das "Weltmännische" ersetzende - nationale Kulturkonzeption hervorbringt, sondern auch die Forderung nach industrieller Effizienz und militärischer Disziplin des in sich einigen, nicht vom "Parteienhader" zerrissenen Volkes, (6) die formelhafte Kodifizierung dieser Kulturkonzeption in den "Ideen von 1914", einem Schlagwort, das die "Ideen von 1789", den individualistisch-"gleichmacherischen" Freiheits- und Demokratiebegriff des Westens, als strikte Gegenposition zum deutschen Gemeinschaftsdenken erscheinen läßt.

Gegenüber der Version von 1975 ist das vorliegende Buch, wie gesagt, erheblich erweitert, jüngere Forschungsergebnisse sind verarbeitet, mehrere neue Gesichtspunkte hinzugekommen, und hier und da haben auch die Beurteilungen einen anderen Akzent erhalten, so etwa im Falle Jacob Grimms und der 'Göttinger Sieben' (ausführlich begründet in meiner Schrift *Die Göttinger Sieben. Kritik einer Legende*, 1997, 3.Aufl.2000).

Für Hilfe bei der Herstellung der Druckvorlage danke ich Frau Helena Lissa Wiessner M.A.

Frankfurt am Main, im Juni 2001 Klaus von See

Johann Peter Hasenclever, Das Lesekabinett, 1843. Lesekabinette und Kaffeehäuser sind in den mittleren Jahrzehnten des 19. Jahrhunderts die Zentren einer öffentlichen Meinungsbildung: "Zeitungen sind," wie Victor Hehn sagt, "das Erste und Wichtigste des 19. Jahrhunderts, seine Seele, sein Gefäß." Das Zitat unten S. 64 zeigt, daß der junge Theodor Fontane ähnlich wie Hehn gedacht haben wird.

1. Einleitung: Die "Ideen von 1789" und die "Ideen von 1914"

Der Zeitraum, den die folgenden Kapitel behandeln, läßt sich durch zwei Schlagworte einrahmen, die den Gegensatz zweier politischer Programme auf die kürzeste Formel bringen. Zumindest das erste bedarf kaum einer Erläuterung: "die Ideen von 1789", - das sind die Ideen der allgemeinen Menschenrechte, Freiheit, Gleichheit, Brüderlichkeit, die Ideen der westeuropäischen Demokratie. Was dagegen das zweite Schlagwort meint, ist heute weniger geläufig: "Die Ideen von 1914" sind - so könnte man sagen - die deutsche Antwort auf 1789, es sind die Ideen, die man im Aufbruch eines ganzen, in sich einigen Volkes zum Krieg erkannte oder doch jedenfalls zu erkennen glaubte: "Ich kenne keine Parteien mehr, ich kenne nur Deutsche", - das kaiserliche Wort vom 4. August 1914 ging in den *Büchmann*, den deutschen Zitatenschatz, ein. "1789" ist - aus rückgewandter deutscher Sicht - die Geburt der demokratisch-parlamentarischen "Klassengesellschaft", eine übernational-kosmopolitiche Idee, "1914" dagegen der Ausdruck der "Volksgemeinschaft", des organisch gewachsenen und sich selbst genügenden Volkskörpers. So sehr das eine nichts als eine Abstraktion, eine Theorie sein soll, so sehr will das andere ein Erlebnis, ein Gefühl sein. Freilich sind die "Ideen von 1914" deshalb durchaus nicht nur ein spontanes Produkt der Augusttage des Jahres 1914, sondern der auf die kürzeste Formel gebrachte Ausdruck einer Anschauung, die sich während der vier Menschenalter zwischen Französischer Revolution und Erstem Weltkrieg allmählich herausbildete und die 1914 nicht etwa ihren Abschluß, sondern allenfalls ihren ersten Höhepunkt erlebte.

Daß die Anfänge dieser Lehre von der Volksgemeinschaft, vom organisch gewachsenen und gegliederten Volkskörper nicht erst in den Tagen der deutschen Romantik, in den Tagen Fichtes, Arndts, des "Turnvaters" Jahn, der Brüder Grimm und Savignys liegen, ist bekannt genug, und es soll deshalb darauf verzichtet werden, eine Geschichte der organologischen Theorien von ihren ersten Ursprüngen her zu entwickeln, beginnend etwa mit der berühmten Fabel, durch die der Römer Menenius Agrippa i. J. 494 v.Chr. die ausgewanderten Plebejer zur Rückkehr veranlaßt haben soll, der Fabel von den Körpergliedern, die dem Magen den Dienst aufkündigen, einer Fabel also, die eine einfache Analogie herstellt zwischen menschlichem Körper und sozialem Gebilde. Es soll auch nicht im Einzelnen die Vorgeschichte der romantischen Volksgemeinschaftslehre, der sogenannten

"Volksgeist"-Lehre, vorgeführt werden, die Vorläuferrolle Herders etwa, der durch Rehberg, Brandes und Gentz vermittelte Einfluß Burkes und die Wirkung der Schellingschen Philosophie auf Savigny. Vielmehr soll es hier in erster Linie um die Frage nach dem geschichtlichen Kontext gehen, in dem sich diese Lehre während des 19. und 20. Jahrhunderts bewegt, um die Frage nach den Motiven ihrer Neubelebung und ihrer Weiterentwicklung.

Man hat - in der Konsequenz eines marxistisch verengten Ideologiebegriffs - gemeint, die "Volkstumsideologie" von vornherein im sogenannten sozio-ökonomischen Bereich ansiedeln zu müssen: als Versuch, den Klassenantagonismus in der arbeitsteilig-kapitalistischen Wirtschaftswelt zu verschleiern, das isolierte Individuum in seiner Sehnsucht nach Integration in ein größeres Ganzes zu befriedigen und es damit von der Verwirklichung seiner wahren politischen Rechte und Freiheiten abzulenken. Das "nationalistische Moment" soll dabei ausdrücklich "als abgeleitet", also als sekundär gelten.

Daß die organologischen Theorien sich durchweg in irgendeiner Weise auf den Antagonismus der Klassen, Stände oder Schichten innerhalb eines Gemeinwesens beziehen, ist natürlich nicht zu bezweifeln, - sei es nun, daß mit ihrer Hilfe das Recht einer Klasse auf Teilhabe am gemeinsamen Ganzen bewiesen wird, oder sei es, daß mit ihrer Hilfe die Sonderinteressen einer Klasse zugunsten des angeblich höherwertigen gemeinsamen Interesses neutralisiert werden. Ein Beispiel für die zweite Möglichkeit ist die Magenfabel des Menenius Agrippa, und sie mag zugleich auch schon ein Beispiel für Verschleierungstaktik in der ebengenannten marxistischen Definition sein. Ganz anders und zwar mehr im Sinne der ersten Möglichkeit bediente sich die französische Aristokratie des 18. Jahrhunderts des organologischen Gedankengutes in ihrer Auseinandersetzung mit der absoluten Monarchie, die die Privilegien der Aristokratie und damit das ständische Gefüge zugunsten einer mehr oder minder homogenen Untertanenmasse abzubauen suchte: Die Staatslehre des Grafen Montlosier - um den prägnantesten Vertreter der Adelsfronde zu nennen - bindet den Monarchen an das gemeinsame Ganze und damit auch an die Interessen der Aristokratie, indem sie ihn nicht als selbstherrliche Einzelperson sieht, sondern als die Spitze eines korporativ gegliederten Organismus, in dem jeder Stand seinen eigenen, ihm zugewiesenen Platz hat. Auch in Deutschland machen sich die klassenpolitischen Motivationen der organologischen Theorie immer wieder in verschiedenen Graden bemerkbar, so etwa in der "*Wochenblatt*"-Partei um den Preußenkönig Friedrich Wilhelm IV., besonders dann seit der Wilhelminischen Zeit in der Auseinandersetzung mit einer Klasse, von der man meinte, daß sie mehr und mehr zu einem Fremdkörper im Volksganzen zu werden drohte: in der Auseinandersetzung mit dem Großstadtproletariat, mit der Industriearbeiterschaft und ihrer international orientierten politischen Organisation, der Sozialdemokratischen Partei.

Entschieden zu bezweifeln ist aber, daß der deutsche Volkstumsgedanke schon während seiner allmählichen Ausbildung zu Beginn des 19. Jahrhunderts vorwiegend oder gar ausschließlich aus den sozio-ökonomischen Verhältnissen der arbeitsteilig-kapitalistischen Wirtschaftswelt zu erklären sei und zur Verschleierung von Herrschaftsmechanismen gedient habe. Entgegen solcher marxistisch orientierten Theorie glaube ich die Entwicklung des deutschen Volkstumsgedankens aus einem ganz anderen, wenn auch letztlich wiederum verwandten Zusammenhang erklären zu können: aus dem Zusammenhang der "deutschen Germanen-Ideologie". In einer kleinen Arbeit, die ich 1970 unter diesem Titel veröffentlichte, ergab sich mir - kurz gesagt - das folgende Bild: Bereits die Humanisten haben, angeregt durch die gerade damals wiederentdeckte *Germania* des Tacitus, das Bild des Germanen und des Deutschen in einer bestimmten Weise stilisiert und damit ideologisiert, nämlich zu einer Art Antityp des Römers, - überspitzt formuliert: bieder, treu, gemütvoll, eingebunden in größere Gemeinschaften, in Volk, Sippe und Gefolgschaft ist der Germane, *weil* der Römer juristisch-advokatisch und ökonomisch-händlerisch begabt, nüchtern und individualistisch ist.

In diesem antithetischen Schema spiegelt sich möglicherweise eine allgemeine ethnologische Erfahrungstatsache wider: Ein Volk, das von einem höher entwickelten Nachbarvolk zivilisiert wird, sucht sich zu irgendeinem Zeitpunkt aus der ständigen geistigen und wirtschaftlichen Beeinflussung zu lösen, indem es ein Selbstbewußtsein ausbildet, das gerade solche Werte in sich entdeckt, die im zivilisatorisch überlegenen Nachbarvolk keine Entsprechung haben oder zu haben scheinen, - Werte, die schon von Natur aus nicht vermittelbar sind, Werte des reinen, bedürfnislosen Ursprungs, moralische Tugenden also und nicht intellektuelle Fähigkeiten.

Die deutschen Humanisten bedienen sich zuerst dieses ideologischen Germanenbildes in ihrer Frontstellung gegen die römische Kurie und gegen den oberitalienischen, besonders venezianischen Handelskapitalismus. Während der folgenden Jahrhunderte gibt es dann in dem dauernden und unmittelbaren Kontakt mit der römischen, galloromanischen und westeuropäischen Zivilisation, in der Auseinandersetzung mit dem Individualismus, Rationalismus und Liberalismus der südlichen und westlichen Nachbarn immer wieder Gelegenheiten, das antithetische Schema in verschiedenen, historisch bedingten Varianten zu aktualisieren. Und immer wieder muß es dazu dienen, die schlechtere zivilisatorische Position als Ausdruck oder Folge der besseren Tugenden zu legitimieren.

Während des Siebenjährigen Krieges ist es der militärische Konflikt mit Frankreich, der den antiromanischen Affekt aktiviert, zugleich die Opposition gegen das Alamodewesen und die klassizistische Regelpoetik der Franzosen, seit der Mitte des 19. Jahrhunderts dann wieder die Auseinandersetzung um die mannigfachen Formen des konfessionellen und politischen "Ultramontanismus", in der Frage "kleindeutsch-lutherisch-national" oder "großdeutsch-katholisch-universal" der Streit der Historiker um die Italienpolitik der mittelalterlichen deutschen Kaiser, schließlich der Streit der Juristen um die Rezeption des Römischen Rechts, um den Anteil des römischen und des deutschen Rechts in den Vorarbeiten zum *Bürgerlichen Gesetzbuch*.

Je mehr sich dabei gegen Ende des 19. Jahrhunderts in Weltpolitik und Welthandel feste Fronten formieren und je mehr sich gleichzeitig die rassisch orientierte Betrachtungsweise durchzusetzen beginnt, desto mehr weitet sich die enge Römer-Germanen-Antithese allmählich zu einer großräumigen Nord-Süd-Antithese aus, zu einem pseudo-religiösen, manichäischen Geschichtsbild: Auf der einen Seite stehen die mittel- und nordeuropäischen, die "nordischen" Völker, die jugendfrisch und artbewußt aus der skandinavischen *vagina gentium* hervorgehen, auf der anderen Seite die süd- und westeuropäischen Völker, die ihre Grundlage im spätantiken, semitisch durchsetzten, levantinischen "Völkerchaos" der mittelmeerischen Stadt- und Handelskultur haben.

Die Konturen des herkömmlichen Schemas verschieben und verwischen sich dabei: Das Germanische geht allmählich im Arischen, im Indogermanischen auf, das Römische im romanischen und romanisierten Westeuropa, das schließlich mehr oder weniger mit dem Judentum gleichgesetzt wird. Der Arier, der Indogermane - im Grunde ein Kunstprodukt der Sprachwissenschaft - wird zum Antityp des Semiten, des Juden, wie zuvor der Germane der Antityp des Römers war. Bei aller Verschwommenheit bleiben in diesen Spekulationen die Charakteristika der Antithese dieselben: das Fremde, das Feindliche (sei es nun römisch, galloromanisch, englisch oder jüdisch), - das ist der großstädtische, wurzellose Intellekt, die juristisch-advokatische und die wirtschaftlich-händlerische Begabung; das Eigene, das Volksgemäße dagegen, - das ist die bäuerliche Biederkeit und Schollengebundenheit, das Gemüt, die Treue und dazu der Heldensinn. 1915 bringt der bekannte Berliner Nationalökonom Werner Sombart den Konflikt des Ersten Weltkrieges auf die kurze Formel: "Händler und Helden".

In diesen umfassenden Zusammenhang gehört, wie mir scheint, die deutsche Volkstumsideologie, und zwar insofern, als es von vornherein begreiflich und geradezu erwartbar ist, daß das ständige Bewußtsein einer (tatsächlichen oder scheinbaren) Überfremdungsgefahr eine Ideologie sich herausbilden läßt, die den Abschluß gegen Einflüsse von außen zu rechtfertigen sucht, die in den Kategorien des Eigenen und des Fremden denkt und Kultur nicht durch Rezeption, also durch Übertragung von einem völkischen Substrat auf das andere, verwirklicht sieht, sondern durch Kontinuität, d.h. durch natürliche Entfaltung im eigenen Volkstum. Aus dem antithetischen Schema der Germanen-Ideologie geht folgerichtigerweise eine Anschauung hervor, in der das Volk als eine in sich geschlossene, nur auf sich selbst bezogene, fremder Einmischung nicht bedürftige Ganzheit erscheint, als ein aus eigenen Ursprüngen entwickelter, natürlich gewachsener Organismus, als eine ständisch-korporativ gegliederte Gemeinschaft.

Klassenpolitische Auseinandersetzungen spielen natürlich hinein, nur eben durchaus nicht von Anfang an im Sinne einer Verschleierung von Herrschaftsmechanismen. Es zeigt sich vielmehr, daß sowohl die Berufung auf germanische Vergangenheit schon während des 18. Jahrhunderts als auch das völkisch-organologische Denken seit der Romantik zunächst einer politischen und kulturellen Aufwertung gerade der unteren, der bäuerlichen und bürgerlichen Volksschichten dienen sollte und konnte. Und es zeigt sich ferner, daß die deutsche Volkstumsideologie durchaus nicht von Anfang an als strikte Gegenposition zum aufklärerischen Rationalismus des romanischen Westens begriffen werden darf, sondern gerade in ihren ersten Vertretern entscheidende Anstöße von dorther erkennen läßt. Man wird also, wenn man die Geschichte der deutschen Volkstumsideologie im 19. und 20. Jahrhundert beschreibt, vor allem auf den allmählichen Funktionswandel, den Wechsel der Stoßrichtung zu achten haben, der sich nicht zuletzt im Wandel der Einstellung zur Französischen Revolution ausprägt; - daher der Titel des Einleitungskapitels, der die beiden Zeitgrenzen markiert, zwischen denen sich die entscheidende Entwicklung, die allmähliche Entfremdung des deutschen Geistes vom romanisch-westeuropäischen, vollzieht: "Die Ideen von 1789 und die Ideen von 1914".

2. Die Französische Revolution als Ausdruck germanischer Freiheit

Die Französische Revolution wird von den deutschen Zeitgenossen nicht nur meist positiv, sondern durchaus auch im Sinne typisch germanischen Denkens interpretiert. Der dänisch-deutsche Dichter Jens Baggesen reist im Revolutionsjahr 1789 durch Deutschland, und er schildert in einer Beschreibung dieser sentimental journey, die einige Jahre darauf unter dem Titel *Labyrinten* erscheint, die Gefühle, die ihn auf dem "Hermannsberg" im Teutoburger Wald übermannt hätten:

"Nirgendwo habe ich mich bisher freier gefühlt, mehr als Bürger des Nordens, mehr als Bruder in der großen Familie diesseits der Alpen, als hier auf der Spitze des alten Cheruskerwaldes, wo die Stärke des Südens sich zuerst unter der Kraft des Nordens beugte. Ich sah die Geburt der Freiheit Europas in der Erinnerung an Herrmann und verfolgte mit freudetrunkenem Blick ihren Sonnengang nach Westen. Sie ging mit den Angelsachsen nach Albion, mit den Franken nach Gallien [...]. Aber jenseits des Rheins verhüllten Gewitterwolken lange ihre Strahlen. Nun ist sie mit doppeltem Glanz in Frankreichs Reichstag hervorgebrochen [...]", — gemeint sind die Etats généraux, die im Mai 1789 mit doppelter Stimmenzahl des dritten Standes zum erstenmal zusammentraten.

Baggesens Schilderung ist deshalb so interessant, weil sich hier - (tatsächlich oder angeblich) unter dem unmittelbaren Eindruck des ehrwürdigen Schlachtortes - eine Art von germanischem Familiengefühl regt, das noch ganz in der Tradition des aufklärerischen Kosmopolitismus steht. Baggesen schwärmt kurz zuvor von allgemeiner "Menschenliebe" (*Menneskekierlighed*), zählt Polen, Ungarn, Italiener, Spanier, Portugiesen auf und schließt daran die emphatische Frage: "Seid Ihr nicht alle Menschen?" Nationalhaß, heißt es weiter, werde eines Tages vor "Weltbürgertugend" (*Jordborgerdyd*) schwinden.

Wie verträgt sich das alles miteinander? Baggesen denkt in den Kategorien der Nord-Süd-Antithese Montesquieus; er nennt sich - trotz der "germanischen" Lokalität, auf der er sich befindet, - nicht "Germane", sondern "Nordbürger" (*Nordborger*)! Das Zusammengehörigkeitsgefühl, das er gegenüber der "großen Familie diesseits der Alpen" empfindet, beruht auf dem alten, von Montesquieu erneuerten Gedanken der germanischen Freiheit, die vom kühlen Norden ihren Ausgang nahm. In Hermanns Tat wurde sie geboren, erstrahlte dann gleich einer Sonne in ihrem Lauf gen Westen in allen Ländern, in denen sich Germanenstämme niederließen, war in

Frankreich lange Zeit verdunkelt und ist nun - in den Ereignissen von 1789 - herrlich wieder aus den Wolken hervorgebrochen, um sich eines Tages - das ist Baggesens Hoffnung - über die ganze Menschheit zu verbreiten: Aus dem *Nordborger* wird ein *Jordborger*! Während man später in Deutschland mehr und mehr dazu neigt, die Französische Revolution als Ausdruck einer durchaus ungermanischen rationalistischen Demokratie zu interpretieren, empfindet Baggesen sie als letzte und schönste Frucht eines typisch germanischen Freiheitsstrebens.

Baggesens schwärmerische Vision wird hier deshalb so ausführlich zitiert, weil sie am anschaulichsten das zum Vorschein bringt, was damals, gegen Ende des 18. Jahrhunderts, allgemein in Deutschland empfunden wird: Die Idee der Freiheit - und zwar nicht allein und gar nicht einmal in erster Linie die Idee der äußeren, nationalen Freiheit, sondern die Idee der inneren, republikanischen Freiheit - kann schon längst vor der Revolution mit Erinnerungen an die germanische Vergangenheit verbunden werden. Der Sachverhalt ließe sich auf die kurze Formel bringen: Während die höfische Kultur, die Autokratie der zahlreichen Territorialfürsten dem Welschtum, der Nachäfferei des Franzosentums assoziiert wird, ordnen sich die bürgerlichen Forderungen dem Germanentum zu. Nicht zufällig nennt Christian Friedrich Daniel Schubart in seinem Gedicht *Die Fürstengruft* (1780) den Schöpfer der fürstlichen Marmorbilder einen "welschen Meister" (Str. 6) und spricht von "welschen Trillerschlägern", mit denen die Fürsten ihr Gewissen betäuben (Str. 15). Und in einem seiner Revolutionsgedichte vom Jahre 1789 - *An die Freiheit* - läßt er die Freiheit "in Deutschlands Hainen", "unter Wodanseichen" beheimatet sein. Die einzige historische Person, die er in diesem Gedicht nennt, ist Hermann:

> Es sonnte Hermann sich an deinem Glanze,
> An deine Eiche lehnt' er seine Lanze.

Dann aber sei, so heißt es weiter, die Freiheit von den Fürsten und Pfaffen vertrieben worden, habe sich "zu den Schweizern, zu den Britten" gewendet, sich "in Kolumbus neuer Welt" niedergelassen und sei nun schließlich, "allen Völkern zum Erstaunen", bei den "leichten Galliern" eingekehrt. Auch hier erscheint - wie bei Baggesen - Arminius als die große Symbolfigur republikanischer Freiheit, und wenn auch Schubart die Verbreitung des Freiheitsgedankens nicht mit der germanischen Völkerwanderung verknüpft, sondern mit der modernen politischen Geschichte, so ist doch der wesentliche Gedanke auch hier: die Französische Revolution ist der Ausdruck einer Idee, die ihren Ursprung in Germaniens Wäldern hat!

Schon bei Baggesen und auch sonst gelegentlich taucht dazu die Vorstellung auf: Die Franzosen - bisher und zumal in der antihöfischen Literatur des 18. Jahrhunderts als Fremdlinge, Welsche, Romanen empfunden - erweisen sich eben dadurch als germanische Verwandte der Deutschen, daß sie sich mit ihrer Revolution zur bürgerlichen Freiheit bekennen. Man spricht jetzt vom "feurigen Enthusiasmus der Westfranken", und Klopstock redet in seiner Ode auf die vorhin zitierten Etats Généraux (1788) die Franzosen als "Franken" an, um sie mit diesem germanischen Namen ausdrücklich als Brüder der Deutschen zu kennzeichnen: "Verzeiht, o Franken (Name der Brüder ist / Der edle Name), [...]." Wenn man gemeint hat, Klopstock vertrete in diesem Gedicht eine "letzlich kosmopolitische Menschheitsidee", so ist das zwar, wie mir scheint, etwas einseitig gesehen, aber doch auch zweifellos richtig, denn am Ende des 18. Jahrhunderts sind die nationale, germanische und die menschheitliche Idee eben noch kein Widerspruch.

3. Zwischen aufklärerisch-rationalistischem Universalismus und romantischem Nationalismus: Johann Gottlieb Fichte, Ernst Moritz Arndt und Friedrich Ludwig Jahn.

Dieselbe Verbindung von menschheitlicher und nationaler Idee, wie sie in den beiden zitierten Texten vom Ende des 18.Jahrhunderts zum Ausdruck kommt, gilt - aufs Ganze gesehen - auch noch für die Zeit der Romantik. Fichte, Arndt und selbst Jahn, der "Turnvater": - sie alle arbeiten trotz ihres antifranzösischen patriotischen Engagements mit den aufklärerisch-universalistischen Denkmodellen weiter, die ihnen das 18. Jahrhundert - und das heißt: vor allem das französische 18. Jahrhundert - zur Verfügung stellt. Erst die Napoleonischen Eroberungskriege erzeugen eine Abneigung gegen jede Art von weltbürgerlicher Egalisierung und damit zugleich ein Bewußtsein von der natürlichen, gottgewollten Notwendigkeit einer Unterscheidung nationaler Charaktere. Aber selbst das - jetzt forcierte - Interesse für Volksindividualitäten ist ja schon durch die französische Aufklärung, durch Montesquieu, recht eigentlich populär gemacht worden!

Ein merkwürdiges Zeugnis für das Bedürfnis, sich angesichts der drohenden französischen Überfremdung gegen jeglichen Einfluß des Auslandes abzuriegeln, ist bereits der F i c h t e sche Entwurf eines "geschlossenen Handelsstaates" von 1800. Was diesen - durch und durch ahistorisch konstruierten - Staat wesentlich kennzeichnet, ist sein strenges Bezogensein auf sich selbst: Den Bürgern soll der Austausch von Gütern nur innerhalb der Landesgrenzen gestattet sein, aller Außenhandel in der Hand des Staates liegen, Auslandsreisen bis auf wenige Ausnahmen verboten sein. Es ist ein Staat, der sozusagen im eigenen Saft kocht, und "unter einer so geschlossenen Nation, deren Mitglieder nur untereinander selbst, und äußerst wenig mit Fremden leben", werde - meint Fichte - "sehr bald ein hoher Grad der Nationalehre, und ein scharf bestimmter Nationalcharakter entstehen".

Indem man nun aber die nationalen Charaktere mehr oder weniger in der Tradition der Montesquieuschen Klima-Theorie definiert, bleibt man zugleich in der Tradition des aus dem 18. Jahrhundert ererbten universalistischen Denkens: Ganz im Sinne Montesquieus erscheint auch bei den Romantikern die Volksindividualität nicht etwa als absoluter, sich selbst genügender Wert, sondern immer noch als bloße Variante eines allgemeinen Menschentums, bedingt durch die natürlichen Umweltverhältnisse, durch Klima und Bodenbeschaffenheit.

Wenn Fichte in seinen *Reden an die deutsche Nation* vom Winter 1807/08 der deutschen Nation eine Vorzugsstellung einräumen will, so kann er dies nur damit begründen, daß er ihr eine menschheitliche Aufgabe zuweist. Die deutsche Nation ist das Medium, mit dessen Hilfe er "eine gänzliche Umschaffung des Menschengeschlechts" anstrebt; mehrfach ist vom "neuen Menschengeschlecht" die Rede, und einmal wird von den Deutschen gesagt, daß die "gesamte neuere Menschheit" auf sie rechne. Die Begründung dieser Hoffnung klingt allerdings zunächst erstaunlich: Ihren Auftrag können die Deutschen nämlich gerade deshalb erfüllen, weil allein sie die Fähigkeit haben, ein "Volk" zu bilden. Fichte nennt sie ein "Urvolk", "das Volk schlechtweg". Was meint er mit diesen Formulierungen, die wie "völkische" Parolen der extremsten Art klingen?

Zunächst einmal: Wenn Fichte von den "Deutschen" spricht, schließt er ausdrücklich die Skandinavier ein, und das heißt: es sind die reinen, unvermischten Germanen, die er als "Deutsche" bezeichnet. Ihnen stehen die romanisierten Germanen und die Romanen, die "neulateinischen Völker", gegenüber. Ursprünglichkeit und Unvermischtheit kennzeichnen die eine Gruppe, Unursprünglichkeit und Vermischtheit die andere. Dabei geht es Fichte nicht - das sei als zweites betont - um die biologische Seite dieses Phänomens, um die "Reinheit der Abstammung", sondern allein um die Sprache: Die "Deutschen" (als die reinen, unvermischten Germanen) verfügen über eine ursprüngliche, unvermischte und daher anschauliche, lebenskräftige Sprache, - mit Fichtes eigenen Worten: eine Sprache, die "ununterbrochen aus dem wirklichen gemeinsamen Leben dieses Volkes sich entwickelt hat". Die romanisierten und romanischen Völker dagegen besitzen eine Sprache, die aus einer Mischung hervorgegangen und daher erstarrt, tot, abstrakt ist. Das hatte zur Folge, daß sich dort "geistige Bildung" und "Leben" getrennt haben, daß "geistige Bildung" zum "genialischen Spiel" geworden ist und daß das Volk sich in sogenannte "gebildete Stände" und untere, "ungebildete" Volksschichten gespalten hat. Bei den Deutschen dagegen hat sich diese Aussonderung der "gebildeten Stände" erst aus dem ausländischen Einfluß, aus der "Ausländerei", aus dem Anschluß an westliche, französische Kultur ergeben; in Wahrheit aber sind die Deutschen und nur sie allein auf Grund ihrer ursprünglichen, unvermischten Sprache befähigt, eine Erziehung zu ermöglichen, die - gemäß dem Vorbild Pestalozzis - nicht auf angelernte Bildung und Gelehrsamkeit zielt, sondern auf die schöpferische Fähigkeit, die "unmittelbare Selbsttätigkeit des Jünglings", eine Erziehung, die eben deshalb das ganze, ungeteilte Volk zu erfassen vermag und die nicht nur "Geist" hat, sondern daneben auch "Gemüt". Ausdrücklich stellt Fichte fest, daß bisher "alle Fortentwicklung der Menschheit in der deutschen Nation vom Volke ausgegangen" sei. Er meint damit die "Bürger der deutschen Reichsstädte" im Gegensatz zum Adel und zu den Fürsten, und er spricht von den Tugenden der "Treue und Biederkeit", die in den "höhern Ständen" seltener geworden seien und in den "Häusern des Bürgers", in den "Hütten des Landmannes", in dem "stillen und verborgenen Leben dieser Stände" ihre Zuflucht genommen hätten.

Manches von dem, was Fichte in seinen *Reden* vorträgt, gehört zu den geläufigen Elementen der Volkstumsideologie, besonders der Abschluß gegen das Ausland - noch in den *Reden* beruft sich Fichte auf seinen "geschlossenen Handelsstaat"! -, dann die Hochachtung der Ursprünglichkeit, des unvermischten Urzustandes, die immer irgendwie den Fortschritt als Abfall und Erstarrung verdächtigt, damit zusammenhängend die polemische Antithese von "Geist" und "Gemüt", die auf eine Verunglimpfung des Intellekts hinausläuft. Es sollte aber bedacht sein, daß Fichte den Begriff des "Volkes" noch nicht biologisch versteht, sondern rein kultursoziologisch, daß "Volk" für ihn nicht eigentlich eine natürlich gewachsene, sondern eine - auf Grund bestimmter Voraussetzungen - willentlich schaffbare Einheit ist, eine Art Sozialutopie, ein republikanisches Gemeinwesen, in dem es nur freie und gleichberechtigte Menschen geben soll und das deshalb in der Lage sein wird, eine "neue Menschheit" zu schaffen: Fichtes Volksbegriff wächst aus einem Engagement hervor, das immer noch den alten Anhänger des aufklärerischen Rationalismus und der französischen Revolutionsideen verrät.

Auch A r n d t , der noch in seiner Reisebeschreibung von 1801/03 die Franzosen ein Volk genannt hatte, das "er ewig lieben müsse", bleibt an den aufklärerischen Menschheitsgedanken gebunden, freilich weniger durch philosophische Deduktionen als durch den christlichen Glauben. Aber aus demselben christlichen Glauben heraus begründet er auch die strenge Sonderung der Völker und den Haß der Völker aufeinander. "Der große Alchimist von Ewigkeit her" sondere alle "unreinen und eitlen und lügenhaften Zusammenmischungen", schreibt er im *Geist der Zeit*. "Darum laßt uns die Franzosen nur recht frisch hassen [...]. Als Deutsche, als Volk bedürfen wir dieses Gegensatzes." Ähnlich erklärt er in seiner Schrift *Über Volkshaß* von 1813: "Gott hat die Verschiedenheit gefallen, denn Gott gefällt das lebendige Leben und ein lustiger Wettkampf der Kräfte." Der rationalistische Zug schlägt hier noch deutlich durch, wenn es dann weiter heißt, Gott habe "bei dem menschlichen Geschlecht in den unteren Trieben verschiedene Liebe und verschiedenen Haß gesetzt, welche streiten und wirken, daß nicht alles in einander gemischt werde", aber er habe zugleich ihnen allen gemeinsame Begriffe von Tugend, Wissenschaft und Kunst gegeben:

"Was durch Tugend, Wissenschaft und Kunst bei dem einen Volke in seiner Art vortrefflich ist, das Große und Menschliche, was die erhabene Einheit und Göttlichkeit der Welt ausmacht, wird darum auch dem anderen Volke angehören und als Gemeingut der Menschheit von ihm angenommen und geehrt werden [...]. Auf dieser Höhe hört der Volkshaß auf; da beginnt die große Gemeinschaft der Völker, die allgemeine Menschheit, und da wird die Menschlichkeit und Liebe nimmer fehlen, die uns alle zu Kindern Eines Gottes und Einer Erde macht."

Der Franzosenhaß und überhaupt der Haß auf fremde Völker wird zur gottgefälligen Tugend, aber er kann es nur werden, weil Arndt völkische Eigenarten vornehmlich in den "unteren Trieben" wirksam sieht und auf der "Höhe" von "Tugend, Wissenschaft und Kunst" an der Gleichgöttlichkeit und Gleichwertigkeit aller Völker festhält: Die Frage, welches Volk besser sei, erscheint ihm deshalb als ebenso töricht wie die Frage, ob die Eiche besser sei als der Dornstrauch. Es bleibt da eigentlich nur noch eine Hilfskonstruktion übrig, - das bewußt akzeptierte Vorurteil als Stimulans der Auseinandersetzung: "Wie wenn wir der Rosenbusch wären, und die Franzosen die Disteln? Auf jeden Fall schadet uns das Vorurteil nicht, wir seyen es; wir wehren uns desto baß der ungebührlichen Vermischung mit dem Ungleichen."

Kaum anders äußerst sich schließlich auch der "Turnvater" Jahn, der mit gewissem Recht als der Ur- und Erzvater eines vulgären, kraftmeierischen Nationalismus gilt, in seiner Schrift *Deutsches Volkstum* (1810) aber im Grunde doch nur die Gedanken Fichtes verarbeitet und verflacht. Auch er bleibt noch beherrscht vom Gedanken der "Menschheit", nach dem freilich - ähnlich wie bei Arndt - die einzelnen Völker gerade dadurch zu streben vermögen, daß sie sich der Eigenart ihres "Volkstums" bewußt werden:

"Der Menschen Stammvater ist gestorben, das Urgeschlecht ist ausgegangen, das Urvolk ist nicht mehr. Ein allgemeingültiges Musterbild für alles und jedes Volk hat es nicht gegeben, und kann es nicht und soll es auch nicht geben. Darum ist ein jedes verlöschendes Volkstum ein Unglücksfall für die Menschheit, ein Verlust für die Geschichte und eine unausfüllige Lücke. In *einem* Volke kann sich der Adel der Menschheit nicht einzig aussprechen, sondern in allen mit allen."

Folgerichtigerweise fordert er, daß sich die Völker nicht im gegenseitigen Austausch, sondern nur in strenger Isolation, "von Außenwirkung frei, von einander unabhängig weltbürgerlich und menschheitlich ausbilden" können, und um die Autarkie zu sichern, wünscht er sich "natürliche Grenzen" für die europäischen Völker. Deutlicher als bei Fichte und Arndt macht sich bei Jahn dann allerdings doch der Gedanke der Höherwertigkeit des eigenen Volkes vor den anderen Völkern bemerkbar. Es geschieht dies merkwürdigerweise im Zusammenhang mit einer religiösen Frage, der Frage nach dem wahren Christentum, - merkwürdig insofern, als sich darin Jahns starkes Verhaftetsein in herkömmlichen biblischen Denktraditionen zu erkennen gibt. Zur germanisch-antirömischen Symbolfigur des völkischen Denkens gesellt sich die protestantisch-antipäpstliche: "Ein Volk, das Hermann und Luther hervorgebracht hat, darf niemals verzweifeln." Jahn sieht in der Reformation die Wiedergeburt des Urchristentums, und er fragt sich, "warum nur unter den Deutschen die ersten Wiederhersteller des Urchristentums entstanden?" Es scheint, daß er das Verhältnis der germanisch-protestantischen und der romanisch-katholischen Völker zueinander in den altbekannten Antithesen Kindlichkeit-Verderbtheit und Keuschheit-Sinnlichkeit charakterisiert sieht und daß er die besondere Befähigung des deutschen Volkstums zum ursprünglichen Christentum aus der völkischen Ursprünglichkeit begründen möchte, die sich nicht nur - im Sinne Fichtes - in der Lebendigkeit, Natürlichkeit und "Nachbildungskraft" der Sprache zu erkennen gibt, sondern auch in alten Sprachverwandtschaften: Das deutsche Volkstum hat "in sich die meisten Spuren früherer morgenländischer Bildung erhalten, [...] jenen aus dem Ursitz der Völkerbildung stammenden Geist am längsten und reinsten bewahrt."

Während Jahn hier in seiner Abhängigkeit vom biblischen Geschichtsbild noch weit entfernt ist von einer biologisch verstandenen Volksgeschichte, steckt zugleich noch so viel rationalistisch-revolutionäres Ideengut in ihm, daß - soweit es um die praktische Reform des "Volkstums" geht - die Lust am Konstruieren stärker hervortritt als das Verständnis für organisch Gewachsenes. Zwar erkennt er "die natürliche, notwendige Ungleichheit der Menschen, die Unmöglichkeit, daß einer alles allein sein kann", an, aber er akzeptiert die ererbte ständische Schichtung nur widerwillig, möchte sie wohl mehr in einem berufsständischen als in einem historisch-biologischen Sinne aufgefaßt sehen und deshalb möglichst durchlässig halten: "Ein freier Übergang muß stattfinden, durch die Wahl der Lebensart, ein Hinaufklimmen und Hinuntersteigen, wie Fähigkeiten sich entwickeln." Außerdem soll der "Geschlechtsadel" durch einen "Verdienstadel" ergänzt werden.

Jahns wunderlichen Vorschlag, Deutschland in Marken, Gaue und Kreise aufzuteilen und in seine Mitte eine Hauptstadt namens "Teutonia" zu setzen, hat man wohl mit Recht auf das Vorbild des uniformierten und zentralisierten französischen Staates zurückgeführt. Und auch insofern steht Jahn noch in der Tradition des aufklärerisch-rationalistischen Denkens, als er "Freiheit, Aufklärung und Vernunft" der "ganzen Menschheit" zuschreibt und deshalb ausdrücklich von den "Volksfesten" fernhalten möchte. So sieht er sich denn in der Definition des "Volkstums" allein auf Gefühl und Gemüt verwiesen, auf ein "unnennbares Etwas", auf die "Einungskraft", auf das "Regen und Leben" des Volkes, auf hausbackene Vereinsmeierei und Körperertüchtigung. Über einen irrationalen (nicht nur von Börne verspotteten) "Turnerpatriotismus" und ein sektiererisches Prophetentum, das sich um Verfassungsfragen ebenso bemüht wie um den "Nachmittagsschlummer der Eltern", kommt Jahn nicht hinaus.

Es ist aber nicht allein der aus dem 18. Jahrhundert fortwirkende Rationalismus und Universalismus, der der Ausbildung eines eigenständigen "völkischen" Kulturbegriffs im Wege steht, sondern daneben auch der allzu enge antiwelsche Affekt, in dem man vielfach befangen ist. Wenn sich Arndt und Jahn, da sie an die universalistischen Tugend- und Vernunftideale der Aufklärung gebunden bleiben, in der Definition völkischer Eigenart auf das "Irdische und Schwere", auf die "unteren Triebe" beschränkt sehen, so werden sie eben darauf um so nachdrücklicher verwiesen, sobald sie sich bemühen, Gegenpositionen zur französischen Hof- und Großstadtkultur zu finden. Arndt beschwert sich zwar darüber, daß die "Gebildeten und Gelehrten" das, was das Volk an sich trägt, als veraltet, roh und geschmacklos verspotten, aber sein erdgebundenes Temperament kehrt doch selbst - aus der emotionalen Abwehr "welscher" Bildung und Zierlichkeit heraus - gerade und allein die derbe, urtümliche Seite hervor. Als treffliches Beispiel für die großen Vorzüge der Bildungslosigkeit nennt er die Jugendgeschichte des Schwedenkönigs Karls XI., den die Großmutter und der Reichsrat - um möglichst lange die Regentschaft behalten zu können - "fast ohne allen Unterricht gleich einem Straßenbuben herumlaufen" ließen, der aber gerade dadurch "einer der größten und wohltätigsten Könige" ward, "welche Schweden je gehabt hat", denn durch sein "natürliches Leben" hatte er "das rechte, volle Verständnis seines Volkes und Landes gewonnen, er war ein Schwede geworden."

Ebenso wie Arndt bleibt auch Jahn noch ganz beherrscht von antifranzösischer Emotion. Deutsche Grobheit setzt er gegen welsche Geschmeidigkeit, prüde Biederkeit gegen Laszivität: "Für Maitresse und Coquette haben wir nichts, die holen wir aus den Überrheinern in unsere keusche Sprache."

Fichte, Arndt und Jahn: sie gelten gemeinhin als die Väter des "völkischen" Denkens, - gerade auch der eigentliche philosophische Kopf unter ihnen, Fichte, erlebt zur Zeit des ersten Weltkrieges unter diesem Gesichtspunkt eine merkwürdige Renaissance, von der noch zu sprechen sein wird. Um so auffälliger ist es, daß sich in ihren Lehren zwar manche Ingredienzien der späteren völkischen Ideologie finden, daß sie aber eine völkisch-organologische Kulturtheorie nicht hervorgebracht haben und zu einer solchen Theorie, als deren Väter sie - wie gesagt - gelten, sogar in wesentlichen Teilen in Widerspruch stehen. Der Universalismus als Erbteil aus dem - mehr oder weniger religiös durchsäuerten - Rationalismus des 18. Jahrhunderts ist in ihnen immer noch lebendig, obwohl er die aktuellen Bedürfnisse ihres patriotischen Selbstbewußtseins nur ungenügend zu befriedigen vermag. Für eine "völkische" Lehre steht zu dieser Zeit weder ein passendes theoretisches Konzept noch ein Fundament interpretierbaren Materials zur Verfügung.

Diese Feststellung ist so verwunderlich nicht, wenn man die reale politische Umgebung in Betracht zieht, in der Fichte, Arndt und Jahn wirken. Es ist vielleicht kein Zufall, daß diejenigen, die der völkisch-organologischen Theorie das kulturgeschichtliche, rechtsgeschichtliche und volkskundliche Material liefern, in den kleineren deutschen Territorien tatig sind: die Brüder Grimm in Hessen, Friedrich Christoph Dahlmann in Holstein und früher schon Justus Möser im Osnabrücker Land. Demgegenüber ist das preußische Staatsgebilde, dem Fichte, Arndt und Jahn in verschiedener Weise verbunden sind, von Haus aus am wenigsten dazu angetan, eine völkisch-organologische Theorie aus sich hervorgehen zu lassen. Im Gutachten der preußischen Oberpräsidenten, das 1817 von Hardenberg inauguriert wird, heißt es ausdrücklich, "daß unser so bunt wie neu und verschiedenartig zusammengesetzter Staat, vielleicht unter allen europäischen am wenigsten auf einem instinktartigen Zusammenhange der Provinzen unter sich, auf einer naturgemäßen Abrundung des Landes, auf alter Gewohnheit erster Einrichtungen [...] ruht. Es kann nur der *Geist* sein, der ihn zusammenhält." Und dieser Geist ist der aufklärerisch-humanitäre Geist der Stein-Hardenbergschen Reformen, der Geist einer bürokratischen Revolution von oben, die - nach der Katastrophe von 1806/07 - das erklärte Ziel hat, alle ständischen Schranken zu beseitigen und eine Gesellschaft rechtlich gleichgestellter und wirtschaftlich freizügiger Staatsbürger zu schaffen.

Neben Stein, in dessen Gedankengut altdeutsche Rechtstraditionen ständisch-korporativer Art noch eine gewisse Rolle spielen, stehen Männer, die weit entschiedener von den rationalistischen und individualistisch-liberalen Ideen des Westens geprägt sind: allen voran Hardenberg selbst, dann Altenstein, der Anhänger Fichtes und Hegels, und Schön, der Schüler Kants und Jugendfreund Fichtes, nicht zu übersehen die weniger Bekannten: der Kameralist Christian Jakob Kraus, nach Kant immerhin der bedeutendste Lehrer an der Universität Königsberg, der Adam Smiths Theorien in Preußen rezipiert und - besonders durch Schöns Vermittlung - das Gedankengut des englischen Wirtschaftsliberalismus in die preußische Reformgesetzgebung einbringt, und schließlich der Agronom Albrecht Thaer, seit 1807 Staatsrat und Mitarbeiter des Hardenbergschen Reformwerks, der - jenseits aller volkstümelnden Bauernromantik - die Landwirtschaft zu einem modernen, kapitalistisch und technisch orientierten Industriebetrieb machen will und in § 1 seiner *Grundsätze der rationellen Landwirtschaft* (1809ff.) den Satz schreibt: "Die Landwirtschaft ist ein Gewerbe, welches zum Zweck hat, durch Produktion (zuweilen auch durch fernere Bearbeitung) vegetabilischer und tierischer Substanzen Geld zu erwerben."

4. Die Begründung der organologischen Staatslehre: Adam Müller.

Auf preußischem Kolonialboden, in der Luft des von patriotischem Erneuerungswillen und philosophischem Idealismus getragenen Reformwerkes, kann eine traditionalistische, völkisch-organologische Lehre nicht recht gedeihen, - es sei denn, in striktem Gegensatz zu ihm. Und tatsächlich findet die konservative Opposition gegen die Hardenbergsche Reform, der

Kreis der preußischen Landjunker um Ludwig von der Marwitz, einen literarisch-philosophischen Mitstreiter just in dem Manne, der als der eigentliche Begründer der organologischen Staatslehre in Deutschland gilt: Adam Müller, der 1809 seine Dresdner Vorträge unter dem Titel *Die Elemente der Staatskunst* veröffentlicht und im gleichen Jahr Sekretär der Kurmärkischen Ritterschaft in Berlin wird.

Müllers Angriff richtet sich gegen die "deutsche Nachbeterei des Adam Smith": In dessen liberalistischer Lehre, die das Spiel der wirtschaftlichen Kräfte sich selbst überlassen möchte, da es im Gewinnstreben des einzelnen Individuums seine natürlichen Gesetze habe, liegt nach Müllers Meinung alles Übel der modernen Zeit beschlossen. Die Entwicklung der letzten Jahrhunderte sieht Müller charakterisiert durch eine allgemeine Tendenz zur Individualisierung, zur Vereinzelung und damit zur "Privatisierung" der menschlichen Verhältnisse: Die Reformation nahm der Religion ihren öffentlichen Charakter und machte sie zu einer häuslichen Privatangelegenheit, der Handel förderte das Privatinteresse und Privateigentum, die Erfindung der Buchdruckerkunst die private Belehrung des Geistes und die abgesonderte, individuelle Bildung des Herzens. Eine wesentliche Schuld an dieser Entwicklung schreibt Müller dem römischen Rechtsdenken zu: Aus der römischen Vertragslehre stammt der Gedanke des freien Arbeitervertrages und der Gewerbefreiheit, aus dem römischen Sachenrecht die Lehre vom privaten Charakter des Eigentums und damit von der unbeschränkten Verfügbarkeit über das Grundeigentum.

Sein Ideal findet Müller - wie vor ihm schon Novalis - im Mittelalter: Hier gibt es noch die alles umfassende religiöse Ordnung, die patriarchalischen Bindungen in der bäuerlichen Wirtschaft, den Zunftzwang im städtischen Handwerk, hier ist das Grundeigentum noch auf vielfache Weise in Rechten und Pflichten an das Gemeinwesen gebunden, dem Familienverband unterstellt, in Nutzung und Veräußerbarkeit beschränkt, so daß es nicht das bloße "Accessorium" einer einzelnen Person ist, sondern eher umgekehrt der jeweils lebende Eigentümer ein "Accessorium" der Sache. In dieser Sicht steht das Individuum, die Person, nicht mehr im Vordergrund des Interesses. Vielmehr löst sich die Unterscheidung von Person und Sache ebenso auf wie die von öffentlich und privat: Gerade auch die "Sachen" - vor allem das familiengebundene Grundeigentum - sind lebendige Elemente des Ganzen, Gewähr des Dauerhaften, da sie die Existenz des Gemeinwesens über die Zeitspanne der jeweils lebenden Generation hinaus verbürgen.

So gelangt Müller zu Anschauungen, die ihn in offensichtlicher Abhängigkeit von Edmund Burke zeigen: Der Staat ist keine bloße "Assekuranzanstalt oder merkantilische Sozietät", sondern "eine Allianz der vorangegangenen Generationen mit den nachfolgenden und umgekehrt", ein großer lebendiger Organismus, der das einzelne Individuum zwar bindet und beschränkt, aber zugleich auch teilhaben läßt an der Totalität des Lebens. In der Tendenz zur Individualisierung, in Gewerbefreiheit und Kommerzialisierung, sieht Müller zunächst nichts weiter als den Zerfall, die Auflösung des Organismus in eine Vielzahl von willkürlichen "privaten" Interessen, den Verlust an Gemeingeist, den "römischen Tod". Müller möchte deshalb alles aufrechterhalten wissen, was dieser Auflösung und Erstarrung entgegenzuwirken scheint: die monarchische Verfassung, die Bindung des adligen Grundbesitzes durch Fideicommisse und Majorate, die patriarchalischen Befugnisse des Landadels, die städtischen Innungen und Zünfte. Aber er will - jedenfalls in der Theorie - nicht eigentlich die Beharrung, sondern das Leben, und so versucht er, auch der Mobilität des Kapitals, dem "Privateigentum", eine positive Rolle in seiner Ganzheits- und Organismus-Lehre zuzuweisen.

Müller bewerkstelligt dies mit Hilfe seiner "Lehre vom Gegensatze". Sie ist für ihn das allgegenwärtige Prinzip, das jeglichen Organismus lebendig hält. Überall in Natur und Geschichte findet sich das Spiel gegeneinanderwirkender Kräfte, beginnend mit dem Urgegensatz zwischen Mann und Frau. Und im Bild dieses Gegensatzes, im Bild der Familie, sieht Müller auch das in Stände gegliederte staatliche Gemeinwesen, - ja, es gewinnt von dort her seine eigentliche Rechtfertigung als natürliche, gottgegebene Ordnung: Der Adelsstand entspricht den Frauen, "denen die Erhaltung [...] des Geschlechtes von der Natur übertragen worden ist", der Bürgerstand den Männern, "denen das Schaffen und Versorgen und die tausendfältige Erfüllung der Gegenwart obliegt".

Da im "glücklichen Balancieren" dieser Gegensätze die lebendige, spannungsvolle Kraft eines Gemeinwesens beschlossen liegt, kommt es darauf an, ein Verfassungsmodell zu suchen, das eine solche Balance gewährleistet. Müller findet es - wie sollte man es anders erwarten? - im englischen Zweikammersystem. Spätestens seit Montesquieu, seit der Göttinger Burke-Rezeption, seit den Schriften August Wilhelm Rehbergs und Ernst Brandes', ist ja England das große Vorbild allen ständestaatlichen Denkens. Aber nicht allein im Organismus eines völkischen Verbandes will Müller das Spiel gegeneinanderwirkender Kräfte erkennen, sondern darüber hinaus auch im Organismus der größeren christlich-abendländischen Völkergemeinschaft. Es erinnert von fern her an Arndt und Jahn, wenn er erklärt, jeder Staat bedürfe für seine Existenz des Gegensatzes zu anderen Staaten. Um seiner "Lehre vom Gegensatze" willen gelangt er sogar zur Anerkennung des Krieges, obwohl es ihm ja nicht um Spannung und Gegensatz an sich geht, sondern um die eben in ihren Gegensätzen lebendige Einheit des Ganzen.

An dieser Stelle wird nun freilich auch Müllers Abstand von Arndt und Jahn am deutlichsten. Gewiß stehen auch sie noch in der Tradition des 18. Jahrhunderts, indem sie den Gedanken an das "Menschengeschlecht" niemals ganz aus den Augen verlieren. Aber es ist dies ein nur religiös-biblisch begründeter Gedanke, der ohne politische Folgerungen bleibt, obwohl er die irdischen Interessen der Völker letztlich rechtfertigen soll. Bei Müller dagegen, der schon 1805 zum Katholizismus übergetreten war und später im Dienste Metternichs zum publizistischen Streiter für die "Heilige Allianz" wird, ist die christlich-abendländische Völkergemeinschaft unmittelbarer Bestandteil seiner organologischen Theorie. Es geht ihm ja nicht so sehr um eine nationale Sammlung als vielmehr um den Gemeingeist schlechthin. Zwar heißt es an einer Stelle, "der Krieg" - der Napoleonische Krieg - habe "schon manches, im Römischen Frieden Erstarrte, wieder belebt, manches Privat-Eigenthum aufgelockert und manche Privat-Seele davon überzeugt, daß sie denn doch nicht so isoliert bestehen könne, wie sie es sich im Frieden gedacht hatte. Je mehr der Krieg fortbrennt, um so mehr erwacht, was von Nationalität noch vorhanden ist." Aber auch diese Bemerkung dient nur zur allgemeinen Bestätigung der "Lehre vom Gegensatz" und ist nicht eigentlich von patriotischem Eifer diktiert.

Überhaupt ist das Volk für Müller kein absoluter Wert: von irgendeiner Schwärmerei für deutsches Volkstum ist keine Rede, und das niedere Volk in seiner Biederkeit und Schlichtheit - der Bauer und der Handwerker - ist nicht das Objekt spezieller Wertschätzung. Denn dort, wo Müller vom staatserhaltenden Wert des ländlichen Grundeigentums spricht, denkt er an den adligen Guts- und Grundherrn und nicht an den Bauern schlechthin.

Wie wenig Müller im Interesse des "Volkes", des dritten Standes, schreibt, zeigt sich darin, daß ihn die Frage, wie die von ihm geschilderte Ordnung zustandegekommen sei, nur im Nebenher beschäftigt. Die rationalistische Vertragstheorie, nach der der Staat aus der vertraglichen Vereinigung individueller Interessen vornehmlich zum Zwecke des Besitzschutzes entstanden sein soll, - eine Theorie, die Arndt zeitlebens nicht überwindet, - lehnt Müller selbstverständlich ab. Die bevorzugte Stellung des Adels beruht auf dem "Glück", auf der "Willkür der Natur", und wird nicht gerechtfertigt durch besondere Talente und Fähigkeiten, es sei denn, durch einen natürlichen "Instinkt", der besser sein kann als die "Klugheit, die oft über dem Augenblick die Ewigkeit vergißt".

Es gibt in Müllers antiindividualistischer Lehre kein Individuum, das irgendein Recht fordern könnte, und es bleibt daher dem Einzelnen nichts, als die gegebenen Verhältnisse zu akzeptieren, - wie es Müller dann 1819 in seiner *Theologischen Grundlegung der gesamten Staatswissenschaften* ausdrücklich formuliert: "Lerne Deine Stellung in der Welt lieben als Gottes Anordnung, [...] so verschwindet aller Druck."

Innere Folgerichtigkeit und Geschlossenheit kann man dieser Theorie - bei allen Widersprüchen in den Einzelheiten - nicht absprechen. Mit seiner "Lehre vom Gegensatze" und der "Balancierung" der Kräfte glaubt Müller alles und jedes erklären zu können, obwohl sie ja kaum ein organologisches, sondern eher ein mechanistisches Prinzip ist, politisch wohl nicht unbeeinflußt von Montesquieu. Aber dieser Vorzug der Theorie ist offenbar zugleich ihr Nachteil: Sie ruht zu sehr in sich selbst, bleibt abstrakt und arm an konkretem Material. Während Fichte, Arndt und Jahn schon wegen ihres patriotischen Engagements populär bleiben, wird Müller im Laufe des 19. Jahrhunderts fast vergessen und erlebt erst am Ende des Ersten Weltkrieges in der universalistischen Staatstheorie Othmar Spanns eine kurzlebige Wiedererstehung. Obwohl sich einzelne Elemente in der späteren Diskussion als durchaus fruchtbar erweisen - so etwa der Vergleich der beiden Stände mit Mann und Frau -, begründet Müllers organologische Theorie als Ganzes im völkischen Denken keine Tradition.

5. Die Entdeckung des Bauern als Idealgestalt des völkischen Denkens: Die Brüder Grimm, Barthold Georg Niebuhr und Friedrich Christoph Dahlmann.

Die eigentliche Entdeckung einer völkischen - das ganze Volk umfassenden und ihm eigentümlichen - Kulturtradition beginnt erst mit den Brüdern Grimm. Früher schon und gleichzeitig sammeln zwar Achim von Arnim und Clemens Brentano die alten deutschen Volkslieder und schreibt Joseph Görres über *Die teutschen Volksbücher* (1807), die er "gewissermaßen den stammhaftesten Theil der ganzen Literatur" nennt. Wissenschaftlichen Charakter gewinnen diese Bemühungen aber erst durch Jacob und Wilhelm Grimm. Erst ihre systematische Erforschung der germanischen Altertümer, der bäuerlichen Rechtsgewohnheiten, des volkstümlichen Märchengutes legt den Grund zu einer ganz neuen Bildungskonzeption. "Das Erbe der Antike war seit der Renaissance [...] eine isolierte Kultur der herrschenden Klasse. Erst mit und seit Jacob Grimm hat man erkannt, daß es eine Kultur des Volkes, der nicht herrschenden Klassen gibt", schreibt der dänische Germanist Louis L. Hammerich, und er schließt diese Feststellung mit der "neckischen Frage": "Was wäre Karl Marx ohne Jacob Grimm?" In der Tat ist die Frage "neckisch", obwohl wir wissen, daß Friedrich Engels und über ihn auch Marx eine große Hochachtung, ja Verehrung für Grimms germanistische Arbeiten empfanden. Neckisch ist sie deshalb, weil Grimm nicht das Interesse einer Klasse im Auge hat, sondern die organische Ganzheit des Volkes, und weil er die Spaltung in gebildete und ungebildete Volksschichten, die er zu überwinden trachtet, nicht vom ökonomischen, sondern vom kultursoziologischen Standpunkt aus sieht. Aber durch die Propagierung einer ganzheitlichen völkischen Kultur und durch die These, daß der Mutterboden dieser Kultur in den unteren Volksschichten liege und von ihnen gehütet und gepflegt werde, trägt das Werk der Brüder Grimm dazu bei, das Ansehen dieser vom bisherigen Kultur- und Bildungsbegriff ausgeschlossenen Schichten zu heben.

Der Begriff "Volk" bezieht sich im allgemeinen Bewußtsein dieser Zeit noch allein auf die unteren Bevölkerungsschichten. So schreibt Karl Gustaf Jochmann, "das Volk" habe die Tat des Kotzebue-Mörders Sand "ziemlich unverhohlen [...] als seine Sache betrachtet," und er erklärt zuvor ausdrücklich, daß er "von dieser Benennung [...] hier und für immer alle diejenigen" ausnehme, "die, durch Geburt oder Dienste, den bevorrechteten Ständen angehören". Joseph Görres in seiner ebengenannten *Volksbücher*-Schrift erklärt zwar, "in jedem Menschen" seien, "eigentlich", also vom Ursprung her, "alle Stände" präsent, für die Gegenwart aber trennt er streng zwischen "Gebildeten" und "Ungebildeten" und bezieht den Begriff "Volk" allein auf die letzteren. Er scheint eine These der 1920er Jahre - Hans Naumanns These vom "gesunkenen Kulturgut" - vorwegnehmen zu wollen, wenn er davon spricht, daß die Volksbücher "aus der Oberwelt in die pflanzenhafte, gefesselte Natur des Volkes herabgestiegen" seien. Auch wenn er meint, "das Volk" habe "längst schon die Region der dumpfen Stupidität verlassen", scheint er dennoch zu fürchten, man könne "Volksgeist und Volkessinn" mit "Pöbelhaftigkeit" verwechseln.

Liest man Augenzeugenberichte aus dem Krieg 1806/07, so drängt sich geradezu der Eindruck auf, daß es den Begriff und die Vorstellung des "Volkes" im heutigen Sinne noch nicht gibt, daß also auch der Krieg 1806/07 beileibe kein "Volkskrieg" ist. Heinrich Ludens Erinnerungen an *Die Schlacht von Jena* und der Brief Johanna Schopenhauers an ihren Sohn Arthur über die Plünderung Weimars nach der Schlacht von Jena lassen erkennen, daß man im Alltag des Krieges weniger zwischen Deutschen und Franzosen unterscheidet als vielmehr zwischen Kombattanten und Nichtkombattanten und zugleich auch zwischen den Offizieren und der Soldateska beider Fronten. Auf der Heimreise nach Jena trifft Luden in Lauchstädt auf Franzosen: "[...] Ich stellte meine Frau den beiden Officieren vor, und da sie viel besser als ich französisch sprach, so war der Franzose sehr artig und sprach tröstliche und verbindliche Worte." Auf dem Weg nach Merseburg fährt man später an französischen Truppen vorbei: "Die Officiere grüßten mit der Hand; die Soldaten nickten, riefen *bon jour* oder andere Worte, die wir nicht verstehen konnten." Als die Chaise dann eine Brücke erreicht und "der Postillon auf das Furchtbarste zu trompeten" anfängt, "ward" dem Ehepaar Luden "Angst und bange. Die Franzosen aber lachten, riefen Bravo und begrüßten uns freundlich." Über die Plünderung Weimars schreibt Johanna Schopenhauer, ein französischer Dragoneroffizier habe ihr versichert, "daß alle Offiziere über die Art, mit der Weimar behandelt worden wäre, empört wären." Schon bald danach ist dann "für die Sicherheit der Stadt aufs Beste gesorgt. Der französische Kommandant tut das Seine, und alle Nächte patrouillieren sechzig unserer Bürger [...]. Wir fürchten wenig mehr die Franzosen, aber wir fürchten die Einwohner der benachbarten Gegend." Von irgendeiner Erbfeind-Ideologie findet sich in diesen Berichten nicht die geringste Spur und daher auch nicht, wie gesagt, die Idee des "Volkskrieges". Überhaupt scheint es, daß der ethnische Begriff des "Volkes" zu dieser Zeit noch eher eine Sache der Theorie als der Realität ist, und ebendies gilt auch für die beiden "Stubengelehrten" Jacob und Wilhelm Grimm.

Man zählt es zu den wesentlichen Verdiensten der Brüder Grimm, daß der bäuerliche Bereich jetzt mehr und mehr als Kernbestandteil der völkischen Kultur empfunden wird; - für Fichte hatte noch, wie wir sahen, das städtische Bürgertum im Vordergrund gestanden, und Adam Müller hatte vornehmlich den Landadel und die Großkaufmannschaft im Auge. Natürlich hat auch das Interesse am Bauerntum gewisse ins 18. Jahrhundert zurückreichende Traditionen, die Physiokraten etwa und Justus Mösers *Osnabrückische* und Johannes von Müllers *Schweizerische Geschichte*. Der erhöhte Getreidebedarf auf Grund des schnellen Bevölkerungszuwachses während der 2. Hälfte des 18. Jahrhunderts, die damit verbundene Wertsteigerung ländlichen Grundeigentums, die bereits vor der Revolution allmählich einsetzende Aufhebung der Leibeigenschaft: Alles das rückt landwirtschaftliche Probleme mehr und mehr in den Gesichtskreis des öffentlichen Interesses. 1803 schreibt Arndt, selbst der Sohn eines freigelassenen Leibeigenen, seinen *Versuch einer Geschichte der Leibeigenschaft in Pommern und Rügen* und trägt damit wesentlich zu ihrer Aufhebung bei:

"Wer ist das Mark und Gebein des Staates, wer muß den Pflug in der Not und das Schwert in der Gefahr führen, wer muß das Steuerruder auf dem Wasser, den Spaten in den Tiefen der Erde halten? Es ist der Bauer, der Handarbeiter, der größte und ehrwürdigste Teil einer Nation. Der Staat muß für alle seine Kinder sorgen, so sehr es seine Notwendigkeit zuläßt, er muß nicht erlauben, daß die Mehrzahl der Nation in einem unnötigen Druck schmachte, damit die kleine Zahl desto übermütiger und bequemer ihr üppiges Leben - nicht genieße sondern verderbe."

Hier finden sich, wie man sieht, durchaus Töne einer Bauernverherrlichung, verbunden mit dem moralisierenden Lobpreis der Frugalität, aber es überwiegt doch noch das direkte soziale Pathos, das engere standespolitische Interesse.

Eine eigentliche Bauern-Ideologie beginnt sich erst seit der Romantik zu entwickeln: Der Bauer wird ebenso zur Idealfigur für die Vertreter des völkischen Denkens, wie der Kaufmann, der Händler, die Idealfigur für die Vertreter des aufklärerischen Rationalismus ist. Dem völkischen Denken garantiert der Bauer die Bodenständigkeit und Kontinuität der Kultur und die Möglichkeit der wirtschaftlichen Autarkie, dem aufklärerischen Denken garantiert der Kaufmann den Austausch materieller und geistiger Güter unter den Völkern, die Verbreitung von Fortschritt und bürgerlicher Freiheit.

Kaum ein deutscher Schriftsteller der Revolutionszeit zeigt uns den hellen, klaren Geist des Rationalismus und die weltoffene Humanität der Aufklärung eindringlicher als Georg Forster in seinen *Ansichten vom Niederrhein* (1790), und immer wieder hören wir hier das Loblied des Kaufmanns singen. "Der große Kaufmann" ist für Forster "einer der aufgeklärtesten Menschen", denn - so schreibt er anläßlich des Besuches einer Tuchmanufaktur - "das Phänomen des fortwährenden Austausches verschiedener Produkte der Natur und der Kunst gegeneinander ist [...] unstreitig desto wichtiger, weil die Ausbildung des Geistes so innig damit verbunden ist". Keine Abneigung empfindet Forster gegen das Getriebe der Großstadt, im Gegenteil: er freut sich am Anblick geschäftiger, betriebsamer Menschen in den Handelsmetropolen. In Haag beobachtet er "auf der kleinen, netten Börse und in den Kaffeehäusern umher die ein- und ausströmenden Scharen von Kaufleuten, Maklern, Schiffskapitänen und Fremdlingen aus allen Weltteilen", und er nennt dies "ein Bild der friedlichen Vereinigung des Menschengeschlechtes zu gemeinsamen Zwecken des frohen, tätigen Lebensgenusses!" Geschäftsgeist und sogar "Gewinnsucht" wertet Forster als positiv, weil nutzbringende, dem Fortschritt und der Aufklärung förderliche Eigenschaften, - Eigenschaften des Intellekts, nicht des Gemüts.

Ganz anders äußert sich der Vertreter des romantischen Organismus-Gedankens. Als Beispiel soll hier ein Dichter der schwedischen Romantik dienen, Erik Gustaf Geijer, und zwar deshalb, weil die Verherrlichung des Bauerntums in Schweden auf Grund der sozialgeschichtlichen Voraussetzungen früher und bewußter in Erscheinung tritt als in Deutschland. Vom freien Bauern des alten Nordens sagt Geijer in seinem Gedicht *Manhem* (1811), daß zu ihm keine "künstlichen Bedürfnisse [...] von weit entfernten Stränden mit dem Schiff" gebracht worden seien, daß er vielmehr sich selbst genug gewesen sei und den Acker mit eigenen Händen gepflügt habe. Ackerbau und Handel stehen hier einander gegenüber wie Gut und Böse. Der Handel läuft der Natur, der gottgegebenen Ordnung zuwider gerade dadurch, daß er Weltteile und Völker miteinander verbindet und sie mit Gütern versorgt, die den jeweiligen natürlichen Bedürfnissen gar nicht entsprechen. Ebensowenig will Geijer von gesellschaftlicher Gewandtheit, von Bildung und Gelehrsamkeit wissen, denn auch sie sind von auswärts vermittelt, entfremden das Volk von seinen natürlichen Anlagen und führen zur Aussonderung einer internationalisierten Oberschicht. Der Bauer wird demgegenüber zum Hüter der - eben jetzt entdeckten - volksgebundenen Kulturtradition. Deutlich wird hier allerdings wieder einmal, daß der völkische Gedanke wesentliche Impulse aus dem französischen 18. Jahrhundert empfängt: aus der Rousseauschen Kulturkritik und aus der Montesquieuschen Klimatheorie. Zudem bezieht Geijer einige Züge seiner Bauernromantik aus Johannes von Müllers *Schweizerischer Geschichte*, erkennbar an der alpinen Szenerie, die sich gelegentlich in seine Schilderung mischt.

Auch in dem von der Romantik beeinflußten deutschen Geschichtsdenken kann das Bauerntum jetzt eine zentrale Rolle spielen, - mehr als irgendwo sonst bei zwei Männern, die beide durch Herkunft oder Tätigkeit mit der niedersächsisch-holsteinischen Landschaft verbunden sind, einer Landschaft also, in der es noch starke Traditionen eines freien Bauerntums gibt: Barthold Georg Niebuhr und Friedrich Christoph Dahlmann.

Schon Niebuhrs erste Arbeit, eine unveröffentlichte *Geschichte der Römischen Staatsländereien* (1803/06), beschäftigt sich mit agrarischen Problemen, den römischen Ackergesetzen und dem ager publicus. Das waren zu dieser Zeit noch durchaus neuartige Gesichtspunkte. "Um die liederlichen Dirnen des Alterthums hat man sich schmunzelnd bekümmert, und Abhandlungen über sie geschrieben," heißt es in einem Brief vom Jahre 1808. "Aber der römische Bauer interessiert den Gelehrten nicht mehr als der einheimische: welcher Gelehrte läßt sich herab sich um die Eintheilung von Bauernschaftsfeldmarken zu bekümmern?" Nicht allein familiäre Gründe mögen Niebuhr zu diesem Thema angeregt haben - die Abstammung von einer niederelbischen Bauernfamilie und die Eindrücke der Jugend in Dithmarschen -, sondern auch seine Tätigkeit als Sekretär des Grafen Schimmelmann, des dänischen Handelsministers, die ihn mit den Problemen der dänischen und holsteinischen Bauernbefreiung bekannt macht. Niebuhr steht der ständischen Verfassung mit ihren aristokratischen Vorrechten in diesen Jahren noch ziemlich kritisch gegenüber. In einem Brief an Schimmelmann 1802 heißt es: "Unser stolzer Landmann [der Dithmarscher] ist unendlich viel höflicher als der gegen seine Herren kriechende Ostholsteiner."

Eine völlige "Befreiung" der holsteinischen Bauern hält Niebuhr gleichwohl nicht für wünschenswert, da sie die Gutsherren eben auch von ihren patrimonialen Fürsorgepflichten befreien würde. Niebuhr meint, das holsteinische Bauernland sei erst in jüngster Zeit zum Eigentum der Gutsherren geworden, ursprünglich aber ein erbliches, mit bestimmten Dienstleistungen verbundenes Lehen gewesen. Um die Wiederherstellung eines solchen Erbpachtcharakters ist Niebuhr bemüht, denn durch die scheinbar unrentablen Kleinbetriebe werde der Staatswohlstand mehr gehoben als durch den vielgepriesenen "Mehrertrag der großen Wirthschaften". Im Gesetz über die Aufhebung der Leibeigenschaft vom 19.Dezember 1804 wird dem Bauernstand dann zwar nicht Eigentum zugesprochen, wohl aber ein unantastbares Besitzrecht am Boden, - ein Ergebnis, mit dem Niebuhr immerhin zufrieden sein kann.

Niebuhrs Vorstellungen zur Regelung der holsteinischen Agrarfrage entsprechen - wie Gerrit Walther in seiner großen Niebuhr-Monographie von 1993 feststellt - exakt den Prinzipien, denen die Römische Republik ihren Aufstieg zur Weltmacht verdanken soll. Neuartig und damit zugleich aktuell in Niebuhrs Sicht der römischen Geschichte ist der Versuch, die Plebejer ausschließlich als Angehörige des freien Bauernstandes zu interpretieren und ihre Unterdrückung durch die Patrizier, die landbesitzende Aristokratie, für den politischen Niedergang Roms verantwortlich zu machen. "Eine freie Verfassung" beruhe, heißt es 1804 im Hinblick auf englisch-irische Verhältnisse, "nothwendig auf einer zahlreichen Menge Landeigenthümer," - an anderer Stelle: Die "Grundmauern" des Staates seien die "kleinen Landbesitzer", die übrigens auch bessere Soldaten seien, weil sie in "Sonne und Regen" pflügen und ausdauernder sind als die "kleingesinnten und unzuverlässigen" Städter. Als Niebuhr dem Grafen Adam Moltke von seiner Abhandlung über die römischen Staatsländereien berichtet, kann er mit vollem Recht schreiben: "Kein Edelmann und Gutsbesitzer wird, consequent, sie gerne sehen können."

Mit dem aufklärerisch-humanitären Gedankengut, das in dieser Arbeit steckt, verbinden sich aber bereits Elemente, die für die völkisch-organologische Ideologie mehr und mehr charakteristisch werden. Dahin gehört vor allem die Verherrlichung der Frühzeit, des reinen, unverdorbenen Ursprungs, und der Antiurbanismus, die Verketzerung der Stadt als Keimzelle des politischen und moralischen Verfalls: "Dieser stete Wechsel des Eigenthums und der Bewohner der Städte Italiens erklärt, däucht mich, schon hinreichend das oft angeführte Problem der Ausartung der italienischen Nation."

Die Tendenz verstärkt sich in Niebuhrs Hauptwerk, der *Römischen Geschichte* (1811ff.). Niebuhr schreibt sie konsequent als die Geschichte eines republikanischen Bauernvolkes; das städtische und damit das kaufmännisch-händlerische Element läßt er unberücksichtigt, - ganz im Gegensatz zu Theodor Mommsen, der ihn einige Jahrzehnte später in dieser Hinsicht gründlich revidiert. Die Stadt ist für Niebuhr nichts als eine Brutstätte der Revolution:

"Nicht mit Unrecht hielten die Politiker des Altertums nur den Landmann für einen ganz zuverlässigen Bürger," liest man schon im 1. Band von 1811, "Der städtische Arbeiter [...] hegt oder erfährt Brotneid, und Gewerbe feindet Gewerbe an. Ihm fehlt das ruhige Selbstvertrauen, welches bleibendes Eigentum gewährt. Die Ideen des Landmannes sind anschaulich und lebendig, weil ihre Zahl beschränkt ist; den Städter verwirren dunkle Begriffe und Mißbrauch des Gesprächs. Auf dem Lande erhält sich der Volksstamm; in den Städten ergänzten sich die Einwohner aus allen Ländern und Völkern. Daher urteilten die griechischen Weisen mit Recht, daß die Zulassung der Handwerker zu den Volksversammlungen die Verfassung und die angeerbte Nationalität untergrüben und notwendig zu einer Revolution führen müßten."

Ländliche und städtische Lebensweise werden hier fast schon in Voraussicht des kommenden Industriezeitalters gegeneinander gestellt: organisch-naturhaft und gefühlssicher die eine, individuell-wurzellos und intellektuell die andere. Aus der Art dieser Entgegensetzung scheint ein ängstliches Mißtrauen gegenüber der Emanzipation der menschlichen Vernunft zu sprechen, ein Bemühen, den Menschen ans vegetative Dasein zu binden und zur Anerkennung des Bestehenden anzuhalten.

Tatsächlich wächst in Niebuhr mit zunehmendem Alter die Furcht vor der Revolution, während er sich gleichzeitig - seit 1806 auf Steins Veranlassung in preußischem Dienst - mehr und mehr dem ständestaatlichen Denken nähert. Schon seit seiner England-Reise 1798/99 ist er - ähnlich wie Adam Müller - ein Verehrer der englischen Verfassung. Und auch ihm ist es jetzt um das (wie Müller sagen würde) "glückliche Balancieren der Stände" zu tun. Jedenfalls bemüht er sich nachzuweisen, daß die Plebejer nicht die Aufhebung des Patrizierstandes anstrebten, sondern nur forderten, "daß beyde Stände neben einander, gleichberechtigt, die Souverainetät theilen und den Staat verwalten sollten." Modell dieser Überlegung ist zweifellos das englische Zweikammersystem. Mit gutem Gewissen kann Niebuhr deshalb in einem Vorwort zur *Römischen Geschichte* versichern, daß "von den Grundsäzen der politischen Beurtheilung" in seinem Werk "kein einziger" sei, "der sich nicht bey Montesquieu oder Burke fände."

Ein Verehrer der englischen Verfassung ist auch Dahlmann, und deutlicher noch als bei Niebuhr macht sich bei ihm die Verwandtschaft mit Adam Müller bemerkbar, wenn er in seiner Schrift *Ein Wort über Verfassung* von 1815 das englische Zweikammersystem beschreibt:

"Zwei Kammern von wesentlich verschiedenem und doch in der Erhaltung des Ganzen wiederum zusammenschlagenden Interesse, die einen durch erblichen Rang, das Alterthum des Geschlechts und großen Landbesitz an die Erhaltung des Herkömmlichen und Gültigen gefesselt, die anderen durch mannichfaltige Einsichten, Gelehrsamkeit und Geschäftserfahrung geeignet, den Gang der Zeit und die nothwendigen Forderungen des Augenblicks klar aufzufassen, an der Spitze ein König, den, heilig und unverletzlich wie er ist, nie auch ein Schatte nur von Verantwortlichkeit trifft, weil er seine ersten Räthe der Verantwortlichkeit und Volksklage unterstellt."

Die Vorstellung vom stimulierenden Gegen- und Miteinander der beiden Stände, des Adels- und des Bürgerstandes - der eine mehr auf Erhaltung des Herkömmlichen und Gültigen gerichtet, der andere mehr auf die Bedürfnisse des Tages, Geschäftigkeit und Fortschritt - : das ist nahezu wörtlich Adams Müllers "Lehre vom Gegensatze". Aber es steht doch hinter Dahlmanns Worten ein anderer Geist, sehr viel mehr konkrete historische Anschauung und praktisch-politischer Sinn. Für Müller ist das, was aus dem Kräftespiel verschiedenartiger Interessen hervorgehen soll, nur ein Moment in der totalen Durchdringung der Materie mit Leben, Dahlmann dagegen spricht - politisch präziser - von "öffentlicher Meinung". Klarer als Müller erfaßt er die große allgemeine Bewegung, in der das Bürgertum allmählich zu Bildung und wirtschaftlicher Macht aufgestiegen ist, und er meint, daß gerade jetzt - zumal nach dem siegreichen Abschluß der Freiheitskriege, die er als eine Leistung der "zum Selbstbewußtseyn erwachenden Völker" versteht, - die etablierten Stände einerseits und der bürgerliche Stand andererseits zu einem Ausgleich ihrer Positionen gelangt seien, so daß der Zeitpunkt angemessen erscheint, sie in einer ständischen Verfassung als gleichberechtigte Partner zu einem größeren Ganzen zusammenzuschließen.

Es verbindet sich auf diese Weise schon in der Verfassungsschrift von 1815, ausführlicher dann in der *Politik* von 1835, die (durchaus positiv beurteilte) Vorstellung des bürgerlichen Fortschritts mit den Ideen der völkisch-organologischen Lehre, - eine merkwürdige Erscheinung, die charakteristisch ist für die mittleren Jahrzehnte des Jahrhunderts und von der deshalb an späterer Stelle noch zu sprechen sein wird. Dabei zeigt sich Dahlmann insofern durchaus als echter Vertreter der organologischen Lehre, als er zwar im Gegensatz zu Savigny eine kodifizierte Verfassung wünscht, zugleich aber betont, daß diese im Einklang mit der allgemeinen historischen Entwicklung stehe und stehen müsse. Und als echter Vertreter der organologischen Lehre zeigt er sich schließlich auch insofern, als er diese Verfassung aus der völkischen Geschichte zu begründen sucht: Es soll "eine kräftige Volksvertretung" sein, "eine, die, auf historischem Grunde ruhend, das Nacheinander der Geschichte zu einem Nebeneinander gestaltet."

Dahlmann ist zu der Zeit, als er das *Wort über Verfassung* schreibt - 1815 -, Professor der Geschichte an der Universität Kiel und zugleich Sekretär der schleswig-holsteinischen Ritterschaft. Es fällt ihm deshalb nicht schwer, den "historischen Grund" zu finden, auf dem die neue Verfassung ruhen soll: es ist die Geschichte der Sachsen, desjenigen deutschen Stammes, "welcher, allem Ansehn nach, vor Alters der volksfreiste von allen war," dazu auch die Geschichte "unserer alten Ditmarsen", in deren "Freistaat stolzer Bauern [...] sich der alten Sachsen Art und Sitte am längsten erhalten" habe. Der Preis der sächsischen Freiheit hat eine lange Tradition in der deutschen Germanen-Ideologie bis in die dreißiger Jahre des 20.Jahrhunderts: Im Gegensatz von Widukind und Karl dem Großen glaubt man den Gegensatz von bäuerlich-kriegerischer, volksgemäßer Herzogsherrschaft und mediterraner, volksfremder Kaiserherrschaft zu erkennen, - ein Verhältnis, das sich wiederholt im Gegensatz von Heinrich dem Löwen und Friedrich Barbarossa. Dahlmann leistet einen gewichtigen Beitrag zu dieser Tradition, indem er einen unmittelbaren historischen Zusammenhang herstellt zwischen der politischen Struktur des alten Sachsenstammes und der seit Montesquieu und Burke immer wieder als Idealtyp beschriebenen englischen Verfassung: In ihren Grundzügen wurde diese Verfassung bereits von den ausgewanderten Sachsen auf die britische Insel mitgebracht; die "ersten Ursachen der englischen Freiheit" liegen daher im "sächsischen Altertum", und die englische Zweikammerverfassung hat "nicht in bloßer Willkür, sondern in dem Wesen unserer Volksentwicklung ihren Grund." Wohlgemerkt: "unserer"! Erst jetzt eigentlich wird das vielberufene englische Modell für deutsche Verhältnisse im Sinne der historisch-organologischen Lehre wirklich akzeptabel.

Die "Volksfreiheit" der alten sächsischen Bauernrepublik sieht Dahlmann verbürgt gerade durch ihre strenge ständische Gliederung - in Edle einerseits und Freie und Freigelassene andererseits - und durch das in sich ausgewogene Kräfteverhältnis zwischen den Ständen; er sieht daher diese Freiheit verfallen, als Karl der Große die Sachsen unterwirft und sich in seiner Herrschaft einseitig auf den Adel stützt. Daß sich ein lebendiges Miteinander im ausbalancierten Gegeneinander verschiedener Interessenkräfte erzeugt, bringt Dahlmann an späterer Stelle seiner Schrift dann noch einmal zum Ausdruck, als er auf das Verhältnis der reichsfreien Städte Lübeck und Hamburg zum holsteinischen Land zu sprechen kommt: "Wären sie in dauerndem Vereine mit unserm Lande geblieben, es konnte nicht fehlen, daß hier bürgerliche Kraft, der adelichen gegenübertretend, ein schönes Verhältniß erzeugt und alles Mishellige in dem gemeinsamen Gefühle einer gesicherten Volksfreiheit versöhnt hätte."

Da die Vertreter der organologischen Theorie nicht müde werden, die Beschreibung dieses politischen Modells zu wiederholen, und da wir Dahlmann neben Adam Müller und Niebuhr wohl am ehesten beim Wort nehmen dürfen, ist es Zeit, an dieser Stelle die Frage zu stellen, welche konkrete politische Vorstellung sich hinter solchen Überlegungen verbirgt. Selbstverständlich sind die Vertreter der organologischen Theorie der Meinung, daß sich "Volksfreiheit" und "öffentliche Meinung" nicht - um einige Formulierungen aus der modernen Parlamentarismus-Diskussion zu verwenden - im "Synkretismus der Einzelstimmen", im freien Räsonnement privater Individuen äußern solle (obwohl es sicher zu sein scheint, daß sie ihren Begriff von Freiheit und Öffentlichkeit zum gewissen Teil aus der bürgerlich-demokratischen Emanzipationsbewegung bezogen haben). Wenn sie statt dessen an den Ausgleich, also offenbar das Aushandeln von Kompromissen zwischen verschiedenartigen kollektiven Interessen denken, so darf man nun allerdings diese Meinung nicht dahingehend mißverstehen, es könne sich hier um willkürlich motivierte Interessengruppen handeln, die sich auf argumentativem Wege zu einigen hätten. Gedacht ist vielmehr allein an die allgemeinen, *in der naturgegebenen Ordnung begründeten* Bedürfnisse der einzelnen berufsständischen Gruppen, aus deren organischem Zusammenspiel sich ein gesundes politisches Leben ergeben soll. Man ist deshalb geneigt, die tatsächlich vorhandenen Gegensätze auf den elementaren Gegensatz eines beharrenden und eines mobilen Elements zu reduzieren, und man erhofft sich davon eine Art von Gewaltenbindung, die das Ganze im Zustand eines inneren Gleichgewichts hält und damit jedem Teil des Ganzen eine gewisse Selbständigkeit und "Freiheit" gibt, - das heißt: es entsteht eine gleichsam in sich kreisende Bewegung, die die Möglichkeit einer Veränderung ausschließt und damit in den Verdacht geraten kann, bei allem "Leben" im Grunde doch so etwas wie Stagnation zu bedeuten.

Adam Müller und dann der späte Niebuhr lassen einen solchen Quietismus bereits erkennen. Dahlmann dagegen ist bemüht, diesen Zustand des Ausgleichs zunächst überhaupt einmal herzustellen. Es mag sich schon hier - in der Verfassungsschrift von 1815 - die Absicht andeuten, die fortschreitende bürgerliche Bewegung in einer Verfassung einzufangen, sie nicht zu einer konturlosen Massenbewegung ausarten zu lassen, also "öffentliche Meinung" mit Hilfe der Verfassung nicht eigentlich zu aktivieren, sondern zu *binden*. Wesentlicher aber ist zunächst die Stoßrichtung gegen Absolutismus und Adelsherrschaft. Am Beispiel der dithmarsischen Gerichtsverfassung erläutert Dahlmann, was er meint, wenn er das einseitige Übergewicht des Adels für den Verfall der "Volksfreiheit" verantwortlich macht: Hier, wo sich das freie Bauerntum erhalten hat, hat sich auch die bäuerliche Selbstverwaltung auf juristischem Gebiet erhalten, ist das Recht aus den Bedürfnissen der Rechtsgemeinschaft selbst entwickelt und daher einsichtig und verständlich geblieben; dort dagegen, wo der Adel das Übergewicht gewonnen hat, hat sich die adlige Patrimonialgerichtsbarkeit durchgesetzt, die das Recht zum gelehrten Wissen verholzen ließ und die Bauern zu bloßen Objekten juristischer Administration machte. In der Verfassungsschrift heißt es:

> "In den Bauerngerichten, wie sie in manchen Gegenden unsrer Herzogthümer noch gehegt werden, ist eine wahre Wurzel der Freiheit vorhanden, verlacht von Klüglern, aber sicherlich kraftvoll genug, um, wenn ihr Raum und Pflege geschenkt würde, das Recht wieder volksmäßig zu machen und dem alleinigen Besitze der Gelehrtenkaste zu entreißen."

Drei Jahrzehnte später, auf der Germanistenversammlung 1846, beschäftigt sich Dahlmann nochmals ausführlich mit dem "Geschworenengericht" und spricht dort vom "schädlichen Uebergewicht des Adels", das "die Bauern in die Leibeigenschaft brachte" und dazu führte, daß "die Patrimonialgerichtsbarkeit in der äußersten Strenge geübt ward." Auf eine kurze Formel gebracht und zugleich um ein wesentliches Element erweitert wird der 1815 zuerst geäußerte Gedanke endlich in einer Rede, die Dahlmann 1849 in der ersten preußischen Kammer hält: "Wo Preßfreiheit und Schwurgerichte walten, da wird [...] die Volksfreiheit niemals rückwärts gehen."

In welchem weiteren Kontext solche Außerungen stehen, ist an späterer Stelle genauer zu erörtern. Immerhin ist das demokratische, emanzipative Element nicht zu übersehen, das Bestreben, das politische Leben möglichst weit ins Volk hineinzutragen, ihm eine öffentliche Basis zu geben und auf diese Weise seine Spaltung in Herrschende und Beherrschte zu überwinden. Und um schließlich noch einmal auf den Ausgangspunkt der Argumentation in diesem Abschnitt zurückzulenken: Der historische Sinn, der durch die Romantik geweckt wird, füllt die Theorie jetzt mit konkretem Anschauungsmaterial auf, legt sie aber zugleich auf einen bestimmten Bereich mehr oder weniger fest, auf die Verherrlichung des bäuerlichen Lebens.

6. DIE "KONSTITUTIONELLE FRAGE": SAUL ASCHER, ERNST MORITZ ARNDT UND DIE BRÜDER GRIMM.

Dahlmanns Schrift *Ein Wort über Verfassung*, 1815 in den "Kieler Blättern" veröffentlicht, empfängt ihre Anregung von einer Frage, die gerade damals eine zuvor nie erreichte Aktualität gewinnt und in den darauffolgenden Jahrzehnten alle politischen Gemüter beschäftigen wird. Es ist die Frage nach dem Recht des Volkes auf eine angemessene politische Repräsentation. Schon seit 1810 gibt es das Versprechen des preußischen Königs, eine konstitutionelle Verfassung zu gewähren, und der Krieg von 1813/15 - mehr als alle früheren Kriege ein wirklicher Volkskrieg - wirft das Problem auf, inwieweit sich die Untertanen eben durch die Niederwerfung desjenigen Volkes, von dem die Ideen der bürgerlichen Freiheit und Gleichheit ausgegangen waren, einen Anspruch erworben haben, diese Ideen wenigstens zu einem gewissen Teil in ihrem eigenen politischen Leben verwirklicht zu sehen.

Allerdings ist der revolutionäre Geist, der die Verfassungsforderung mit Energie hätte betreiben können, zu dieser Zeit bereits geschwächt: Die Ideen der Revolution scheinen durch die Ereignisse der Jahre 1793/94 - die

Hinrichtung Ludwigs XVI. und die "Schreckensherrschaft" - in ihrem moralischen Anspruch diskreditiert, der rationalistisch-uniformistische Staatsgedanke durch das aus ihm hervorgewachsene Napoleonische Kaisertum in seiner theoretischen Gefährlichkeit entlarvt zu sein. Patriotische Gesinnung muß hier der demokratischen hemmend im Wege stehen: Es ist das Dilemma der deutschen Geschichte des 19. Jahrhunderts, daß - wie es Rudolf Stadelmann nach den Worten eines englischen Historikers formuliert - "die Menschenrechte in den Proviantwagen einer Invasionsarmee" nach Deutschland kamen.

Um so eher mag das Erlebnis der Napoleonischen Kriege dazu beigetragen haben, die monarchische Tradition zu stärken: Die anfänglichen Leiden und schließlichen Siege dieser Zeit können als ein Triumph der Einigkeit von Fürst, Adel und Volk empfunden werden, so daß man sich verpflichtet glaubt, die einmal erfahrene organische Einheit des Volksganzen fürderhin nicht durch Parteienwesen und Konstitutionskämpfe leichtfertig aufs Spiel setzen zu sollen. Solche royalistisch-völkische Interpretation erfährt allein schon deshalb eine offizielle Förderung, weil die preußische Regierung nach dem siegreichen Abschluß des Krieges das Verfassungsversprechen nur unzulänglich erfüllt und auf diese Weise die "konstitutionelle Frage" verschleppt. Infolgedessen hat diese Interpretation ein langes Nachleben: Man denke an den Königin-Luise-Kult, der mit "Luisenorden" und "Luisenbund" bis in den Ersten Weltkrieg hinein gepflegt wird, besonders zur Zeit Kaiser Wilhelms I., dessen Lieblingsblume die schlichte Kornblume ist, die er auf der Flucht nach Tilsit für seine Mutter gepflückt hatte, oder man denke an Friedrich Wilhelms III. Aufruf *An mein Volk* vom 17. März 1813, der - als Symbol der Verbundenheit von Fürstenpflicht und Untertanentreue, von Monarchismus und Patriotismus - im preußisch-deutschen Geschichtsverständnis etwa denselben "primordialen" Stellenwert innehat wie bei anderen Völkern ein revolutionärer, antimonarchistischer Akt, - bei den Engländern die Glorious Revolution, bei den Amerikanern die *Declaration of Independence*, bei den Franzosen der Sturm auf die Bastille.

Rationalistisches und kosmopolitisches Gedankengut ist freilich auch im Jahre 1815 durchaus noch lebendig. Merkwürdigen Ausdruck findet es in einer Streitschrift, die der Religionsphilosoph Saul Ascher unter dem Titel *Die Germanomanie. Skizze zu einem Zeitgemälde* in ebendiesem Jahre veröffentlicht. Saul Ascher ist dem Literaturkenner heute wohl nur noch bekannt als das Gespenst, das dem erschreckten Heine auf seiner Harzreise zu mitternächtlicher Stunde die Vernunft analysiert. Als Apostel eines universalistischen Vernunftsdenkens tritt er auch in der Streitschrift auf. Den "Germanomanen" - Fichte, Arndt und Jahn werden neben anderen namentlich genannt - hält er entgegen, daß die menschliche Gattung nicht mehr "in Stämme und Racen eingetheilt", sondern "durch den Namen Menschheit [...] nach ihrem ganzen Umfange aufgefaßt" werde und daß in der politischen Gliederung schon seit dem Westfälischen Frieden nicht mehr das religiöse oder das biologische Prinzip gelte, sondern allein das "rechtliche", das staatsbürgerliche.

Aschers Streitschrift gibt zu erkennen, daß die völkische Idee schon zu damaliger Zeit handfeste antisemitische Regungen fördert, und es ist nur zu gut verständlich, daß die rein juristische, vertragliche Begründung einer Staatszugehörigkeit dem nicht-"völkischen" Juden Ascher besonders am Herzen liegen muß. Interessanterweise ist es nun aber nicht die revolutionär-demokratische Bewegung, durch die Ascher sein staatsbürgerliches Prinzip garantiert sieht, sondern der dynastische Legitimismus, der gerade damals - zur Zeit des Wiener Kongresses und der Gründung der "Heiligen Allianz" - erneute politische Aktualität gewinnt: "Der hauptsächlichste Umstand, der es verhindern dürfte, in jetzigem Zeitalter unter den Nationen und Staaten eine Abgeschlossenheit zu bewirken, ist wohl das Familienband, das die Regenten des größten Theils der kultivierten Staaten umschlingt." In den Verwandtschaftsbeziehungen der Fürstenhäuser untereinander sieht Ascher "die Idee der Menschheit verwirklicht". Aufklärerische Staatstheorie und Restauration gehen hier ein merkwürdiges Bündnis ein, und es mag dabei wohl die Überlegung mitspielen, daß angesichts der nun einmal bestehenden restaurativen Tendenz der damaligen Zeit eine Emanzipation der Juden eher von den Fürstenhäusern als von der völkischen Bewegung zu erwarten sei.

Aufklärerisch-rationalistisches Gedankengut lebt zu dieser Zeit aber nicht allein bei den Gegnern der völkischen Bewegung fort, sondern durchaus auch bei dieser selbst. In der Verfassungsfrage sind die Stellungnahmen ihrer Vertreter jedenfalls keineswegs so einhellig, wie man es erwarten möchte. 1814 veröffentlicht Carl Friedrich von Savigny seinen berühmten Aufsatz *Vom Beruf unserer Zeit für Gesetzgebung und Rechtswissenschaft*, in dem es heißt, daß sich das Recht aus dem "gemeinsamen Bewußtsein des Volkes" durch "innere stillwirkende Kräfte" entwickle und daß es daher nicht die Aufgabe der Jurisprudenz sei, Gesetze zu schaffen, sondern allein, bereits vorhandenes Recht zu *finden*. Die historisch-organologische Lehre zeigt sich hier in einer zweifellos extremen Folgerung, aber es ist bemerkenswert, daß sie in dieser Form von kaum einem ihrer Vertreter (allenfalls von Nikolaus Falck) geteilt wird. Dahlmann bemüht sich zwar, wie wir sahen, die Verfassungskodifikation aus dem rechten Moment der historischen Entwicklung zu begründen, erkennt aber gerade von dieser Begründung her ihre Notwendigkeit an. Ähnlich ist die Ansicht Niebuhrs, die sich allerdings unter dem Eindruck der europäischen Revolutionswelle während der 1820er Jahre in restaurativer Richtung ändert.

Ein entschiedener Verfechter der Verfassungsforderung ist und bleibt dagegen Ernst Moritz Arndt. In einem Aufsatz *Über künftige ständische Verfassungen in Teutschland* von 1814 gesteht er der Französischen Revolution ausdrücklich zu, daß sie "Ideen in die Köpfe und Herzen gebracht" habe, "die zur Begründung der Zukunft die nothwendigsten sind", und er tadelt Burke, daß er es "nicht gewagt habe, in die ganze Furchtbarkeit der nächsten Zukunft zu blicken und die Arbeiten und Gefahren, die uns zur Begründung einer neuen Zeit obliegen, sich in voller Klarheit vorzustellen." In seiner Gegenüberstellung von ländlichem und städtischem Geist - natürlich und beharrend der eine, künstlich und mobil der andere - findet Arndt zwar ähnliche Worte wie Adam Müller und propagiert wie dieser das Majorat und die korporative Bindung durch Innungen, Zünfte und Gilden, aber es fehlt ihm bei aller völkischen Romantik die restaurative Tendenz, der Wunsch, den frommen und autoritätsgläubigen Sinn des Mittelalters wiederzuerwecken. Arndt weiß, daß der religiöse Geist die Gesellschaft nicht mehr zusammenzubinden vermag, daß neue, beweglichere Verhältnisse die alten, fest in sich gegründeten ablösen werden, und gerade deshalb scheint ihm eine "strenge", das heißt: vertraglich gesicherte Ordnung unter den "verschiedenen Klassen und Ständen" um so notwendiger zu sein. Der so verstandene völkisch-organologische Gedanke ist für Arndt also nicht - wie für andere Romantiker - die Erfüllung der religiös gebundenen mittelalterlichen Ständegesellschaft, sondern er *tritt* - so könnte man etwas überspitzt formulieren - *an ihre Stelle*, denn Arndt ist sich dessen bewußt, daß es ein neuer, nämlich der "demokratische" Geist sein wird, der die künftige Entwicklung der ständischen Verfassung prägt:

"Alle Staaten, auch die noch keine Demokratien sind, werden von Jahrhundert zu Jahrhundert mehr demokratisch werden [...]. Denn wo der Bauer und Bürger, dieser größte und ehrwürdigste Theil jedes Volkes, öffentlich vertreten wird, da kann man die Verfassung schon demokratisch nennen, weil der Geist und die Gewalt der Menge, welche in diesen beiden ausgedrückt werden, auch unwillkürlich die übrigen Stände ergreift und ihnen zuerst eine volkähnliche Färbung, dann auch eine volkliche Gesinnung giebt."

Hier wird nicht der Bauer- und Bürgerstand einem gesellschaftlichen System unterworfen, sondern umgekehrt der (bisher volksfremde, internationalisierte, teilweise auch verarmte, gesellschaftlich nutzlos gewordene) Adel in den "volklichen" Organismus integriert und durch die Errichtung von Majoraten berufsständisch gebunden. Von solchen Überlegungen her kann es dann nicht mehr überraschen, daß Arndt sich noch im Jahre 1818, in seiner Polemik gegen Karl Ludwig von Hallers *Restauration der Staatswissenschaft*, als energischer Verfechter der alten, aus dem Rationalismus ererbten Vertragstheorie zu erkennen gibt und gegen die romantische Mittelalter-Ideologie eine scharfe Klinge führt:

"Es mag wahr sein, daß es keinen Urvertrag gibt, [...] aber Anfangsverträge zwischen Fürsten und Völkern, zwischen Obrigkeit und Untertanen, [...] gibt es seit den ältesten Zeiten genug [...]. Jenes Mittelalter, worauf uns die Herren immer hinweisen, welche unsern Trieb und Streit um Verfassungen als einen Frevel und Aufruhr der gegenwärtigen Zeit schelten, jenes Mittelalter, das sie nicht kennen, war eben, weil es ein schönes, lebendiges Alter war, ja gerade im ewigen Kampf und Streit um Recht und Freiheit befangen, und oft auch in einem recht blutigen Streit, und verließ sich keineswegs auf die bloße Unschuld der Gnade, sondern legte alles, was es erkämpfte und erstritt, recht fest unter Brief und Siegel."

Neben diesem kämpferischen, tagespolitischen orientierten Engagement Arndts nimmt sich die jahrzehntelange, immer wieder das Für und Wider vorsichtig abwägende Aufmerksamkeit, die die Brüder Grimm der "konstitutionellen Frage" widmen, ein wenig zögernd und konventionsgebunden aus. Und in der Tat waren sie keine Freunde des Konstitutionalismus und - damit zusammenhängend - des politischen Parteienwesens. "An Konstitutionellen mißbehagt mir ihr pedantisches Streben nach Ausgleichung und Gleichförmigkeit", heißt es in Jacob Grimms Schrift *Über meine Entlassung* von 1837. Die berühmte Göttinger Protestation von 1837, die die Entlassung der Brüder aus hannoverschem Dienst zur Folge hat, wollen sie ausdrücklich als persönliche Gewissensentscheidung verstanden wissen: "Mit dem politischen Parteiwesen hat die Sache nichts zu schaffen", schreibt Wilhelm Grimm. Zugleich aber nimmt man die von der liberalen Bewegung getragene "öffentliche Meinung" gern in Anspruch: "Alles bei unserer einsprache hieng von ihrer öffentlichkeit ab," schreibt Jacob Grimm am 22.Mai 1838 an den Göttinger Theologen Lücke, der sich durch die publizistische Kampagne zugunsten der 'Sieben' offensichtlich irritiert fühlte.

Zum 'Weltkongress der Germanisten in Göttingen' 1985 gibt die Deutsche Bundespost eine Sonderbriefmarke heraus, die Wilhelm und Jacob Grimm zeigt und daneben - dem Klischee der Grimm-Rezeption entsprechend - in der Handschrift Jacob Grimms einen Entwurf der Artikel zum Wort 'Freiheit' im 'Deutschen Wörterbuch.

Mehr als bei allen bisher Genannten erklärt sich die Zurückhaltung der Brüder gegenüber dem Konstitutionalismus aus dem tief verwurzelten und schwer überwindbaren Mißtrauen gegen das rationale, abstrakte Staatsprinzip der Französischen Revolution, das in der Napoleonischen Universalherrschaft seine furchtbaren Konsequenzen gezeigt zu haben scheint. Benjamin Constants Schrift *De l'esprit de conquête et de l'usurpation*, die die Uniformität und die Abstraktion als Bedingung und Merkmal tyrannischer Herrschaft erklärt, nennt Jacob Grimm noch im Jahr des Erscheinens - in einem Brief an Wilhelm vom 26. März 1814 - "das geistreichste Buch über Napoleons historische Erscheinung, was bisher erschienen ist".

Grimms "völkisches" Denken hat aber noch ein weiteres Motiv, das im Zusammenhang dieser Arbeit von besonderer Bedeutung ist: den Widerwillen gegen die pragmatische Kabinettspolitik der regierenden Fürstenhäuser, die nach dem Sieg über Napoleon nicht anders verfahren als dieser selbst, indem sie Länder unter sich verteilen und künstliche Staatsgebilde konstruieren, ohne dabei die Interessen der betroffenen Völker zu berücksichtigen. Als kurhessischer Legationssekretär erlebt Jacob Grimm in den Pariser Verhandlungen 1814 und im Wiener Kongreß 1815 diese fürstliche Interessenpolitik aus nächster Nähe mit. "Am nöthigsten war hier wieder der offene Kampf gegen die rheinischen Bundgründer und das schändliche Souveränitätswesen!", schreibt er am 18. Juli 1814 an Görres, und im gleichen Sinne äußert er sich am 2. Januar 1815 im *Rheinischen Merkur*: "[...] allein es soll jetzo mehr auf die rechte der völker, als der fürsten gesehen werden".

Allerdings hat diese Einstellung Jacob Grimm nicht gehindert, sich während der 'Franzosenzeit' 1807 beim französischen Justizminister des Königreichs Westfalen um eine Anstellung zu bewerben, 1808 die Leitung der Privatbibliothek des Königs Jérôme zu übernehmen und sich 1809 sogar zum auditeur au conseil d'Etat ernennen zu lassen. Auch die "rechte der völker" legt Jacob Grimm ganz nach eigenem Gutdünken aus. Die Frage "was ist ein volk?" beantwortet er 1846 mit der Definition: "ein volk ist ein inbegriff von menschen, welche dieselbe sprache reden." Und dieses sprachliche Argument dient dann als theoretische Basis weiträumiger Annexionsforderungen, die auf das Selbstbestimmungsrecht der betreffenden Völker keine Rücksicht nehmen. Schon 1814 erklärt er, daß die Elsässer deutsch seien, auch wenn sie es nicht wollten und auch gar nicht wüßten, denn "was unsere sprache redet, ist unseres leibs und bluts und kann [...] nicht undeutsch werden [...]. Die Elsasser sind und hören uns von gott und rechtswegen." 1848 äußert er die Hoffnung, daß dazu auch "die Schweiz, Belgien und Holland" wieder heim in Reich kehren werden. Und zumal

Skandinavien bleibt von solchen Begehrlichkeiten nicht verschont. Er hofft, daß, "sobald Deutschland sich umgestaltet", Dänemark von der Landkarte verschwinden werde, und er fordert die Annexion der jütischen Halbinsel mit der abstrusen Begründung, daß von dorther die Kimbern und Teutonen, die "mit uns gleichen Namen führen", ausgezogen seien: "Sollte das nicht gerechten stolz anfachen, und wahrhaftig! andere völker würden das nicht dulden, daß von dem wohnsitze ihrer ruhmvollen vorfahren auch nur eine scholle breit jemals abgetreten werden dürfe."

Statt geschriebener Verfassungen wünschen sich die Brüder Grimm ein friedliches und gütliches Vertrauensverhältnis zwischen Fürst und Volk, - eine Forderung, die sich wohl nicht allein an die Loyalität der Untertanen richtet, sondern zugleich auch an das Pflichtbewußtsein der Fürsten. "Wie die Constitutionen auch immer beschaffen seyn mögen," schreibt Wilhelm Grimm am 3. September 1831 an seinen Schwager Hassenpflug, "bei allen Gebrechen, die ihnen vermöge ihrer Natur ankleben, bei der Überzeugung, die ich hege, daß *wenn das wahre Fürstenthum erscheint*, alles künstliche darin, die unnatürliche Opposition, von selbst verschwinden wird, sie sind in diesem Augenblick das unleugbare Verlangen der Völker, sie scheinen die einzige Arznei, die möglicherweise helfen und einen besseren Zustand herbeiführen kann."

Eben weil die Grimms alles Heil von der Gesinnung erwarten, von der unkodifizierten Loyalität, den treuen und anhänglichen Gefühlen zwischen Fürst und Untertanen: - eben deshalb finden sie bei allem gelegentlichen Verständnis nicht den Anschluß an den Konstitutionalismus und die liberal-demokratische Bewegung ihrer Zeit. Und es mag wohl sein, daß ihre - eher theoretische als konkret praktizierte - Vorliebe für die kleinbürgerlichen und bäuerlichen Volksschichten nicht zuletzt auch daher rührt, daß dort eine gutgläubige politische Loyalität am ehesten zu erwarten ist, weil diese Schichten intellektuell und politisch am wenigsten emanzipiert sind: "Unter dem großen Mittelvolk sind mir die stillen Leute, *die wenig lesen*, aber wenns gilt recht mithandeln, bei weitem der liebste Schlag", schreibt Jacob Grimm am 18. Juni 1817 an Görres, und in einem Brief an Johann Smidt vom 19. Januar 1816 heißt es: "Dennoch meine ich, daß *des Lesens und Schreibens in Deutschland [...]* nach und nach *weniger werden soll*, politisch und sonst - dagegen das fromme Arbeiten, Säen und Pflügen in zufriedener Stille wieder mehr angehe, was unstreitig uns angemessener ist, denn die verfluchten Franzosen haben uns auch gebracht in ihr kreischendes, auffahrendes Wesen" (Hervorhebungen von mir).

Angesichts solcher Äußerungen sollte man nicht vergessen, daß das Brüderpaar - Jacob mehr noch als Wilhelm - geradezu der Inbegriff deutscher "Stubengelehrsamkeit" ist, daher nur wenig Kontakt zum "gemeinen Volk" und wohl auch nur wenig Verständnis für das politische und soziale Leben der Zeit hat. Während ein Fürst seine Gelehrten nicht entlassen dürfe, schreibt Jacob Grimm, "verschlägt es dem bäckerknechte wenig, ob er morgen den teig eines andern meisters knete." In der Zusammensetzung der Ständeversammlungen möchte Jacob dem Gelehrtenstand einen doppelten Stimmenanteil zuerkennen, damit die geistige Selbständigkeit gelehrter Individuen gegenüber der einförmigen Masse des "einfachen Volkes" besser zur Geltung komme. Ein Produkt der romantisch-spekulativen, vormodernen Gedankenwelt ist sein vielzitierter Antrag in der Paulskirche 1848, einen von ihm formulierten Artikel 1 dem Text der Grundrechte voranzustellen: "Das deutsche Volk ist ein Volk von Freien und deutscher Boden duldet keine Knechtschaft. Fremde Unfreie, die auf ihm verweilen, macht er frei." Der Antrag reflektiert eine aus der germanischen Vorzeit herauskonstruierte, durch Montesquieu populär gewordene Idealvorstellung - schon die juristisch obsoleten Ausdrücke "Knechtschaft" und "Unfreier" lassen darauf schließen - und zielt nicht etwa auf ein konkretes Programm demokratischer Bürgergleichheit. Eine Legende ist es schließlich, daß die Brüder ihre 'Kinder- und Hausmärchen' aus den Spinnstuben des einfachen Bauernvolkes bezogen hätten; in Wahrheit sind ihre Gewährsleute literarisch Gebildete, vorzugsweise Angehörige des Kasseler Stadtbürgertums oder der freiherrlichen Familie Haxthausen.

Aber auch Legenden können zu wirkungsmächtigen historischen Realitäten werden, und so darf mit Fug und Recht der vorhin zitierte Satz bestehen bleiben, man habe erst seit Jacob Grimm erkannt, daß es "eine Kultur des Volkes, der nicht herrschenden Klassen" gebe.

7. Völkisch-organologisches und radikaldemokratisches Denken: Karl Follen und Ludwig Börne.

Die "konstitutionelle Frage" beschäftigt, wie gesagt, die politischen Gemüter durch mehrere Jahrzehnte hindurch, und die Argumente des völkisch-organologischen Denkens spielen dabei eine nicht geringe Rolle. Die meisten seiner bisher genannten Vertreter leben und wirken bis weit in die Zeit der Restauration und des Vormärz hinein, die Göttinger Protestation von 1837 macht die Namen der Brüder Grimm und Dahlmanns allgemein bekannt, und noch in der Frankfurter Nationalversammlung von 1848 ist mit den greisen Arndt und Jahn die Generation der Freiheitskriege vertreten.

Gleichwohl scheint es, daß das völkisch-organologische Denken als geschlossene Lehre, als politische Ideologie, während dieser Zeit kaum recht zur öffentlichen Geltung kommt. Es wird zwar in vielerlei Formen verwertet, und eine ganze Reihe von neuen Namen ist in diesem Zusammenhang zu nennen - Karl Follen, Wolfgang Menzel, Karl Ludwig von Haller, Heinrich Leo, Ludolf Wienbarg, Lorenz von Stein, Georg Gottfried Gervinus, Wilhelm Heinrich Riehl, Gustav Freytag -, aber es ist unter diesen Männern kein einziger, den man - abgesehen von dem wenig einflußreichen Außenseiter Heinrich Leo und dem erst nach der Jahrhundertmitte auftretenden Wihelm Heinrich Riehl - mit Fug und Recht einen Vertreter des völkischen Denkens nennen könnte.

Wie schon angedeutet, scheint sich dieses Denken unter ganz bestimmten Bedingungen zu aktivieren, nämlich dann, wenn die Gefahr der Überfremdung durch eine benachbarte Kultur besonders stark empfunden wird und wenn zugleich eine Gruppe der Gesellschaft sich bedroht fühlt von der Dominanz einer anderen Gruppe, die ihren Rückhalt in den sozialen Verhältnissen eben dieser benachbarten Kultur findet oder zu finden scheint. Eine solche Situation entwickelt sich erst seit den fünfziger Jahren mit dem Problem der allmählichen Industrialisierung und kommt dann seit der Gründung des Zweiten Deutschen Reiches zum Ausdruck in dem Gegensatz zwischen organisierter Industriearbeiterschaft und großstädtischer Intellektuellenschicht einerseits und dem in die wilhelminische Gesellschaft integrierten Bürgertum andererseits. Vom größeren geschichtlichen Zusammenhang her gesehen stellt sich die Zeit zwischen 1815 und 1870 deshalb eher als eine Art von Übergangs- und Vorbereitungsphase dar.

Wie eng zunächst noch völkisch-organologisches Gedankengut im Zusammenhang der demokratischen, sogar der radikaldemokratischen, jakobinischen Tradition stehen kann, das zeigt sich schon unmittelbar nach dem Ende der Freiheitskriege in dem Auftreten eines Mannes, der die Revolution und die Anfänge der Napoleonischen Zeit nicht mehr oder doch jedenfalls noch nicht politisch bewußt miterlebte: Karl Follen, der 1817/18 als Vierundzwanzigjähriger gemeinsam mit Gießener Burschenschaftern die *Grundzüge für eine künftige Teutsche Reichsverfassung* entwirft. Follen gehört einer Generation an, die ihr politisches und publizistisches Debüt erst in der Zeit nach 1815 hat und dabei gelegentlich Elemente der organologischen Lehre rezipiert, ohne noch in den Erlebnissen und Eindrücken befangen zu sein, die seinerzeit zu ihrer Ausbildung geführt hatten.

Von früh an und bis in die Zeit seiner amerikanischen Emigration als Harvard-Professor und unitarischer Priester ist Follen ein Anhänger der Jahnschen Turnerbewegung, schwärmt für germanisch-altdeutsches Volkstum und mittelalterliche Religiosität, läßt sich aber zugleich in seinem patriotischen Drang, alle Schranken niederzureißen, die einem deutschen Einheitsstaat im Wege stehen, ganz und gar von den Ideen der Französischen Revolution lenken. Vollkommene Gleichheit aller Deutschen, kommunale Selbstverwaltung, Gewerbe- und Pressefreiheit, Volksmiliz, vom Volk gewählte Gaufürsten und gewählter König, Verbot aller Religionen außer der "christlich-teutschen Kirche", Sitzungen des Reichstages in einem christlichen Dom: - alles das findet sich in Follens Reichsverfassungsentwurf vereint. Der Vorschlag einer Einteilung des Reiches in gleichgroße Verwaltungseinheiten, in sogenannte "Gaue", und einer Benennung dieser Gaue nach nationalen Großtaten - "Siegesgau" soll der Leipziger Bezirk heißen - erinnert ebensosehr an die französische Departementsgliederung wie an die nationalromantischen Phantastereien des Turnvaters Jahn. Darin zeigt sich, daß dieses in der Theorie abstruse und in der praktischen Politik verantwortungslos betriebsame Prophetentum eher ein Relikt der bereits vergangenen Epoche ist als ein sinnvoller Beitrag zu den politischen Bedürfnissen der eigenen Zeit.

Mehr noch als die Radikaldemokraten vom Schlage Follens können sich natürlich die Vertreter der gemäßigteren konstitutionellen Richtung auf völkisch-organologische Vorstellungen stützen. Erstaunt ist man allerdings, anfangs auch Ludwig Börne unter ihnen zu finden. In seinen *Kleinen Gedanken über ständische Verfassung* von 1818 scheint er sich, soweit es um die Beschreibung des idealen Staates geht, ganz und gar in den Bahnen Adam Müllers und seiner "Lehre vom Gegensatze" zu bewegen. "Das Leben des Staates", heißt es da, sei "das Produkt einer doppelten Kraft, des Erhaltens- und des Bildungstriebes"; in einer repräsentativen Verfassung werde der eine "durch die Adelskammer", der andere "durch die Volksdeputierten vertreten", und der Fürst halte "beide Kräfte im Gleichgewichte": "Er verhindert die starre Unbeweglichkeit sowie die allzu große Wandelbarkeit der Gesetzgebung." Ausdrücklich betont Börne die Notwendigkeit einer Adels- oder Pairskammer, da ein "Übermaß der Freiheit [...] dem Volke gefährlich" sei und "zum Monarchismus zurückführen" werde.

Was veranlaßt ihn, auf die "Ausbalancierung" der Kräfte (wie Adam Müller sagen würde) ein solches Gewicht zu legen?

Natürlich gehen Börnes Überlegungen aus gänzlich anderen Motiven hervor als diejenigen Müllers. Müller hat allein den Organismus des Staates vor Augen, und um zu gewährleisten, daß dieser Organismus in allen seinen Gliedern gleichmäßig durchblutet wird, entzieht er dem einzelnen Glied jegliches Recht auf Selbständigkeit, läßt die private Sphäre ganz und gar in der öffentlichen aufgehen und hebt den Unterschied von Herrschern und Beherrschten dadurch auf, daß er sein Staatswesen bis in den letzten Winkel mit Herrschaft ausfüllt. Börne dagegen sieht zu allererst auf das Individuum, seine Freiheit, sein Glück und seine Möglichkeit, sich vom Untertanen zum mündigen Bürger zu entwickeln. Er gewinnt sein Freiheitspathos aus den bedrückenden Erfahrungen seiner Jugend im Frankfurter Ghetto. Aber er ist zugleich der Sproß einer wohlhabenden Kaufmannsfamilie, der Enkel Simon Baruchs, dem das Wiener Kaiserhaus gewogen ist, weil er einst bei einer Kölner Kurfürstenwahl die Kandidatur eines Erzherzogs finanziell gefördert hatte.

Nicht zuletzt aus dieser Herkunft erklärt sich Börnes Kosmopolitentum, sein Individualismus und dazu wohl auch die merkwürdige, von ökonomischen und sozialen Momenten noch wenig berührte Abstraktion seines Freiheitsbegriffs. "Die Sorge der Natur für die Gattung ist nur die Summe ihrer Sorgen für die einzelnen", heißt es in seiner Kritik der *Nouvelles lettres Provinciales* von 1825 und ähnlich schon im Artikel *Aristokratismus* von 1823: "Die Menschheit ist um der *Menschen* willen da." Deshalb kann auch "die Bestimmung der bürgerlichen Gesellschaft" nur darin liegen, "den *Individualitäten* die möglichst größte Freiheit der Entwickelung zu verschaffen, ohne daß sie sich wechselseitig hindern." Und das wiederum bedeutet, daß staatliche Herrschaft so weit wie nur irgend möglich einzuschränken ist: "Es wird zu *viel regiert* - hier ist das Übel", "Monarchien, Aristokratien und Demokratien leiden alle an der Krankheit des zu viel Regierens." Börne variiert hier, wie er dann in der *Nouvelles-lettres*-Kritik durchblicken läßt, einen Satz Montesquieus: "Il ne faut pas trop régner." Daher ist es so verwunderlich nicht, daß er ein Mittel gegen die erwähnte Krankheit ausgerechnet in der konstitutionellen Monarchie zu finden meint, die er - im Aufsatz von 1818 - mit den Kategorien des organologischen Denkens beschreibt. Untertan, bloßes Objekt der Regierung, wurde der Mensch, weil er "mit sich selbst zerfallen war"; er muß deshalb die natürliche Einheit seiner geistigen, sittlichen und leiblichen Tätigkeiten wiedergewinnen, und mit ihm wird sich dann auch das öffentliche Leben der bürgerlichen Gesellschaft zu einer organischen Ganzheit entwickeln.

Diesem Zweck dienen Börnes publizistische Bemühungen, so die Gründung der Zeitschrift *Die Wage* mit dem bezeichnenden Untertitel *Eine Zeitschrift für Bürgerleben, Wissenschaft und Kunst* (1818-1821). Bei aller Abneigung gegen das Zuviel-Regieren erkennt Börne an, daß eine "Regierung" - das heißt wohl: eine politische Verfassung - der notwendige Rahmen einer solchen Aktivierung des öffentlichen Lebens ist, "denn sie ist", schreibt er in einer Kritik der Sodenschen *Staatsnationalbildung*, wahrscheinlich 1822, "*wirkend* - das Band, welches die Glieder des Staats zu einem Körper vereinigt, und *leidend* - das Gemeingefühl, das Gefühl der Einheit dieses Körpers". Das ist noch ganz im Sinne des organologischen Denkens formuliert.

Im Laufe der Jahre verstärkt sich allerdings die Tendenz zu utopisch-anarchischen Vorstellungen, die in Börnes Freiheitsbegriff von vornherein angelegt ist. Es müsse Monarchien geben, die des Adelstandes nicht bedürfen, schreibt er 1822, und drei Jahre später in seiner *Nouvelles-lettres*-Kritik: "Die Gesetze müssen fähig sein, sich überflüssig zu machen." Aber auch damals scheint Börne noch - obwohl seit 1818 der politische Druck stärker geworden ist - in der konstitutionellen Monarchie, in dem schwebenden Gleichgewichtszustand ihrer politischen Kräfte, die beste Gewähr einer unaufdringlichen, undoktrinären und neutralen Regierungsführung zu sehen.

Offenbar ist dabei der Gedanke nicht unwesentlich, daß diese Kräfte sich organisch entwickelten und nicht konstruiert sind, denn Konstruktionen neigen dazu, in forcierter Weise einseitig zu sein und die in ihnen verkörperte Idee zum Selbstzweck zu machen. Auch Börne läß sich hier wie andere Zeitgenossen von den Erfahrungen der Französischen Revolution beeindrucken: Neben Lykurg stellt er Robespierre, der ebenso wie jener seinen Staat vergottete. Natürlich ist für Börne - darin unterscheidet er sich von den Romantikern - die geschichtliche Tradition kein Wert an sich. Die Welt des Mittelalters ist ihm fremd: "Ich besuchte den Dom," schreibt er 1819 aus Mainz, "Marmorbilder auf Grabsteinen; am meisten Fürsten. Ich liebe die Zeit nicht, wo die Vergänglichkeit von Tausenden die Ewigkeit eines Einzelnen bilden mußte." Aber Börne sieht auch, daß das Individuum in einen geschichtlichen Zusammenhang gestellt ist, und er findet eine Formel, in der sich aufklärerisch-rationalistisches und romantisch-evolutionistisches Denken verbinden:

"Dieses fortdauernde Stellvertreten, diese Erblichkeit aller menschlichen Kräfte und Erzeugnisse ist es, was wir Menschheit nennen. Aber wie im Raume nur das Bestehende, in der Zeit nur der Augenblick Herr ist, so bleibt der Mensch, welcher *ist*, alleiniger Zweck der Natur, und die Menschheit, welche nur *war* oder *wird*, ist ihr bloßes Mittel."

8. Der bürgerliche "Mitttelstand" als politische "Öffentlichkeit": Ludolf Wienbarg und Friedrich Christoph Dahlmann.

Börnes Äußerungen können einen Eindruck davon geben, wie unfest selbst noch in den 1820er Jahren, also nach den Karlsbader Beschlüssen, die Fronten zwischen organologischem und demokratischem Denken sind und welche Erwartungen man damals auf liberal-demokratischer Seite noch in die organisch-reformerischen Möglichkeiten der konstitutionellen Monarchie glaubt setzen zu dürfen. An Börnes weiterer Entwicklung ist freilich auch ablesbar, wie sich schon bald danach die Situation verschärft. Die französische Julirevolution 1830 scheidet auch in Deutschland die Geister: Börne eilt in erwartungsvoller Begeisterung nach Paris, Niebuhr stirbt einige Monate später in tiefer Verzweiflung über die Gefahr, die der europäischen Kultur durch die Revolutionswelle zu drohen scheint - Heinrich Luden berichtet über diese "Kleinmüthigkeit" aus halb verständnisvoller, halb ironischer Distanz -. 1831 bricht in Göttingen ein Aufstand aus, der die Veranlassung liefert für die zwei Jahre danach eingeführte Verfassung, an deren Ausarbeitung Dahlmann maßgeblich beteiligt ist (und deren Aufhebung 1837 zum Protest der "Göttinger Sieben" führt). 1832 wird das "Hambacher Fest" zu einer ersten eindrucksvollen Demonstration des demokratischen Selbstbewußtseins in den breiteren Volksmassen.

Zwei Jahre darauf, 1834, erscheint ein Buch, das in seinem Untertitel einer ganzen literarischen Richtung den Namen gibt und darin ausdrücklich auf eine Scheidung der Geister dringt: *Ästhetische Feldzüge. Dem jungen Deutschland gewidmet.* Der Autor ist Ludolf Wienbarg, sechzehn Jahre jünger als Börne und unter den bisher Genannten der erste, der schon im neuen Jahrhundert geboren ist. In den "Worten der Zueignung" bemerkt er bezeichnenderweise, daß der Begriff "liberal" zur Charakteristik seines neuen Programms nicht ausreiche, da sich "liberal" auch "die meisten Schriftsteller" nennen, "die für das alte Deutschland schreiben": "Wer aber dem jungen Deutschland schreibt, der erklärt, daß er jenen altdeutschen Adel nicht anerkennt, daß er jene altdeutsche, tote Gelehrsamkeit in die Grabgewölbe ägyptischer Pyramiden verwünscht und daß er allem altdeutschen Philistertum den Krieg erklärt [...]." Wienbarg vertritt die Ansicht, daß die Ästhetik, das "Gefühl des Schönen", nicht auf allgemeingültigen Normen ruhe, sondern das Produkt der geschichtlichen Entwicklung eines einzelnen Volkes sei und daß daher die Literatur "den jedesmaligen gesellschaftlichen Zustand" einer Zeitperiode "ausdrücke und präge". Infolgedessen fordert er eine Kunst, die der bürgerlich-demokratischen Tendenz seiner Gegenwart gerecht wird, eine Kunst, die das Leben des gesamten Volkes erfaßt und alle seine geistigen und sittlichen Kräfte zu einem organischen Ganzen zusammenfügt.

Von den "Altdeutschen", den Vertretern romantischer, völkisch-evolutionistischer Vorstellungen, sieht sich Wienbarg auf Grund eines solchen Programms zunächst einmal durch einen tiefen Graben getrennt: Von einer Verherrlichung des Mittelalters mit seiner höfisch-ritterlichen - also ständisch beschränkten - Kultur will er nichts wissen; der Minnesang ist nicht Nationaldichtung, sondern "Poesie einer gewissen Classe", die mittelalterliche Frauenliebe "falscher Geschmack", die Ritterwürde "Geklirr an Mann und Roß". Noch immer "leiden wir Deutschen [...] am Mittelalter - daher unsere Pfaffen, daher unsere Höfe, daher unsere Ritter, daher unsere lateinischen Juristen, medici, theologi [...]". Wienbarg - und mit ihm, wie er meint, das junge Deutschland - "lebt der frohen Hoffnung, daß auch ohne Verjüngung mittelaltriger Formen eine Wiedergebärung der Nation [...] möglich sei." Aus diesem Grunde lehnt er die Historische Schule ab, "die uns bei lebendigem Leibe ans Kreuz der Geschichte nageln will": Savigny, die Brüder Grimm, dazu Arndt und Niebuhr, der immerhin an der Bonner Universität sein Lehrer war.

In denselben Zusammenhang gehört es, wenn Wienbarg 1835 in seinen *Wanderungen durch den Thierkreis* schließlich auch die damals in Hochblüte stehende Mode des "historischen Romans" verwirft: Diese Romanschule "hätte die Revolution nicht überleben sollen [...]. Als Walter Scott sich an ihre Spitze stellte und seine Feudalromane schrieb, reagierte sie gegen das Leben der Gegenwart und trug, glaubt mir, das Ihrige dazu bei, das so hoffnungsreich bewegte Europa mit ihren alten Historien und Wiegenliedern einzuschläfern und um das Gefühl und die That der Gegenwart zu betrügen." Wienbarg selbst plant als Gegenstück hierzu einen "zeitgeschichtlichen Sittenroman", dessen Helden er "immer im Wasser halten" will, "im großen Fahrwasser des Lebens, das mich, dich, uns alle trägt." Sein großes Vorbild findet Wienbarg in Luther, dessen Werk ein großes "Protestieren gegen die Historie" ist. Die Reformation nimmt insofern in der deutschen Geschichte das vorweg, was später die Revolution in der französischen leistet.

Ähnlich wie Börne richtet auch Wienbarg sein ganzes Interesse auf die Gegenwart: Literatur und Bildung sollen dazu dienen, das politisch-geistige Leben der gesamten Nation zu aktivieren, einen allgemeinen Bürgersinn zu wecken, so etwas wie eine demokratische Öffentlichkeit zu schaffen. In zwei Hinsichten weicht Wienbarg allerdings von Börne ab: Erstens beschäftigt er sich mehr als dieser mit den Bedürfnissen des gemeinen Volkes, genauer gesagt: mit der Frage nach der Überwindung der Kluft zwischen gebildeten und ungebildeten Volksschichten. Und zweitens spielt bei ihm das nationale Moment eine größere Rolle, genauer gesagt: das Problem des Gegensatzes von deutschem und französischem Wesen. Trotz seines "Protestierens gegen die Historie" rückt Wienbarg in diesen beiden Hinsichten dann doch wieder in die Nähe der romantisch-organologischen Vorstellungsweisen.

Das Problem der Spaltung des Volkes in "Gebildete" und "Ungebildete" begegnete uns schon bei Arndt und den Brüdern Grimm. Sie bekämpfen die volksfremde "Bildung" der oberen Schichten und wollen aus der brauchtümlichen und dichterischen Überlieferung der unteren Schichten eine neue völkische Kultur entwickeln. Auch der norddeutsche Handwerkersohn Wienbarg bewahrt sich zeitlebens seine Wertschätzung von Volksliedern, Volkskalendern und dergleichen. Aber er hält solche Hinterlassenschaften nicht für das eigentliche und zeitlos gültige Fundament einer nationalen Kultur. Er will durchaus auch die "Bildung", nur eben nicht eine unnationale und daher standesgebundene, sondern eine das ganze Volk erfassende Bildung. Die "Grobheiten des Volkes" betrachtet er nicht mehr wie seinerzeit Arndt mit verklärendem Blick als die wahren Wurzeln völkischer Kraft und Urwüchsigkeit, sondern er deutet sie sozusagen soziologisch, klassenantagonistisch: als "eine Art von Selbstvertheidigung und Nothilfe des Volkes gegen den Uebermuth des Gelehrten, Vornehmen und Reichen; als das einzige Zufluchtsmittel, das die höhern Stände ihm übrig gelassen, seine Persönlichkeit, seinen graden Verstand, sein Rechtsgefühl, seine Ansprüche auf billig gleichere Vertheilung der Lebensgenüsse nach oben sichtbar zu machen."

Daß es Wienbarg nicht so sehr darum geht, die völkische Kultur von den unteren Schichten her zu regenerieren, sondern eher darum, die Bildung von den oberen in die unteren Schichten zu tragen, zeigt zudem auch sein schrulliger Vorschlag, die plattdeutsche Sprache abzuschaffen: *Soll die plattdeutsche Sprache gepflegt oder ausgerottet werden? Gegen Ersteres und für Letzteres beantwortet*, lautet der Titel seiner Streitschrift von 1834. Da die Erhaltung der Mundarten ein besonderes Anliegen der Volkstumsarbeit zu sein pflegt, scheint sich Wienbarg mit seinem Vorschlag geradezu ins gegnerische Lager stellen zu wollen. Allein dieser Eindruck trügt. Richtig ist nur, daß Wienbarg auch hier nicht historisch, sondern soziologisch argumentiert: Anlaß der Schrift ist die Beobachtung, daß in holsteinischen Gerichtsprozessen die plattdeutsch sprechende Landbevölkerung durch die mangelhafte Kenntnis der hochdeutschen Sprache benachteiligt ist. Noch ein Vierteljahrhundert später - in einer gegen Klaus Groth gerichteten Streitschrift *Die plattdeutsche Propagande und ihre Apostel* (1860) - beklagt Wienbarg, "daß eine genügende Kenntniß des Hochdeutschen in den ländlichen Volksschichten noch vielfältig auf sich warten läßt, daß dieselbe noch lange nicht alle Stände des Volkes so durchdrungen hat,wie eine genügende Volksaufklärung es wünschenswerth macht."

Das Wort "Volksaufklärung" deutet an, daß sich bei Wienbarg die Forderung nach völkischer Einheit nicht in der romantisch-illusionären Verehrung volkstümlicher Überlieferung erschöpft, sondern aus den konkreten sozialpolitischen Bedürfnissen der unteren Volksschichten begründet wird. Soll man es ihm zum Vorwurf machen, daß er dabei - ähnlich wie Börne - zu einer Analyse der ökonomischen Situation nicht vordringt, daß seine Argumentation im Bereich von Sprache und Literatur steckenbleibt und daß er die erstrebte völkische Einheit in erster Linie nur als kulturelle, geistige Einheit, als Einheit der "Bildung" sehen kann?

Wie sehr Wienbarg trotz allen Gegenwartsinteresses eben doch noch romantisch-evolutionistischen Anschauungen huldigt, kommt besonders dann zum Vorschein, wenn das nationale Moment, das Problem "der Auseinandersetzung von germanischem und romanischem Geist", tangiert ist. Die *Geschichtlichen Vorträge über altdeutsche Sprache und Literatur*, 1838 veröffentlicht, stehen unter der Devise: Aller fremde Einfluß ist von Übel, weil er sich nur den höheren Ständen mitteilt und damit die Einheit der nationalen Bildung zerstört. In dem Bemühen, diese zerstörte Einheit wiederherzustellen, bewegt sich Wienbarg durchaus auf den Spuren der Romantiker: Er will mit seinen Vorträgen das altdeutsche Studium auf den Schulen fördern und die *Nibelungen* zu einem "Volks- und Schulbuch" machen, "das jedem Knaben in die Hand gegeben" werden sollte. Aber mit Recht kann er zugleich auch sagen: "Ich bin kein Deutschthümler. Und Gottlob! die Zeit der unfruchtbaren, großmäuligen Deutschthümelei ist vorüber." Für ihn ist die Welt des deutschen Mittelalters ja schon längst nicht mehr die Welt einer schönen, harmonischen Ordnung. Höfische Epik und Minnesang betrachtet er als Standesdichtung und gibt ihr die Schuld daran, daß bereits jener Zeit ebendas abgeht, was auch der Gegenwart mangelt: die Geschlossenheit des nationalen Lebens, der "Mittelpunct", wie er es nennt.

Eine Ausnahme bildet das *Lied der Nibelungen*: Wienbarg nennt es das "einzige poetische Naturwerk der neueren Völkerschaften, welches die Hand eines Menschen nur gleichsam äußerlich berührte." Und inwiefern ist es ein "Naturwerk?" Weil es "ein Gedicht" ist, "woran das ganze Volk gearbeitet"! Diese naturhafte Einheit von Volk und Poesie wird durch fremden Eingriff zerstört, durch den mehrfachen Einfluß der romanischen

Nachbarkulturen. Der lateinischen Überfremdung folgt im Hochmittelalter die französische: Der Adel öffnet sich der westlichen Kultur und sondert sich damit vom größeren Teil des Volkes ab. Die ritterlich-höfische Dichtung, die jetzt "in einer geschlossenen Gesellschaft Gebildeter" entsteht, ist nicht mehr "Naturpoesie", sondern deren Ersatz: "Kunstpoesie", "mit Bewußtseyn und Absicht gedichtet". Typisch für diese nicht mehr wachstümliche, sondern gemachte Dichtung ist der Verlust an Gemeinschaftsbezogenheit, die Tendenz zur Vereinzelung: sie ist "nur zum Vorlesen und einsamen Lesen berechnet". Gleichzeitig verkümmert auch die Kultur der unteren Schichten, denn das Volk bleibt "sich selbst überlassen". Der "Mittelpunct" fehlt, der Organismus fällt in sich zusammen. Eine "poetische Verjüngung unseres Volkes" ist nur dadurch möglich, daß diese ständische Spaltung, "die Spaltung zwischen dem gebildeten Einzelnen und der großen Volksmenge", überwunden wird. "Mehr wie alles Andere" kann das *Nibelungenlied* dazu beitragen, wenn "dieses Buch in den Schulen eingeführt wird". Mit seiner Vorstellung von "Volkspoesie", der eine Art von organologischer Poetik zugrundeliegt, greift Wienbargs bürgerlich-demokratisches Bewußtsein über die "Feudalzeit" hinweg auf den naturhaften, scheinbar idyllisch-friedvollen Zustand am Anfang der völkischen Entwicklung zurück.

Ein regressiver Zug in die Illusion einer naturhaften Idylle macht sich bei Wienbarg auch sonst bemerkbar. Die Entgegensetzung von "Naturpoesie=Volkspoesie" und "Kunstpoesie=Standespoesie" erweist ihn ja als einen Gegner des Individualismus und des Rationalismus. Schon deshalb kann er natürlich nicht ein Anhänger der französischen Revolutionsbewegung sein. "Nie habe ich das französische Sirenenlied der Freiheit nachgesungen, nie die Menge mit einem luftigen Namen geködert," heißt es 1835 in den *Wanderungen*. Die Julirevolution 1830 lehnt er ab, und es wächst das Mißtrauen gegen sie, als er aus ihr eine Gefahr hervorwachsen sieht, die den Volksorganismus in einem ärgeren Maße zu bedrohen scheint als die alte "Aristokrasie der Geburt": die "Aristokrasie des Reichthums", die Handels- und Finanzbourgeoisie des Julikönigtums.

Sicherlich fließen allgemeine Ressentiments gegen romanisches Wesen in diese Beobachtungen ein. In den *Geschichtlichen Vorträgen* beklagt Wienbarg - hier meldet sich der Protestant zu Wort - die Italienpolitik der staufischen Kaiser, wertet das Römische Recht gegenüber dem deutschen als phantasieärmer und weniger sinnlich ab und wiederholt Fichtes These von der "mechanischen" Bildungsweise der romanischen Sprachen. Der Vorwurf des rechnenden Händlergeistes gesellt sich da hinzu. Gedanken Adam Müllers und Niebuhrs werden lebendig, wenn Wienbarg in den

Wanderungen das Tagebuch "eines jungen Norwegers" zum Mittel wählt, um sich den ganzen Unmut über die großstädtische Geschäftigkeit und den egoistischen Erwerbstrieb seiner Zeit von der Seele zu schreiben und das vegetative, der Naturordnung unterworfene Dasein des nordgermanischen Bauern als ideale Welt dagegenzustellen. Wie nur je ein völkischer Denker glaubt er die Gefahr zu sehen, daß der Volksorganismus sich in eine ungegliederte Masse von lauter Einzelinteressen auflöse, daß "das Volk [...] in den sitten- und charakterlosesten Menschenhaufen auseinanderstiebe". Glücklich der hohe Norden, der von alledem nichts weiß! Geijer, der schwedische Romantiker, oder auch Niebuhr könnten den Hymnus auf diese politische Naturidylle nicht eindrucksvoller verfaßt haben:

Kein Fremder werde "auch nur eine flüchtige Reise durch Norwegen machen, ohne daß sich ihm der eine große Charakter dieses Landes, die freie Selbständigkeit der Naturwesen und der Menschen aufdränge [...]. Dennoch faßt sie alle ein Rahmen und sie scheinen von gegenseitiger Achtung durchdrungen zu sein. Die Natur gebietet diese Achtung. Sie zwingt den Norweger zum Glück der Armuth, der Freiheit und der Gleichheit, füllt seine Brust mit großen einfachen Bildern und gibt seinen Kräften eine gemeinsame edle Richtung. Vor allem wehrt sie dem Krämerdünkel, der die Welt nur zum Handel und jeden Fluß zum Transport der Waaren geschaffen glaubt."

Kein Wunder, daß in solchem Zusammenhang auch die alte, von Montesquieu begründete Idee der germanischen Freiheit und ihres Wanderweges durch Europa wieder auftaucht: "Von Deutschland, oder wenn man will, von der skandinavischen Halbinsel ging die neueuropäische Bewegung aus. In der pyrenäischen Halbinsel fand sie ihr Ende. Die Stämme, die über die Meerenge von Gibraltar setzten, gingen in Afrika unter [...]." Wienbarg greift damit auf den republikanischen, antifeudalen Germanengedanken des 18. Jahrhunderts zurück, wie ihn Baggesen und ähnlich auch Schubart formulierten. Bei Wienbarg hat er allerdings eine neue Nuance gewonnen, indem er sich polemisch gegen die französische Freiheitsidee richtet: "Die französische Revolution ist durchaus keine schöpferische That, von der eine neue Aera der Weltgeschichte begänne. Niemals hat der französische Genius sich als ein schaffender gezeigt."

Es macht sich hier eine Tendenz bemerkbar, die darauf hinausläuft, einen eigenen germanisch-deutschen Freiheitsbegriff zu etablieren, der nicht mehr ständisch gegliedert, sondern durchaus demokratisch ist, der sich aber doch vom mechanistisch-individualistischen, "unschöpferischen" Freiheitsbegriff der Französischen Revolution abzusetzen sucht, indem er weniger auf die abstrakten Menschenrechte des einzelnen Individuums sieht als vielmehr auf die größeren organischen Einheiten wie Volk und Natur, in deren "Rahmen" (wie Wienbarg sagt) das Individuum seine Freiheit verwirklicht. Mit diesem - so verstandenen - demokratischen Freiheitsbegriff legitimiert sich die breite Schicht des Bürgertums als die eigentliche politisch potente Schicht innerhalb der Gesellschaft auf eine charakteristische Weise: Sie setzt die Interessen des eigenen Standes, die bürgerliche Freiheit, mit den Interessen der gesamten Gesellschaft, der Freiheit überhaupt, gleich.

Daß Wienbarg gerade einen Norweger zum Sprachrohr seiner Gedanken macht, ist sicherlich insofern kein Zufall, als Norwegen ein Land mit einer konservativen, organisch gewachsenen Gesellschaftsordnung ist und zugleich ein Land ohne Aristokratie, jedenfalls ohne eine verfassungsrechtlich definierbare Aristokratie. Dabei wird das Bedürfnis, bürgerliche Freiheit nicht so sehr als abstrakt-individualistisches Prinzip, sondern im größeren organischen Zusammenhang zu sehen, nicht zuletzt auch hervorgehen aus dem Gefühl der Sorge, die bürgerliche Emanzipationsbewegung könne der Auflösung in eine Masse von wirtschaftlichen Einzelinteressen verfallen, bevor sie sich überhaupt gesammelt habe. Bei Wienbarg wird diese Sorge deutlich in seiner Polemik gegen den individualistischen Erwerbsegoismus der neuen Finanzbourgeoisie. Und ähnlich mag sich zu einem gewissen Teil wohl auch das Bemühen erklären, so etwas wie eine bürgerliche Bildung, eine Öffentlichkeit der bürgerlichen Gesellschaft herzustellen.

Dasselbe Bemühen zeigt sich - wenn auch in anderer Form - in einem Werk, das 1835, ein Jahr nach Wienbargs *Ästhetischen Feldzügen*, erscheint und bis zur Revolution von 1848 hin eine ungleich größere politische Wirkung hat als die "jungdeutsche" Produktion: *Die Politik* von Friedrich Christoph Dahlmann. Im Gegensatz zu Wienbarg ist Dahlmann, wie wir sahen, ein Vertreter des Ständestaatsgedankens, aber er ist sich dessen bewußt, daß die gesellschaftliche Entwicklung von sich aus die Tendenz hat, den bestehenden Ständestaat allmählich im bürgerlich-demokratischen Staat aufgehen zu lassen. In § 237 der *Politik* heißt es:

> "Fast überall im Weltteile bildet ein weitverbreiteter, stets an Gleichartigkeit wachsender *Mittelstand* den Kern der Bevölkerung; er hat das Wissen der alten Geistlichkeit, das Vermögen des alten Adels zugleich mit seinen Waffen in sich aufgenommen. Ihn hat jede Regierung vornehmlich zu beachten, denn in ihm ruht gegenwärtig der Schwerpunkt des Staates, der ganze Körper folgt seiner Bewegung."

Dahlmann weiß demzufolge auch, daß eine ständische Verfassung zu diesem Zeitpunkt weniger dem Zweck dienen kann, tatsächlich bestehende Kräfteverhältnisse unter den Ständen auszugleichen, als vielmehr dem Zweck, die organologischen, gemeinschaftsbindenden Prinzipien des ständestaatlichen Denkens in den neuen - demokratischen - Zustand von Staat und Gesellschaft hinüberzuretten. Denn auch Dahlmann fürchtet - ähnlich wie Wienbarg - die allgemeine Auflösung und sucht ihr mit den Mitteln des Verfassungsrechtlers entgegenzuwirken. Das obige Zitat setzt sich daher folgendermaßen fort:

"Will dieser Mittelstand sich als Masse geltend machen, so hat er die Macht, die ein jeder hat, sich selber umzubringen, sich in einen bildungs- und vermögenslosen Pöbel zu verwandeln. Strebt er einsichtig nach schützenden Einrichtungen, so mögen seine Mitglieder bedenken, daß nichts schützt, als was über uns steht, als was feststeht, erhaben über dem wechselnden Willen des Einzelnen, als was zugleich beschränkt."

Dahlmann belegt dieses Rezept - Bindung der demokratischen Freiheit durch die "Nachwirkung der alten Institutionen" - schon an früherer Stelle, in § 58 seiner *Politik*, mit einem Beispiel aus der römischen Geschichte:

"Fragt man nun, wie es kam, daß nach der Aufhebung des alten Gegensatzes von Adel und Gemeinen jetzt, bei dem längst verlorenen Königtum, nicht geradezu reine Demokratie einbrach und durch sie Anarchie, sondern vielmehr die Staatsordnung lange Zeit eine ernste und hohe Haltung behielt, so liegt der Grund dieser merkwürdigen Erscheinung keineswegs allein in der Religiosität und lange streng bewahrten Familiensitte, sondern ebenfalls in der Nachwirkung der alten Institutionen auf die öffentliche Sitte, fruchtbar für die Mäßigung und wohltätige Stetigkeit der neuen."

Die römische Volksversammlung sei nie "dahin geraten", "bloß nach Köpfen stimmen zu wollen", und Anträge zu Beschlüssen oder Gesetzen seien nie von der Volksversammlung, sondern nur vom Senat, den Konsuln oder den Volkstribunen ausgegangen. "In eben diesem Sinne ließ man einen gewissen Gegensatz von Demokratie und Aristokratie fortbestehen, indem man die beiden Formen der Volksversammlung beibehielt."

Die ständisch-organologische Verfassung, die Dahlmann in seiner *Politik*, §§143-145, für die eigene Gegenwart propagiert, ist im Grunde genommen eine berufsständische Ordnung, die eigentlich "so viele Kammern" bilden sollte, "als Hauptberufe sind", und die nur um der politischen Realisierbarkeit willen auf zwei Kammern beschränkt ist. Es ist von dieser

Orientierung her durchaus verständlich, daß Dahlmann - wie die meisten seiner Zeitgenossen - dem sich gerade damals allmählich herausbildenden Industrieproletariat ziemlich ratlos gegenübersteht: er wisse "mit den Massen und vor allem mit dem vierten Stand nichts recht anzufangen", gesteht er noch 1852 in einem Brief an Gervinus.

Die Entwicklung des "vierten Standes" stellt sich ja in der ersten Jahrhunderthälfte zunächst als eine Herauslösung großer Bevölkerungsmassen aus herkömmlichen berufsständischen Bindungen dar, als Massenverarmung, als sogenannter "Pauperismus", hervorgerufen durch die Aufhebung der Leibeigenschaft, durch die teilweise daraus resultierende Bevölkerungszunahme, durch die Einführung der Gewerbefreiheit und die damit zusammenhängende Landflucht.

Es sind also gerade liberale Maßnahmen, die zu dieser Entwicklung beigetragen haben, und im übrigen ist es nicht etwa die einsetzende Industrialisierung, die das Proletariat schafft, sondern es ist umgekehrt der zunächst bestehende Mangel an industriellen Arbeitsplätzen, der dazu führt, daß der Verarmungsprozeß nicht abgefangen werden kann. Erst durch den Eisenbahnbau seit den 1840er Jahren bildet sich eine eigentliche Industriearbeiterschaft, die sich dann auch in eigenen Korporationen - in "Assoziationen", wie es damals heißt, - zu organisieren beginnt.

Vom berufsständischen Denken her ist es also, wie gesagt, begreiflich, daß man im Anfang der Entwicklung das im herkömmlichen Sinne berufslose Arbeiterproletariat verfassungsrechtlich noch nicht einzuordnen weiß. Überhaupt dominiert immer noch die Vorstellung vom "Volk" als dem "ungebildeten" Teil der Bevölkerung, - eine Vorstellung, die sich in den 1840er Jahren gelegentlich sogar mit der Furcht vor einer "sozialen Revolution" verbinden konnte. So schreibt Jacob Burckhardt in einem Brief vom 5.März 1846, er wolle, "ehe die allgemeine Barbarei hereinbricht, [...] noch ein rechtes Auge voll aristokratischer Bildungsschwelgerei" zu sich nehmen. Und er fährt dann fort:

> "Was jetzt vor dem Vorhang herumhüpft, die kommunistischen Dichter und Maler u.dgl., sind bloß die Bajazzi, welche das Publikum vorläufig disponieren. *Ihr alle wißt noch nicht, was Volk ist*, und wie leicht das Volk in barbarischen Pöbel umschlägt. Ihr wißt nicht, welche Tyrannei über den Geist ausgeübt werden wird unter dem Vorwand, daß die Bildung eine geheime Verbündete des Kapitals sei, das man zernichten müsse. Ganz närrisch kommen mir diejenigen vor, welche verhoffen, durch ihre Philosopheme die Bewegung leiten und im rechten Gleise erhalten zu können" [Hervorhebung von mir].

Während Burckhardt am Vorabend der 1848er Revolution bereits fürchtet, die "Bildung" könne zum Gegenstand politischer Polemik werden, sieht Dahlmann in der "Bildung" und der auf ihr beruhenden "öffentlichen Meinung" ein Mittel, das die einzelnen Individuen ans gemeinsame Ganze bindet - und zwar wirkungsvoller, als politische Verfassungen es vermögen: "Wo der Geist der Nation einen hohen Schwung nimmt," heißt es in §259 der *Politik*, "da allein ist öffentliche Meinung, und diese ist dann eine Macht, ununterbrochen und mehr aus der Tiefe wirkend als alle politischen Institutionen." Die Formulierung gibt das starke organologisch-vitalistische Element zu erkennen, das in Dahlmanns Begriff der "öffentlichen Meinung" steckt. Es ist deshalb nicht verwunderlich, daß Dahlmann für das "Parteienwesen", also für rein politisch und nicht berufsständisch motivierte Gesinnungsgruppierungen, denen sich das einzelne Individuum willkürlich anschließen kann, nur ein begrenztes Verständnis aufzubringen vermag. In der Vorrede zur *Politik* spricht er ein wenig verächtlich von "politischen Sekten". Offensichtlich sieht er im Parteienwesen - ähnlich wie die Brüder Grimm - ein individualistisches, unverantwortliches Sichlossagen von den Interessen des Volksganzen. Um so wichtiger wird daher für ihn die bindende Wirkung der "Bildung", des gemeinsamen Kanons von geistig-sittlichen Vorstellungen.

Der Begriff von bürgerlicher "Bildung", auf dessen Hintergrund Dahlmann die bürgerlich-demokratische Bewegung seiner Zeit sieht, rückt nun gerade während der dreißiger Jahre ins allgemeine Bewußtsein, als mit Goethes Tod die klassisch-humanistische Periode zu Ende geht. Dahlmann spricht vom "ganz natürlichen Gang der Menschenbildung seit Jahrhunderten", der die "verschiedenen Klassen der Bevölkerung" - wohlgemerkt: die herkömmlichen Klassen! - in eine immer "gleichere Stellung gegeneinander" bringe, und er verwendet in solchem Zusammenhang auch den Begriff des "Fortschritts". Obwohl Dahlmann den Staat, wie er in der *Politik* noch mehrfach betont, aus den naturhaften Verhältnissen der Familie entsprungen sein läßt, neigt er doch dahin, das Volk nicht nach biologischen, sondern nach geistig-moralischen Kriterien zu definieren: In § 66 seiner *Politik* nennt er "das Volk" jedenfalls "ein Gemeinwesen der Gesinnung". Und soweit es um "öffentliche Meinung" geht, gelangt er auch - bei allem Vorbehalt gegen die Massen und gegen den vierten Stand - zu einer positiven Beurteilung der Stadt:

"[...] Denn die Städte sind die Augen und Ohren des Staatsgebietes, ihre dichte Bevölkerung, in den mannigfachsten Berufsweisen verkörpert, deren Innungen nicht bloß über die Stadt, auch über den Staat hinausgehen können, gibt, zufrieden oder unzufrieden, den Ausschlag; hier, wenn irgendwo, ist öffentliche Meinung."

Das Zitat deutet an, daß die bäuerliche Komponente, also die in der Romantik entdeckte germanisch-volkstümliche Tradition, jetzt gegenüber der bürgerlich-kaufmännischen zurückzutreten beginnt. Daß sich der bürgerliche, am Zeitalter der deutschen Klassik orientierte Bildungsgedanke in den mittleren Jahrzehnten des 19.Jahrhunderts mehr und mehr mit dem völkisch-nationalen Denken verbindet, wird sich noch am Beispiel Gustav Freytags zeigen. Zum politischen Faktor wird das "Bildungsbürgertum" zunächst schon dadurch, daß sich aus ihm die "öffentliche Meinung" bildet. Denn vor dem Postulat einer "Stimmengleichheit", einer politisch-kulturellen Gleichberechtigung *aller* Staatsangehörigen, schreckt man zu dieser Zeit noch zurück. Gustav Rümelin, von dem später noch die Rede sein wird, urteilt über den "vierten Stand" ähnlich wie Dahlmann: Das Proletariat sei für eine staatsbürgerliche Tätigkeit, zumindest in Deutschland, unbrauchbar und unreif, heißt es in einem Aufsatz von 1845. Im Sinne des bürgerlichen Liberalismus beschränkt sich für Rümelin die "öffentliche Meinung" daher auf das gebildete Bürgertum, das er der "trägeren Masse" gegenüberstellt:

"Es ist nicht die einfache Mehrheit aller erwachsenen Männer, worin die herrschenden Gedanken einer Zeit und eines Volkes ihren Ausdruck finden; sondern es ist der allgemeine und unabänderliche Gang der Geschichte, daß die Ideen und geistigen Triebräder eines Zeitalters in einem der Zahl nach kleineren Teil der Gesellschaft früher und reiner durchdringen als in den Uebrigen, und daß zwischen dem, was die trägere Masse erfüllt, und den Anschauungen der geistig Erregteren und Fortgeschritteneren ein Unterschied, wo nicht ein Widerspruch ist."

Auch ein anderer badischer Liberaler, Karl Theodor Welcker, will in seinem *Staatslexikon*-Artikel 1848 die "öffentliche Meinung", die er unter den Gebildeten, im "geistig lebendigen Teil des freien Volkes", findet, keineswegs mit der bloßen Stimmenmehrheit gleichsetzen und unterscheidet deshalb zwischen den ständig wechselnden Tagesmeinungen und dem immer vernünftigen, "wahren, bleibenden Gesamtwillen" des Volkes.

Nach allledem wird verständlich, daß Kaffeehäuser und Lesekabinette als Zentren der öffentlichen Meinungsbildung in den mittleren Jahrzehnten des 19.Jahrhunderts mehr und mehr populär werden. Victor Hehn sieht in Kirche und Kaffeehaus geradezu die Symbole der alten und der neuen Zeit, als er 1839 in Padua neben der Kirche des hl.Antonius, "diesem uralten byzantinischen Ungeheuer", das große und glänzende Café Pedrocchi sieht. Kaffeehäuser sind für ihn "moderne Anstalten" vor allem deshalb, weil man in ihnen Zeitungen liest: "Zeitungen aber sind das Erste und Wichtigste des

19.Jahrhunderts, seine Seele, sein Gefäß." Ganz ähnlich wie Hehn wird der junge Theodor Fontane gedacht haben, als er 1840, im Jahre des Thronwechsels in Preußen, die Konditorei Stehely am Berliner Gendarmenmarkt aufsucht und dabei den Kaffeehausbesucher mit dem "Kirchgänger" vergleicht:

"Ich zählte, so jung und unerfahren ich war, doch ganz zu denen, die das Anbrechen einer neuen Zeit begrüßten, und fühlte mich unendlich beglückt, an dem erwachenden politischen Leben teilnehmen zu können. Allwöchentlich hatte ich, neben sonstigen Freistunden, auch einen freien Nachmittag, und mit der Feierlichkeit eines Kirchgängers, ja sogar in der sonntäglichen Aufgeputztheit eines solchen, begab ich mich, wenn dieser freie Nachmittag da war, regelmäßig zu Stehely, um hier alle Zeitungen: die Kölnische, die Augsburger, die Leipziger Allgemeine etc. zu lesen. Dieser Wunsch wurde mir freilich immer nur sehr unvollkommen erfüllt, denn es war die Zeit der sogenannten 'Zeitungstiger', die sich unersättlich auf die Gesamtheit aller guten Zeitungen stürzten und diese, grausam erfinderisch, entweder auf einem Stuhl, auf dem sie saßen, oder unterm Arm - oder auch vorn in den Rock geschoben - unterzubringen wußten. Ein Einschreiten dagegen war nicht möglich, denn die betreffenden Herren waren nicht nur Stehelysche Habitués, sondern zugleich auch Leute von gesellschaftlicher Stellung. Es hieß also sich in Geduld fassen, und manchmal wurde man auch belohnt. Aber selbst wenn alles ausblieb, so verließ ich trotzdem das Lokal mit dem Gefühl, mich, eine Stunde lang, an einer geweihten Stätten befunden zu haben."

9. Der Kampf um das Geschworenengericht als "Palladium der bürgerlichen Freiheit": Georg Beseler, Rudolf Gneist.

Neben der Einführung der Preßfreiheit ist die Einführung von Geschworenengerichten die zweite große Forderung der liberalen Bewegung. In beiden Fällen geht es um die Herstellung von "Öffentlichkeit", - im Gericht speziell um die Mündlichkeit der Verhandlungen. Dabei ist der Kampf für die Geschworenengerichte zugleich ein Kampf gegen das als "volksfremd" empfundene Römische Recht, genauer gesagt: ein Kampf um die Ersetzung des gelehrten Richters durch ein ungelehrtes und daher volksnahes Urteilerkollegium.

Schon Justus Möser wünscht sich in seinen *Patriotischen Phantasien* 1774 "sieben oder zwölf ungelehrte Männer", die "wie jeder mit bloßer gesunder Vernunft begabte Mensch" das Gesetz auszulegen verstehen, wobei Möser offenbar weniger an ein *abstraktes* Rechtsbewußtsein denkt als vielmehr an die lebendigen, *konkreten* Kenntnisse der Lebensumstände und des Berufsmilieus derjenigen, die vor Gericht stehen, also an Kenntnisse, die dem "gelehrten" Richter nicht zugänglich sind. Ähnlich heißt es zwei Menschenalter später - 1830 in J. Zentners Schrift über *Das Geschworenengericht mit Öffentlichkeit und Mündlichkeit* -, daß "bei den natürlichen, unverdorbenen, durch das gefärbte Glas der Schulwissenschaft noch nicht irregeleiteten Sinn des schlichten Mannes" das Urteilsvermögen "reiner und wahrhaftiger seyn werde, als bei den Gelehrten."

Verwunderlich scheint es auf den ersten Blick, daß die Idee des Geschworenengerichts sich zögerlicher durchsetzt, als man erwarten sollte. Begreiflich wird dies, wenn man bedenkt, daß es sich um einen Import aus dem Westen handelt: Nachdem im Frieden von Campo Formio 1797 den Franzosen die linksrheinischen deutschen Provinzen zugefallen waren, hatten sie dort die Geschworenengerichte - eine Schöpfung der Französischen Revolution - eingeführt, und so entsteht nach 1815, nach der Rückgewinnung der Gebiete, die Frage, ob man sie dort beibehalten solle und ob sie gar als Modell für das deutsche Gerichtswesen dienen könnten.

Anselm Feuerbach hatte schon 1812 in seinen *Betrachtungen über das Geschworenengericht* die Fiktion bestritten, die Geschworenen seien die Repräsentanten eines im Volke lebendigen, öffentlichen Rechtsbewußtseins: Es sei "Romantik, der man in solchen ernsten Dingen keine Stimme einräumen sollte, in dem Ausspruch von 12 Männern, die das Los zusammengewürfelt [...], das sogen[annte] öffentliche Bewußtsein zu erkennen." Gleichwohl befürwortet die preußische 'Immediat-Justizkommission' 1818 die Beibehaltung der Institution in den linksrheinischen Provinzen. Und sie tut dies ganz im Sinne des dortigen Besitz- und Bildungsbürgertums, begründet es allerdings mit volkserzieherischen Motiven, die noch dem aufklärerischen Gedankengut des 18. Jahrhunderts verpflichtet sind: Die aktive Teilnahme an den Gemeinschaftsaufgaben soll das Rechtsgefühl der Bürger festigen, denn "das Andenken dieser wichtigen Stunden, dieser von ihnen geübten unerbittlichen Gerechtigkeit, nehmen sie dann in das gewöhnliche Bürgerleben zurück."

Obwohl Feuerbach die Ersetzung der herkömmlichen Obrigkeitsjustiz durch eine "Straßen-Justiz" fürchtet, ist das Geschworenengericht im französisch-linksrheinischen Modell keineswegs ein "Volksgericht" nach moderner Vorstellung, denn die Wahl ins Geschworenenamt erfolgt nach "Zensus" und "Kapazität", das heißt: wählbar sind nur Grundbesitzer und Gewerbetreibende mit relativ hohen Steuerleistungen und akademisch Gebildete. Das weitaus häufigste Delikt, das vor den linksrheinischen

Geschworenengerichten verhandelt wird, ist übrigens der Holzdiebstahl, und daraus hat man neuerdings - polemisch überspitzt - den Schluß gezogen, das Laienrichtergremium sei weniger ein "Palladium der bürgerlichen Freiheit" als vielmehr ein "Palladium der bürgerlichen Eigentumsordnung".

Wie dem auch sei: - rechts des Rheins geht es in den Debatten der Metternich-Zeit um etwas anderes. Hier ist das liberale Bürgertum vor allem deshalb an Geschworenengerichten interessiert, weil es bei politischen Delikten, vornehmlich bei Pressedelikten, eine unabhängige Rechtsprechung wünscht. Allerdings sind sie vor dem Revolutionsjahr 1848 in keinem deutschen Staat eingeführt worden, - wohl weniger deshalb, weil man an ihrem fremden, französischen Ursprung Anstoß nimmt, sondern eher deshalb, weil die Regierungen in politischen Prozessen allzu viele Freisprüche fürchten und ohnehin einem reinen Laienkollegium die notwendige Sachkompetenz und Unbefangenheit nicht zutrauen.

Wie stark noch im Anfang der 1840er Jahre die Hemmungen gegenüber einem ungelehrten Urteilerkollegium sind, bezeugt Georg Beseler zunächst schon 1833 in einem Aufsatz, den er - in Erinnerung an Justus Möser - *Patriotische Phantasien über Recht und Gericht* nennt, und dann noch einmal 1843 in seinem berühmten Buch *Volksrecht und Juristenrecht*. Zwar wünscht er sich durchaus, daß das Volk an der Rechtsprechung beteiligt werde, weil er hofft, daß dann das bestehende Recht, das "Juristenrecht", allmählich verschwinden und das nur verschüttete, nicht erstickte "Volksrecht" wieder emporsteigen werde. Aber er muß zugeben, daß es "die reinen Volksgerichte" der Frühzeit nicht mehr geben kann. Ebenso seien allerdings "auch die reinen Juristengerichte nicht zu vertheidigen, weil darunter der politische Geist des Volkes leidet." Eine spezielle Schwierigkeit der Geschworenengerichte sieht Beseler darin, daß die Geschworenenbank allein die Tatfrage zu verhandeln hat und die Rechtsfrage der Richterbank vorbehalten bleibt, daß aber in der Praxis Tat- und Rechtsfrage, *factum* und *ius*, kaum voneinander zu trennen sind. Beseler plädiert daher für gemischt besetzte Gerichte, die er "Schöffengerichte" nennt, in denen - ähnlich wie in den schon bestehenden Handels- und Gewerbegerichten - Juristen und Laien gemeinsam beraten und urteilen sollen.

Die Rezeption des Römischen Rechts nennt Beseler ein nationales Unglück, und diese Äußerung fordert 1845 eine dezidierte Entgegnung des jungen Theodor Mommsen heraus. Mommsen denkt nüchtern, unromantisch, fortschrittsfreundlich. Er macht geltend, "dass im Laufe der Zeit [...] die Rechtsentwicklung auf die Abstreifung des wesentlich Nationalen hindrängt und das Gemeinsame, welches in allen Rechten verborgen liegt, immer mehr hervortritt." Dabei sei das Römische Recht längst zu einem

Bestandteil des deutschen Rechts geworden und "Testament und Hypothek" - beide aus dem Römischen Recht entlehnt - längst keine volksfremden "Juristenerfindungen" mehr. Mit anderen Worten: Was ein "Unglück des fünfzehnten Jahrhunderts" war, "ist nicht nothwendig eines des neunzehnten." Daher habe Ulrich von Hutten Recht gehabt, als er die Rezeption bekämpfte, nicht aber Beseler! Überdies sei die Ausbildung eines Juristenstandes nur "eine nothwendige Folge der fortschreitenden Volksentwicklung, das auf die Rechtskunde angewandte Prinzip der Arbeitstheilung." Vorbei sei die Zeit, "wo jeder Mann zu pflügen verstand und jede Frau zu spinnen," und so auch die Zeit, "wo jeder tüchtige Mann im Volke das Volksrecht kannte."

Mommsen vertritt hier einen Standpunkt, der bis zum Ende des Jahrhunderts mehr und mehr Geltung gewinnt: Es ist das Insistieren auf den hohen Rang der Wissenschaft, das ihn veranlaßt, die Sachkompetenz des Juristenstandes über das Gefühlsurteil der Laien zu stellen: "Und was die Wissenschaft fordert, sollte dem das practische Bedürfnis widerstreiten?"

Am Vorabend der Revolution bleibt Mommsens entschiedene Stellungnahme freilich eine Einzelstimme. Selbst Beselers vermittelnde Position ist jetzt plötzlich nicht mehr gefragt. Vielmehr kommt auf der Lübecker Germanistenversammlung 1847 der Gedanke des Geschworenengerichts, also des reinen Laienrichterkollegiums, zum vollen Durchbruch. Im selben Jahr schreibt Friedrich Gottfried Leue ein Buch über *Das deutsche Schöffen-Gericht*, in dem es heißt, daß die Geschworenen "ein Bollwerk" sein sollen "gegen die Anmaaßungen und Eingriffe der Krone in die Rechte und Freiheiten des Volks." Für den Titel seines Buches wählt er bewußt den Terminus "Schöffengericht", womit er nicht etwa das gemischt besetzte Modell Beselers meint, sondern auf Parallelen zwischen dem modernen Geschworenengericht und dem deutschen Schöffengericht des Mittelalters hinweisen will. Es ist dies offenbar der erste Versuch, die aus Frankreich importierte Institution an einheimische - zwar nicht altgermanische, aber immerhin doch altdeutsche - Rechtstraditionen anzuschließen. Schon damit deutet sich an, wie Leue sich die Zusammensetzung des Urteilerkollegiums wünscht: "Das, was recht und gut sei," bestimme "sich aus der allgemeinen Meinung der Mitbürger, dem Denken und Handeln der Besten." Es seien "nicht die gelehrten Richter", die "Religion, Denkart und Sitte des Volkes" in sich trügen, sondern die Laienrichter, die Schöffen. Aber Leue denkt dabei keineswegs an irgendwelche "schlichten" Männer aus dem Volke, sondern allein an die "Besten", das heißt: an die "Gebildeten". Und "da man die Gebildeten immer in dem höheren Bürgerstande findet, so muß man die Schöffen aus diesem nehmen."

Leues Versuch, das Geschworenengericht an die einheimischen Rechtstraditionen anzuschließen und somit vom Makel eines französischen Ursprungs zu befreien, findet in Lübeck eifrige Verfechter, und das ist wohl auch ein Grund dafür, daß jetzt die - schon jahrhundertelang existierende - englische Jury in den Mittelpunkt des Interesses zu rücken beginnt. Montesquieu hatte in seiner Lehre von der Teilung der Gewalten auf England als das ideale Vorbild verwiesen, und so greift man, wie C. R. Köstlin 1849 sagt, "mit Enthusiasmus nach der englischen Jury", von der man sich "die Heilung aller Uebel" erhofft. Während man das linksrheinische Geschworenengericht als eine napoleonische Verfälschung der englischen Jury betrachtet, verlockt diese sogleich zu der Frage nach ihrem germanischen Ursprung. So will Wilhelm Eduard Wilda die Jury als eine nicht nur in England, sondern in ganz Skandinavien verbreitete Institution nachweisen, Michelsen behauptet, die englische Jury sei von den Angeln und Sachsen aus ihrer südjütischen Urheimat nach England mitgebracht, und Dahlmann glaubt mit nicht weniger schwachen Gründen - offenbar verführt durch die Zwölfzahl der Kollegien - , einen nordischen Ursprung des Geschworenengerichts im altnorwegischen Eidhelferverfahren zu entdecken.

Daß solcher Rückgriff auf germanische Traditionen vom linken bürgerlichen Flügel als eine bloße romantische Phrase empfunden werden kann, muß Georg Beseler erfahren, als er 1848 in der Frankfurter Paulskirche von den "Prinzipien germanischer Freiheit" zu sprechen versucht. Denn Beseler vertritt einen Standpunkt, den man später in Treitschkes Essay über *Die Freiheit* wiederfinden wird: - den Standpunkt, daß Recht und Freiheit nicht uneingeschränkt gelten, sondern "gebunden" seien. Zwar will Beseler nur das kodifizieren, was sich in der Gewohnheit des Volkes gebildet habe, aber nicht jede momentane Laune des Volkes gilt ihm als "Volksrecht". Und so habe er denn auch, wenn er die Volksmeinung über Rechtsfragen erfahren wollte, "nicht bloß die Presse und einige Wortführer in derselben zu Rathe gezogen". Den Wirtschaftsliberalismus Adam Smiths, der auch das Grundeigentum zur Ware machen will, lehnt er ab, - gemäß der Maxime, die er in der Frankfurter Paulskirche verkündet: "Jedes Recht ist ein gebundenes, - gebunden durch Pflichten [...]. Ich halte dafür, daß wirklich der Freiheit gedient wird, wenn man derselben ihre Grenzen und ihr Maaß gibt." Kein Wunder, daß er bei der bürgerlichen Linken wenig Gegenliebe findet, als er dies zu den "Prinzipien germanischer Freiheit" erklärt:

"Dieser göttliche Funke germanischer Freiheit, meine Herren (große Heiterkeit auf der Linken) [...] muß wieder in unserer Nation entfacht werden [...]. Mit Scham höre ich Ihr Gelächter, wenn von germanischer Freiheit die Rede ist (Bravo auf der Rechten und in den Centren. Große Heiterkeit auf der Linken: Aus Ihrem Munde!), wenn von germanischer Freiheit die Rede ist, wovon ich das Recht habe zu sprechen."

Tatsächlich folgt man, als schon bald nach 1848 die meisten deutschen Staaten Strafprozeßordnungen mit Geschworenen und mündlichem und öffentlichem Verfahren einführen, nirgendwo dem vermeintlich altgermanischen Vorbild der englischen Jury, sondern überall dem französisch-linksrheinischen Modell. Genauer gesagt: man übernimmt vom linken Rheinufer das Prinzip der Wählbarkeit zum Geschworenen nach Zensus und Kapazität - in Preußen nach einem so hohen Zensus, daß der Mittelstand ausgeschlossen bleibt - , man übernimmt das Prinzip der Auswahl der Geschworenenliste durch den Regierungspräsidenten oder durch eine von der obrigkeitlichen Bürokratie besetzen Kommission, man übernimmt ferner die scharfe Trennung von Tat- und Rechtsfrage und dazu die Besetzung der - für die Rechtsfrage zuständigen - Richterbank mit fünf Richtern statt eines Einzelrichters wie in der englischen Jury, und man übernimmt schließlich das Mehrheitsprinzip und nicht das englische Einstimmigkeitsprinzip.

Durch Gesetz vom 3. Januar 1849 wird das Geschworenengericht in Preußen eingeführt, und schon im selben Jahr meldet sich der erste Protest zu Wort: In "dieser", nämlich seiner "rheinischen Gestalt" werde es "nimmermehr ein preußisches, geschweige denn ein gemeinsam deutsches Institut werden." Rudolf von Gneist charakterisiert es in seinem Buch *Die Bildung der Geschworenengerichte in Deutschland* als ein Element des "napoleonischen Centralisationssystems"; der "deutsche Volkscharakter" aber stehe "dem englischen näher in der Anhänglichkeit an die engeren Kreise, Familie, Genossenschaft, Gemeinde." Wie Beseler stellt auch Gneist dem französischen Freiheitsbegriff einen germanisch-deutschen entgegen: "Die Freiheit, *die wir meinen*, hat in England ihre Heimath", und sie findet dort "ihre unmittelbare Verwirklichung" in der "freien Gemeindeverfassung", im sogenannten *selfgovernment*. An der französisch-rheinländischen Form des Geschworenengerichts bemängelt Gneist die starke Stellung der Staatsbürokratie; statt dessen möchte er das Urteil, die "Ueberführung des Täters", begründet sehen in der "Ueberzeugung der richtenden Gemeinde", im "Gewissen der freien Genossen".

Vom Begriff des "gesunden Volksempfindens" ist Gneist noch weit entfernt, und überhaupt spielt das "Kollektiv" - "Familie, Genossenschaft, Gemeinde" - bei ihm nicht eigentlich die dominierende Rolle. Vielmehr ist es - neben dem Begriff der "Freiheit" - ein anderer Topos der Germanen-Ideologie, den er mobilisiert: der Begriff der "Persönlichkeit". Die Gewähr für die Richtigkeit des Urteils im altgermanischen Eidhelferverfahren liege, so meint er, in der "Persönlichkeit schwörender Männer", und "diese Geltung der Persönlichkeit" sei "das vorherrschende germanische Element [...], der altgermanische Antheil in der Entwicklung der Jury". Das kanonische Recht habe dieses "altgermanische Beweissystem" dann durch objektive Regeln der Wahrheitsfindung ersetzt und damit die Entwicklung in einen "gelehrten Dogmatismus" gelenkt. Daß der Eid des germanischen Eidhelfers nur ein einseitiger Parteienbeweis ist und daß daher schon ein Papstbrief von 1218 das Eidhelferverfahren nicht ganz zu Unrecht eine *pestis contraria omni juri* nennt, scheint Gneist ignorieren zu wollen.

Immerhin aber gewinnt Gneist mit dem Blick auf die Idee des englischen *selfgovernment* eine freiere und unverkrampftere Einstellung zum "Staat": Die Laienrichter gelten ihm nicht mehr - wie noch in der Zeit des "Vormärz" - als Kontrollinstanz gegenüber den Staatsorganen: Den Aspekt einer "gewaltenhemmenden" Wirkung des Geschworenengerichts kritisiert er als "das Zeichen eines augenblicklichen krankhaften Zustandes, bei welchem der Einzelne sich nicht im Staate fühlt und weiß. Wenn der Staat uns das Höchste auf Erden ist, so fragt man billig, welchen Sinn ein 'Schutz gegen die Staatsgewalt' haben soll."

Merkwürdigerweise beginnt schon bald nach der Einführung der Geschworenengerichte deren allmählicher Niedergang. Wegen häufiger Freisprüche werden sie von den Regierungen mehrerer Länder entweder abgeschafft oder in ihren Kompetenzen beschränkt. Selbst die Annexion Elsaß-Lothringens 1871, dessen Bevölkerung an den dort bestehenden Geschworenengerichten festhalten möchte, kann dem Ansehen der Institution offenbar nicht aufhelfen. Der bekannte Strafrechtler Karl Binding erklärt 1876, daß er "dem Götzen der Zeit, dem Laienrichtertum, nicht opfern" könne. Scharf verurteilt er den Gedanken, die Laienrichter seien berufen, das geltende Recht im Einklang mit der "Volksüberzeugung" - "dieser wandelbarsten aller Ueberzeugungen" - auszulegen. Vielmehr dürfe der Richter "nichts anderes sein als der Anwender eines Rechts, das er nicht geschaffen hat."

Hinzu kommt, daß spätestens seit 1872 - seit dem Buch des Rechtshistorikers Heinrich Brunner über *Die Entstehung der Schwurgerichte* - die These von der organischen Entwicklung der Jury aus dem altgermanischen Eidhelferverfahren endgültig nicht mehr zu halten ist. Brunner will demgegenüber beweisen, daß die englische Jury erst von den Normannen seit dem 11. Jahrhundert nach England importiert wurde und daß die Normannen sie dem karolingischen Reichsrecht entlehnt haben. Damit ist dem Geschworenengericht während der 1870er Jahre auf ganz verschiedenen

Wegen - aus dogmatischer Sicht durch Karl Binding, aus rechtshistorischer Sicht durch Heinrich Brunner - sein wesentliches Element, die ideologische Begründung, entzogen.

10. Organologische Lehre und christlicher Ständestaat: Karl Ludwig von Haller und Heinrich Leo.

Die Darstellung des Geschworenengerichts hat weit über die Zeit hinausgeführt, von der sie ausging: die Zeit des "Vormärz". Die eigentlich restaurativen Tendenzen dieser Jahre finden sich - das bestätigt auch das vorhergehende Kapitel - nicht etwa im völkisch-organologischen Denken, sondern sie finden sich im Ideengut eines Mannes, der mit seinen ständerechtlichen Vorstellungen wohl in eine gewisse Nähe zu den Vertretern dieses Denkens rückt, der aber gerade wegen der einseitigen Betonung dieser Elemente von ihnen scharf attackiert wird: Karl Ludwig von Haller, dessen sechsbändige *Restauration der Staatswissenschaft* (1816—1834) einer ganzen Epoche ihren Namen gibt.

Haller, ein Enkel des Dichters Albrecht von Haller, stammt aus den kleinräumigen, patriarchalischen Verhältnissen des Berner Patrizierstaates und läßt die dort gewonnenen Erfahrungen in seine Lehre vom ständisch gegliederten "Patrimonialstaat" einfließen: Die bestehende Verteilung von Herrschaft und Besitz beruht auf dem gottgewollten und daher unveränderbaren Naturgesetz, daß der Stärkere über den Schwächeren herrsche. Haller sieht das Staatswesen als eine mannigfach abgestufte hierarchische Ordnung von hausherrlichen, auf Familienbesitz basierenden, also privatrechtlichen Gewalten, eine friedvolle, ja geradezu idyllische Ordnung insofern, als der Schwächere sich dem jeweils Stärkeren freiwillig unterwirft, weil er seines Schutzes und seiner Fürsorge bedarf. Es ist dies eine Staatslehre, die dem ständisch-patriarchalischen Denken der Aristokratie weit mehr entgegenkommt als dem obrigkeitlich-zentralistischen Denken der Monarchie. Allein schon die Behauptung, daß die monarchische Herrschaft auf derselben privatrechtlichen Basis ruhe wie jedwede aristokratische Herrschaft, beraubt die staatliche Gewalt ihrer spezifischen Legitimation.

Die Annahme einer durch bloßes Vorhandensein gerechtfertigten, rational nicht begründbaren, zweckfreien Herrschaft und die Verehrung der feudalistischen Ordnung des Mittelalters verbinden Hallers Lehre mit derjenigen Adam Müllers. Während aber Müller den Staat als einen Organismus sieht, in dem alle Rechtsbeziehungen öffentlich sind, indem sie sich alle irgendwie auf das gemeinsame Ganze beziehen, besteht Hallers Staat aus einem bunten Konglomerat von autonomen Privatrechten, die durch keinen anderen gemeinschaftlichen Zweck zusammengehalten werden als allenfalls durch den Willen, daß diese friedliche und gerechte Ordnung erhalten bleibe. Ebenso löst sich die Einheit des Volkes auf in eine Reihe von fürstlichen Untertanenschaften.

Schon 1818 erfährt die Hallersche Vorstellung vom Feudalismus des Mittelalters, der angeblich allein auf Treue und Gnade und nicht auf verbrieften Rechten beruhe, durch Arndt eine scharfe Zurechtweisung. Und auch Dahlmann fühlt sich 1835 veranlaßt, den Bemühungen um eine Restauration mittelalterlicher Herrschaftsverhältnisse mit deutlichen Worten entgegenzutreten: Bonald, de Maistre, Adam Müller, Friedrich Schlegel und Haller, - sie alle hätten

> "das Terrain, welches sie den flachen politischen Freigeistern glücklich abstritten, alsbald dadurch wieder eingebüßt, daß sie die Geschichte da abschlossen, wo sie ihnen unbequem ward, und ihren Staat auf der Wiederherstellung von Verhältnissen bauten, welche bei dem besten Willen schon darum unwiederherstellbar sind, weil auf bessere Erkenntnis nicht willkürlich verzichtet werden kann."

Anhänger findet Hallers Lehre aber bei der konservativen preußischen Adelsfronde, die dem gleichmacherischen, ökonomisch liberalen Geist der Hardenbergschen Reformen die Idee eines agrarisch orientierten, christlichen Ständestaates entgegenzuhalten sucht. Sie setzt seit den zwanziger Jahren ihre Hoffnungen auf den jungen Kronprinzen, den späteren König Friedrich Wilhelm IV., den "Romantiker auf dem Thron", und findet einen publizistischen Mittelpunkt im (Berliner) *Politischen Wochenblatt*, das 1831 unter dem Eindruck der Julirevolution gegründet wird. Wie zuvor schon der 1805 zum Katholizismus konvertierte Adam Müller dem Kreis um Ludwig von der Marwitz diente, so wird jetzt der 1820 konvertierte Haller zum Theoretiker, ja geradezu zum Heilslehrer der pietistischen Brüder Leopold und Ludwig von Gerlach und des Katholiken Josef von Radowitz. Haller liefert die historisch-politische Rechtfertigung für ihr patriarchalisches Standesherrentum - Ludwig von Gerlachs Wort "Ich bin auch ein König" ist ganz im Hallerschen Sinne gesprochen -, wenn auch der handfeste Materialismus der Hallerschen Lehre, die Legitimierung der Herrschaft aus ihrer bloßen Existenz, wenig übereinstimmt mit dem religiösen Mystizismus, der die preußische "Kamarilla" in ihrem Kreuzzug gegen die liberal-demokratischen Strömungen der Zeit beseelt.

Auch zu Vertretern des organologischen Denkens hat dieser Kreis einige Verbindungen. Aber es ist da - neben der Tätigkeit Adam Müllers und dem Einfluß Savignys auf den jungen Leopold von Gerlach - eigentlich nur Heinrich L e o zu nennen, der sich, nachdem er um 1830 seine hegelianische Phase abgeschlossen hatte, ganz dem historisch-organologischen Denken zuwendet und sich mit seinen starken religiösen, zudem katholisierenden Neigungen dem preußischen Junkerkreis empfiehlt. Einige Momente seiner Entwicklung sind nicht untypisch: die Herkunft aus dem thüringischen Kleinfürstentum Schwarzburg-Rudolstadt, der Einfluß der Jahnschen Turnerbewegung, die Zugehörigkeit zum radikaldemokratischen Flügel der Burschenschaft. Eine Zeitlang wohnt er mit Karl Ludwig Sand, dem späteren Kotzebue-Mörder, unter einem Dach, entwirft zusammen mit Karl Follen eine Petition an den Bundestag, in der er landständische Verfassungen fordert, zieht sich aber 1819, nach Kotzebues Ermordung, aus diesem Kreis zurück. Er geht nach Göttingen und erfährt dort den Einfluß der Burke-Rezeption, Eichhorns und der Historischen Schule, wird 1828 - wohl noch auf Hegels Empfehlung hin - durch Altenstein auf eine Geschichtsprofessur an der Universität Halle berufen, bis ihn bald darauf die Pariser Julirevolution endgültig ins konservative Lager treibt. 1833 veröffentlicht er - inmitten einer umfangreichen Produktion zur jüdischen, italienischen, niederländischen und deutschen Geschichte vornehmlich der mittelalterlichen Jahrhunderte - seine *Studien und Skizzen zu einer Naturlehre des Staates* und wird im gleichen Jahrzehnt Mitarbeiter am Berliner *Politischen Wochenblatt*.

Die *Naturlehre* ist der erste Versuch einer systematischen Staats- und Gesellschaftslehre aus organologischer Sicht. Leo stellt hier sechs "Elemente" heraus, die die "Basis" allen politisch-sozialen Lebens bilden, wobei er die "von Natur gegebenen organischen" streng von den "später künstlich erzeugten mechanischen" unterscheidet. Zur ersten Gruppe zählt er allein Familie und Grundeigentum, zur zweiten Waffengewalt, Geld, religiöse Furcht und Herrschaft einer Idee. Gelangt eines dieser Elemente zur absoluten Herrschaft, so ist das wieder nur der Auftakt zu neuen Auseinandersetzungen. Sein "wahres Ende" findet der Streit erst dann, wenn mehrere Elemente sich zu einem "Neben- und Ineinanderbestehen" zusammenfügen, wobei, wenn darunter ein "mechanisches" ist, dieses "auf einen Teil seiner mechanischen Abgeschlossenheit verzichtet", so daß eine wirkliche "organische Ordnung" entsteht. Diesen Zustand der Vollkommenheit stellt die "ständisch-organische Monarchie" dar. Für Leos Position ist es bemerkenswert, daß er sie sogleich ausdrücklich von der "konstitutionellen Monarchie" trennt: Diese letztere sei wesentlich charakterisiert durch das rationalistische - von John Locke angeregte und von Montesquieu ausgeformte - Prinzip der Gewaltenteilung, der "Verselbständigung" und wechselseitigen Kontrolle der Gewalten im Staat. Leos "ständisch-organische Monarchie" dagegen ruht wesentlich auf den spezifisch "organischen" Elementen Familie und Grundeigentum, ist sozusagen durch und durch Natur und insofern in Übereinstimmung mit der göttlichen Weltordnung überhaupt.

Das religiöse Engagement ist in Leos organologischem Denken tief begründet. Im Vorwort der *Naturlehre* bekennt Leo, daß er "jetzt" - also nach 1830! - "der festen historischen Überzeugung lebe, daß, wo die Menschen irgend darauf völlig verzichtet haben, göttliche Schemata in ihren weltlichen Verhältnissen zu verwirklichen, diese letzteren allemal in Schmutz und Kot ausgegangen sind." Schon mit der Entgegensetzung von "natürlich" und "mechanisch" ist dieses Engagement gegeben. Das "Natürliche" nennt Leo "ursprünglich", "unbewußt" oder "unmittelbar" und erklärt an einer Stelle, daß man "deshalb auch alle Reflexionen über Zweck und Nutzen [...] bei Seite lassen" könne. Das "Natürliche" erweist sich also dadurch als "natürlich", daß es außerhalb von "Zweck und Nutzen" bleibt und damit der Begründung und Rechtfertigung von vornherein enthoben ist. Das Wort "naturwüchsig" ist übrigens eine Wortschöpfung Leos, die er als "eine meiner verdienstlichsten Taten" bezeichnet. Ihm steht das "Mechanische" gegenüber, das, was "künstlich erzeugt" ist, "was der Mensch aus freier Willkür begründet". Verdammenswert ist daher für Leo alles, was aus der Aufklärungszeit stammt, aus der Zeit also, in der sich der Mensch endgültig seiner Autonomie gegenüber religiösen und historischen Traditionen bewußt wird, - "Aufkläricht" ist eine weitere Wortschöpfung Leos. Alle die Regungen und Fähigkeiten, die den Menschen des 18. Jahrhunderts in seiner Eigenwertigkeit bestätigen - Subjektivität, Sentimentalität, Leidenschaft, rationales Denken -, sind für Leo nichts anderes als Symptome einer Auflösung, eines Abfalls, einer Absonderung des Menschen von der göttlichen Weltordnung. Er faßt sie zusammen im Begriff der "Humanität": - "in der Tat das Wort, womit der ganzen Elendigkeit und Bodenlosigkeit der Bildung des vorigen Jahrhunderts der Mantel umgehängt worden ist."

Und so eifert denn Leo seitenlang gegen alles, was auf eine Lockerung herkömmlicher Bindungen und hierarchischer Strukturen zielt: gegen die subjektive Leidenschaft als Motiv der Eheschließung, weil sie sich willkürlich über ständische und berufliche Schranken hinwegsetzt, gegen die "sentimentale Ehe", weil sie "dem Mann seine Stellung als Herr der Frau ohne Ersatz" nimmt und ihn "nötigt [...], mit Unregelmäßigkeiten der Frau sich abzufinden", gegen die moderne Erziehung der jungen Mädchen, weil sie nicht mehr "wie ehemals von der Gesellschaft ausgeschlossen in ihrem eingezogenen Leben zu strengem häuslichen Dienst und zur frommen Demut angehalten" werden, gegen den Verzicht auf die Zuchtrute in der Kindererziehung, gegen die staatsbürgerliche Gleichstellung der Unehelichen, - kurzum gegen alles, was der Emanzipation des Individuums in irgendeiner Weise förderlich sein könnte. Die Ehe, die leidenschaftslos und im Bewußtsein objektiver Bindungen geschlossen wird, nennt Leo eine "religiöse Ehe", und er sieht sie als "Staatsverhältnis" dadurch charakterisiert, daß der Staat sie "im Notfall, selbst gegen den Willen beider Ehegatten, schützt und diese dadurch zwingt, wenn sie nicht in Lieb und Treue, die sie sich vor Gott gelobten, verharren wollen, wenigstens die Strafen, die das Zusammenleben in Haß und Untreue mit sich bringt, bis auf den Grund zu leeren." Ausdrücklich belobigt wird in diesem Zusammenhang der Katholizismus, denn "die katholische Kirche und, wo dieselbe auf die Gesetzgebung bestimmend einwirken konnte, die katholischen Staaten haben allerwege diese streng christliche Ansicht der Ehe behauptet."

Fast durchweg tritt an die Stelle der soziologischen Analyse das religiös-ethische Postulat. Und das nicht nur dort, wo von Ehe und Erziehung die Rede ist: Auch in der Behandlung politisch-ökonomischer Probleme macht sich diese moralisierende Tendenz der Argumentation bemerkbar. Gegen den "Handelsstaat" wird eingewendet, daß er das Familienleben zerrütte, daß "das Dominieren des Geldvermögens die menschliche Gesellschaft am meisten aller Frömmigkeit bar mache", gegen die Industrialisierung, daß sie dort, wo "die Arbeit bis zur Verkrüppelung des Arbeiters geteilt" werde, diese "eben dadurch aller Poesie bar" mache, gegen die uneingeschränkte Gewerbefreiheit, daß sie "die Trennung von Unternehmer und Arbeiter" fördere und dadurch "den Bürgerstand in ungeschlachte Herren und moralisch bodenlose Arbeiter" teile. Der freie Dienstvertrag, wie er in Nordamerika üblich ist - die nordamerikanischen Zustände sind zu dieser Zeit ein Schreckbild für alle Feinde des Liberalismus! -, wird als "eine Art Greuel" bezeichnet, weil er die Auflösung des "natürlichen, patriarchalischen" Familienverbandes bereits voraussetze und weil die notwendige "Pietät" des Dienstverhältnisses durch das Gefühl der Gleichheit unter den Vertragspartnern "völlig aufgehoben" werde. Die Mobilisierung des Grundeigentums wird kritisiert, weil "die Ungebundenheit an Ort und Umgebung [...] die sittliche Scheu schwäche" und "fast alle Poesie im Volke, die Märchen- und Sagenwelt der Kinder, die mystischen Beziehungen zu Wald und Feld" verlorengehen lasse. Schon der bloße Gedanke an eine bewußt ökonomische Nutzung der Natur, der Gesichtspunkt der Rentabilität, ist für Leo ein Zeichen des moralischen Verfalls:

"So wie die Fabrikgesinnung den Landwirt ergreift, ist *to make money* der große Wahlspruch; man sieht in Regen und Sonnenschein nicht mehr Gottes milde segnende oder strafende Äußerung gegen den Menschen, sondern Naturerzeugnisse, deren Folgen man mit verändertem Anbau usw. zum Teil ausweicht. Kurz, das frömmste Geschäft wird zum ödesten."

Die Frage nach Funktion und Zweck einer Sache oder Tätigkeit wird gar nicht erst gestellt, - die Alternative ist nicht "nützlich oder nutzlos", sondern "fromm oder öde". Eine Verbesserung der Lebensbedingungen ist daher in Leos Theorie von vornherein nicht vorgesehen. Wie der Mensch angehalten ist, sich der göttlichen Ordnung und ihren vermeintlichen Äußerungen von Gnade und Ungnade zu ergeben, so ist er auch angehalten, sich in die einmal etablierte, göttlich sanktionierte politische Ordnung zu fügen. Und es geht dabei durchaus nicht etwa um die Frage nach dem persönlichen Glück des Menschen, sondern um die Frage nach dem moralischen Wert, den er innerhalb dieser Ordnung repräsentiert: der Landwirt übt ein "frommes Geschäft", und das muß ihm genügen.

Die starke Betonung des religiös-moralischen Moments und dazu noch die Nähe zum Hallerschen Patrimonialstaatsgedanken mögen bewirkt haben, daß Leos Vorstellung vom Organischen und "Naturwüchsigen" nicht biologisch begründet wird. Die preußische Nation kann er daher ohne weiteres für ein slawisch-germanisches Mischprodukt halten, weil die "Rassenart" - wie er im Halleschen *Volksblatt* 1866 erklärt - eben "nur ein Äußeres" ist und nicht das "Merkmal der Nationalität. Es muß zur Rassenart eine sittliche Doktrin [...] hinzukommen." Und von diesem "fest gestalteten sittlichen Geist" heißt es nun ausdrücklich, daß er "nie a u s den Massen erwächst", sondern " ü b e r die Massen kommt" -, was heißen soll: Er ist das Werk der angestammten fürstlichen Obrigkeit, und daher ist auch Preußen "ein Produkt der Krone", - *Pectus fecit Borussum* "Der Geist macht den Preußen". Die Vorstellung vom "Staat als Lebensform", wie sie später der Schwede Rudolf Kjellén beschreiben wird, scheint keimhaft bereits in den Formulierungen Leos zu stecken.

Mit seiner Sympathie für die Berliner Wochenblattspartei bringt Leo ein merkwürdiges Charakteristikum der vormärzlichen Sozial- und Wirtschaftsgeschichte zum Ausdruck: die gelegentliche Inkongruenz wirtschaftlicher und politischer Interessen in großen Teilen des Bürgertums. Die Liberalisierung von Handel und Gewerbe findet nicht nur im Adel ihre Gegner, sondern auch dort, wo man sie beim ersten Zusehen eigentlich nicht erwarten sollte: in den mittelständischen bürgerlichen Kreisen, die sich durch Konkurrenzdruck und Kapitalismus bedroht fühlen. Durch die Agrarreformen werden viele Bauern gezwungen, sich dem Gutsherrn als Lohnarbeiter zu verdingen. Der Großgrundbesitz gewinnt in Preußen durch die Regulierungen 45 % des früheren Bauernlandes. Die Aufhebung der Zunftverfassung stößt gerade in den bürgerlichen Selbstverwaltungskörperschaften der preußischen Städte auf den kräftigsten Widerstand, und der Artikel des *Wochenblattes* über die Eisenbahnen vom 13. April 1838, der "das nahende goldene Zeitalter" verkündet, "in dem die Plutokraten keine andere Kirche als die Börse und keine andere Bibel als ihr Hauptbuch kennen", gibt sicherlich eine zu dieser Zeit weitverbreitete Auffassung wieder. "Der ganze Zug der Zeit ging wider die Gewerbefreiheit," schreibt Treitschke.

Auch in bürgerlichen Kreisen steht Leo nicht allein, wenn er die Liberalisierung vornehmlich in ihren auflösenden Tendenzen wahrnimmt und als einziges Rezept das Verharren in den bestehenden Zuständen dagegen aufzubieten hat, das Verharren im Familienpatriarchat, in Zunftzwang und Kleingewerbe. Man sieht die Gefahren der allgemeinen Demokratisierung auf sozialem und wirtschaftlichem Gebiet nicht etwa in den Forderungen eines mündig werdenden vierten Standes, sondern in dem egoistischen Erwerbsstreben der Finanzbourgeoisie und des Handelskapitals, wobei man die Entwurzelung, Verarmung und politische "Demoralisierung" der unteren Bevölkerungsschichten wenigstens teilweise als eine seiner Folgeerscheinungen wertet. In Leos *Naturlehre* ist daher vom vierten Stand noch gar nicht die Rede. Zwar ist er bereits dabei sich zu bilden, aber er rückt erst seit den 1840er Jahren - wohl zuerst mit dem schlesischen Weberaufstand - ins allgemeine Bewußtsein.

Da man zunächst nur Auflösung und Zerfall sieht, konzentriert sich Leos Argumentation - ähnlich wie diejenige Wienbargs - auf den Bereich von Sitte und Moral. Der Blick richtet sich dabei auf die Vorgänge im Westen: die Pariser Julirevolution und das aus ihr hervorgehende Bürgerkönigtum Louis Philippes. Was Leo fürchtet, das sind die geistigen Einflüsse, die Ideen, die eben vornehmlich von Westen her eindringen. Nicht nur die allgemeine Polemik gegen das 18. Jahrhundert, gegen Aufklärung und Humanität, gibt das zu erkennen, sondern vor allem die gelegentlichen Ausfälle gegen die "Gebildeten", frühe Zeugnisse für die sich im Laufe des Jahrhunderts verstärkende Intellektuellenverketzerung. Sie sind nicht zu verwechseln mit der alten Arndtschen und Grimmschen Kritik an den Gebildeten: Damals ging es um den Angriff auf einen ganzen Stand, der sich von der lebendigen völkischen Kultur glaubte absondern zu können; jetzt geht es um kleine Gruppen intellektueller Einzelgänger, die beschuldigt werden, gemeinschaftszersetzende Ideen zu predigen. Bezeichnenderweise spricht Leo von "Zirkeln", von "unseren s[o] g[enannten] gebildeten

Zirkeln", denen Vernachlässigung des Tischgebets und Verzicht auf die Zuchtrute in der Kindererziehung vorgeworfen wird. Ein anderes Mal ist von den "Kreisen der sogenannten Gebildeten" die Rede, die in das "sentimentale Gewimmer rationalistischer Juristen und Romanschreiber gegen die Todesstrafe" einstimmen.

11. Demokratische Kritik am völkischen Denken: Georg Herwegh und Friedrich Engels.

Trotz manchen Besorgnissen gegenüber westlichen Ideen spielt zu dieser Zeit - in den 1830er Jahren - der Franzosenhaß kaum eine wesentliche Rolle. Die Gefahr einer politischen und kulturellen Überfremdung scheint ja seit 1815 gebannt. Aber eine Animosität besteht auch weiterhin, und gepflegt wird sie natürlich vor allem von Männern, die dem völkischen Denken nahestehen. An erster Stelle ist Wolfgang Menzel zu nennen, ein Anhänger der Jahnschen Turnerbewegung, Burschenschafter, "steter Gesinnungs- und Kampfgenosse" Heinrich Leos, seit 1825 Redakteur des Cottaschen *Morgenblattes für gebildete Stände* (weshalb man ihn den "Literaturpapst des Vormärz" genannt hat). Menzel bekämpft den Kosmopolitismus Goethes und dazu auch dessen laxe Moral - charakteristisch sein Ausspruch: "Wir wollen die Dichter nach dem messen, was ihnen heilig ist" -, und er hat zur demokratischen Bewegung allein schon deshalb ein gebrochenes Verhältnis, weil er den Freiheitsgeist nicht vom deutschtümelnden Patriotismus trennen kann und weil sein Franzosenhaß ihn daran hindert, diese Bewegung als einen übervölkischen Vorgang zu erfassen.

Völkisch-patriotisches und liberal-demokratisches Engagement können jetzt schon häufiger als zuvor getrennte Wege gehen. 1837 veröffentlicht Börne seine Streitschrift *Menzel der Franzosenfresser*, und drei Jahre zuvor erzählt Heine am Schluß seiner Abhandlung *Zur Geschichte der Religion und Philosophie in Deutschland*, in der er sich an die Adresse der Franzosen wendet und sie vor der möglichen Wiedererstehung der altgermanischen "Berserkerwut" warnt, seine Anekdote von dem studentischen Jahn-Jünger im Bierkeller zu Göttingen:

> "Einst, im Bierkeller zu Göttingen, äußerte ein junger Altdeutscher, daß man Rache an den Franzosen nehmen müsse für Konradin von Staufen, den sie zu Neapel geköpft. Ihr habt das gewiß längst vergessen. Wir aber vergessen nichts. Ihr seht, wenn wir mal Lust bekommen, mit euch anzubinden, so wird es uns nicht an triftigen Gründen fehlen."

Erst die "Rheinkrise" von 1840 läßt den antiwelschen Patriotismus, den Heine 1834 noch als eine Marotte der Unbelehrbaren verspottet, zeitweilig wieder zu einer nationalen Angelegenheit werden. Der siebzigjährige Arndt - 1840 vom neuen Preußenkönig Friedrich Wilhelm IV. wieder in seine Bonner Professur eingesetzt - wird bei dieser Gelegenheit das Objekt vaterländischer Huldigungen. Zugleich aber melden sich kritische Stimmen zu Wort. Für Georg Herwegh, der 1841 mit etwas hölzernem Pathos 'Arndts Wiedereinsetzung' feiert, ist Arndt - bei aller Verehrung des Alten und aller Genugtuung über die versöhnliche Geste des Königs - doch schon eine historische Figur, dessen national gebundener Freiheitsgeist den liberalen Ideen der Gegenwart nicht mehr gerecht werden kann:

> O Jubelbotschaft, die zu uns gekommen.
> O selten, selten Glück!
> Ihr hattet einen starken Mann genommen
> Und gebt uns einen Greis zurück!
> [...]
> Wohl möcht er stehn, wie wir noch, und nicht wanken
> Im heißen Pulverdampf,
> Doch rufen a n d r e Fahnen und Gedanken
> Und andre Götter uns zum Kampf.
> [...]
> Vor e i n e m Altar, dem der Freiheit, reichen
> Sich Völker nun die Hand,
> Und weiter, als die Lorbeern und die Eichen,
> Dehnt sich des Deutschen Vaterland.

Ungleich schärfer urteilt Herwegh im gleichen Jahr 1841 anläßlich einer Rezension von Wienbargs *Quadriga* über die politische Bewegung, der im weiteren Sinne auch Arndt zuzurechnen ist. Er belobigt Wienbarg, weil er den "Siebenerenthusiasmus", den Enthusiasmus über die Göttinger Protestation, "in etwas gedämpft" habe. Dahlmann nennt er schlichtweg "feudalaristokratisch", und Jacob Grimm, den er als Wissenschaftler verehrt, erklärt er für "politisch unmündig", weil er den Nutzen einer Verfassung nur negativ einschätze, als "Hemmung von Mißbräuchen", und "den eigentlichen Segen" in der Liebe des Fürsten zu seinen Landeskindern sehe.

Und noch eine dritte Äußerung des Jahres 1841 ist hier zu nennen, die gleichermaßen bezeugt, daß man das organologische Denken mehr und mehr als eine Erscheinung glaubt betrachten zu können, die sich eigentlich schon überlebt hat: "Die Phrasen von historischer Entwickelung, Benutzung der gegebenen Momente, Organismus und so weiter müssen ihrer Zeit einen Zauber gehabt haben, von dem wir uns keine Vorstellung machen können," heißt es in einem Artikel über *Ernst Moritz Arndt*, den der einundzwanzigjährige Friedrich Engels im *Telegraph für Deutschland* veröffentlicht. Engels sieht die Entwicklung als einen dialektischen Prozeß: Die "Deutschtümelei" einerseits und der darauffolgende "kosmopolitische Liberalismus der süddeutschen Stände" andererseits finden ihren Abschluß mit der Julirevolution 1830, und auf den "Schultern" dieses "Gegensatzes" steht "die moderne Weltanschauung". So wird die - patriotisch und demokratisch orientierte - Deutschtümelei der Napoleonischen Zeit zu einer "notwendigen Bildungsstufe unseres Volksgeistes", und in diesem Sinne scheint Engels bemüht zu sein, sie von der feudalromantisch-reaktionären Ideenwelt des Haller-und-Gerlach-Kreises abzusetzen (und die letztere damit als eine geschichtlich nicht mehr legitimierte, dem Zeitgeist zuwiderlaufende Erscheinung zu erweisen). Jedenfalls läßt er es sich angelegen sein, die Deutschtümler, soweit möglich, zu entlasten und ihre organologischen Verfassungsideen auf "Einflüsterungen der Herren vom Berliner politischen Wochenblatt" zurückzuführen. Er scheint damit sagen zu wollen, daß das völkisch-organologische Denken erst jetzt, nachdem es sich überlebt hat, und erst in diesem Kreise die Neigung herauskehrt, Herrschaftsmechanismen zu verschleiern, dem Einzelnen die Teilnahme am organischen Ganzen vorzutäuschen, wo er in Wahrheit doch nur Herrschaftsobjekt ist: "Selbstentwickelung der Nation, sieht das nicht gerade aus wie Freiheit? Ihr greift zu mit beiden Händen und erhascht - den ganzen Druck des Mittelalters und des ancien régime." Sogleich setzt Engels hinzu: "Zum Glück kommt diese Taschenspielerei nicht auf Arndts Rechnung."

Engels selbst tritt in seinem Artikel als Anhänger des Konstitutionalismus auf, das heißt: er will das Verhältnis von Regierenden und Regierten nicht als gegliederten Organismus, sondern als *rechtlich* geordnete Partnerschaft sehen. Gerade das aber ist den "Herren vom Berliner politischen Wochenblatt" tief zuwider, denn die geschriebene Verfassung, die zweckhaft-rationale Sicherung von Rechten, scheint ja das Nichtvorhandensein naturhafter, organischer, religiös begründeter Notwendigkeiten voraussetzen zu wollen, - man kennt das berühmte Wort Friedrich Wilhelms IV. anläßlich der Eröffnung des preußischen "Vereinigten Landtages" 1847, das Wort vom "*beschriebenen Blatt*", das sich nicht zwischen Gott und Volk "eindrängen" solle, um "die alte Treue zu ersetzen".

Der Arndt-Aufsatz von Friedrich Engels gibt einen guten Eindruck davon, wie es mit der völkisch-organologischen Idee in den 1830er und

1840er Jahren bestellt ist: Es fehlt ihr, nachdem der Rausch der Freiheitskriege verflogen ist, der Zusammenhang mit einer großen geschichtlichen Bewegung, und sie gerät in Gefahr, mehr oder minder identifiziert zu werden mit den altständisch-konservativen Anschauungen des Haller-und-Gerlach-Kreises, die ihren Rückhalt ausschließlich in kleinstaatlichen Verhältnissen haben.

Man sollte freilich nicht übersehen, daß es zu dieser Zeit noch allerlei vermittelnde Positionen gibt, daß die demokratischen Ursprünge des völkisch-organologischen Denkens noch nicht vergessen sind und daß Herwegh und Engels noch Brücken des Verständnisses finden, wenn sie Arndts historische Rolle würdigen. Übrigens hat auch Börne auf seiner Rheinreise 1819 Arndt besucht und ihn ein wenig irritiert, aber doch nicht ohne Wohlwollen beschrieben: "Arndt sieht aus wie ein Pächter und spricht auch so. Die Hand wurde mir beim Kommen und Gehen gar zu altdeutsch gedrückt. Er spricht geradeheraus, so unbesonnen habe ich noch keinen reden hören." Was Herwegh und Engels immer noch mit Arndt verbindet, ist das patriotische Moment, denn die völkische Idee, soweit sie sich als nationalstaatliche Einigungsbestrebung versteht, trifft auf ein gewisses Entgegenkommen in der demokratischen Bewegung, weil diese sich von der staatlichen Einigung der Nation zugleich eine Überwindung der monarchischen Kleinstaaterei und damit eine Demokratisierung der politischen Verhältnisse verspricht. In diesem Sinne entpuppt sich auch Engels zum Schluß seines Arndt-Artikels als ein - durchaus nicht zimperlicher - Anhänger des völkischen Kulturbegriffs: den Italienern will er "ihren Bellini, Donizetti und selbst Rossini" heimschicken, "wenn sie mit diesem großtun wollen gegen Mozart und Beethoven", und ebenso den Franzosen "ihre arroganten Urteile über uns, ihre Vaudevilles und Opern, ihren Scribe und Adam."

12. Der Begriff der bürgerlichen "Bildung" und der Kulturnation: Berthold Auerbach und Georg Gottfried Gervinus.

Friedrich Engels' patriotische Regungen sind nicht untypisch: Der völkisch-nationale Gedanke flüchtet sich zu dieser Zeit - aus Mangel an aktuellen realpolitischen Betätigungsmöglichkeiten - mit Vorliebe in den geistig-poetischen Bereich, in den Begriff der Kulturnation. Bemerkenswert ist aber, daß dieser Begriff der Kulturnation nun nicht etwa geprägt wird von der germanisch-mittelalterlichen Tradition, wie sie gerade erst von den Brüdern Grimm und der romantischen Wissenschaft etabliert worden ist.

Vielmehr rückt jetzt ein ganz anderes Traditionsgut in den Vordergrund, das im Bewußtsein der breiten Öffentlichkeit als nicht minder national empfunden wird: der deutsche Idealismus, die antikisch-humanistisch orientierte Weimarer Klassik. Und obwohl nun die Pflege der deutschen Klassiker von vornherein auf einer breiten, bürgerlich-demokratischen Grundlage steht, so entwickelt sich doch wiederum gerade das, was die Brüder Grimm zu überwinden trachteten: der Begriff der "Bildung".

Ein Freund Gustav Freytags, der liberale jüdische Schriftsteller Berthold Auerbach, der 1843 mit der ersten Folge seiner *Schwarzwälder Dorfgeschichten* einen kurzfristigen Ruhm begründet, veröffentlicht im selben Jahr einen mehr als 100seitigen Traktat mit dem programmatischen Titel *Der gebildete Bürger. Buch für den denkenden Mittelstand.* Wie schon Dahlmanns *Politik* läßt auch Auerbachs Traktat erkennen, daß der sogenannte bürgerliche "Mittelstand" jetzt mehr und mehr zu einem Faktor der politischen "Öffentlichkeit" wird. Hierzu möchte Auerbach nicht nur Akademiker, also "Gebildete" im engeren Sinne, und Kaufleute zählen, sondern auch sonstige Gewerbetreibende und Handwerker. Und gerade diesen letzteren will er eine "Bildung" angedeihen lassen, die sie zur "Theilnahme in allen öffentlichen Angelegenheiten" und damit auch zur "Vaterlandsliebe" befähigt. Er spricht zunächst von der - allen Ständen zugänglichen - Herzens- und Charakterbildung, denkt dann aber doch vornehmlich an alles das, was man noch heute unter "Bildung" versteht. "Bücher sind," heißt es da, "die wahren Spender der Gleichheit, da gibt es keinen Rang und keinen Stand." Bemerkenswert ist es, daß Auerbach jetzt schon - ein Vierteljahrhundert vor der Gründung von 'Reclams Universal-Bibliothek' - auf Bücher zu erschwinglichen Preisen verweisen kann: "Bücher, die ehedem wegen ihrer Kostspieligkeit nur Wenigen zugänglich waren, stehen jetzt fast einem jeden zu Gebote." Und zur "Bildung durch Bücher" kommt an Sonn- und Feiertagen noch die Bildung durch das Theater, - mit Ausnahme übrigens des "in neuerer Zeit [...] überhand nehmenden Singsangs der Opern" (ebenso wie Engels scheint auch Auerbach "Bellini, Donizetti und selbst Rossini" nicht goutieren zu wollen). "Aber", fügt Auerbach hinzu, es sei doch "vielfach ein Zeichen des sogenannten Bürgersinns, daß die Bürger die Stücke unseres Schiller und anderer Meister noch immer mit gleicher Liebe besuchen." In der "politischen Bildung" allerdings steht an erster Stelle selbstverständlich das Zeitunglesen, und die "Preßfreiheit" gilt daher als "heiliges Urrecht": "Von allen gebildeten Nationen sind wir die Einzige, der die Preßfreiheit mangelt." Für die aktive Teilnahme am öffentlichen Leben bedarf der "gebildete Bürger" dazu noch "einer geordneten klaren anmuthigen und kräftigen Redefertigkeit". Auerbach verweist in

Gedenkblatt der *Gartenlaube* zum 100. Geburtstag Schillers

Im Verlag von **Philipp Reclam jun.** in Leipzig erscheint in regelmäßiger Folge unter dem Titel:

Universal-Bibliothek

eine Sammlung von Einzelausgaben allgemein beliebter Werke.

Preis jedes Bandes: **2 Sgr. = 7 kr. rhein.**

Jeder Band wird einzeln verkauft.

Erschienen sind bis jetzt:

Band
1. **Goethe,** Faust. Erster Theil.
2. **Goethe,** Faust. Zweiter Theil.
3. **Lessing,** Nathan der Weise.
4. **Körner,** Leyer und Schwert.
5. **Shakspere,** Romeo und Julie.
6. **Müllner,** Die Schuld.
7. **Hauff, Wilhelm.** Die Bettlerin vom Pont des Arts.
8. **Kleist, H. v.,** Mich. Kohlhaas.
9. **Shakspere,** Julius Cäsar.
10. **Lessing,** Minna v. Barnhelm.
11. **Börne,** Ausgewählte Skizzen und Erzählungen. Erster Band.
12. **Schiller,** Wilhelm Tell.
13. **Shakspere,** König Lear.
14. **Knigge,** Die Reise nach Braunschweig.
15. **Schiller,** Die Räuber.
16. **Lessing,** Miß Sara Sampson.
17. **Shakspere,** Macbeth.

18. 19. **Jean Paul,** Dr. Katzenbergers Badreise. Zwei Theile.

20. **Iffland,** Die Jäger.
21. **Shakspere,** Othello.
22. **Hauff, Wilhelm,** Jud Süß.

Band
23. **Kotzebue, A. v.,** Der Rehbock.
24. **Hebel, J. P.,** Allemannische Gedichte.
25. **Hoffmann, E. T. A.,** Das Fräulein von Scuderi.
26. **Shakspere,** Die Kunst eine böse Sieben zu zähmen.
27. **Beer, Michael,** Der Paria.
28. **Lessing,** Gedichte.
29. **Moreto,** Donna Diana. Bearbeitet von C. A. West.
30. **Angely,** Reise auf gemeinschaftliche Kosten.
31. **Shakspere,** Hamlet.
32. **Hoffmann, E. T. A.,** Das Majorat.
33. **Schiller,** Kabale und Liebe.
34. **Müllner,** Der Kaliber.
35. **Shakspere,** Kaufmann von Venedig.
36. **Jean Paul,** Kampaner Thal.
37. **Lessing,** Der junge Gelehrte.
38. **Schiller,** Don Carlos.
39. **Shakspere,** Antonius u. Cleopatra.
40. **Kleist, H. v.,** Käthchen von Heilbronn.

An der Fortsetzung dieser Sammlung wird unausgesetzt gearbeitet. Ihr Umfang wird von der Aufnahme abhängen, welche dieselbe beim Publicum findet. Das Erscheinen **sämmtlicher classischer Werke** unserer Literatur, die ein allgemeines Interesse in Anspruch nehmen und deren Umfang es gestattet, wird versprochen. Hierdurch sollen aber keineswegs Werke, denen das Prädicat „classisch" nicht zukommt, die aber nichts destoweniger sich einer allgemeinen Beliebtheit erfreuen, ausgeschlossen werden. Manches fast vergessene gute Buch wird wieder ans Tageslicht gezogen werden — andere Werke sollen, in die „Universal-Bibliothek" eingereiht, zum ersten mal vors Publicum treten. Die besten Werke fremder und todter Literaturen werden in guten deutschen Uebersetzungen in derselben ihren Platz finden.

Da die Bände einzeln käuflich sind, ist Jedermann in den Stand gesetzt, sich eine Bibliothek nach eigenem Geschmack und Bedürfniß zusammen zu stellen, ohne genöthigt zu sein, neben den gewünschten, auch ihm vollkommen gleichgiltige Werke mit in den Kauf nehmen zu müssen.

Werbeanzeige des Reclam Verlages 1869

diesem Zusammenhang auf das damals aufblühende Vereinswesen als ein Mittel der bürgerlichen Emanzipationsbewegung: "Schon jetzt sind wir oft veranlaßt, in unsern Gewerbs-, Wohlthätigkeits-, Kunst- und Gesangvereinen ein öffentliches Wort zu reden." Und zumal das Parlament und das Schwurgericht - in Auerbachs Worten: die "öffentliche Verhandlung der Vaterlandsinteressen" und die "öffentliche Handhabung der Gesetze" - erfordern Redefertigkeit, denn "die Oeffentlichkeit und die aus ihr hervorgehende öffentliche Meinung ist die Obrigkeit aller Obrigkeiten."

Ihren sinnfälligsten Ausdruck findet die Verbindung von "bürgerlicher Bildung" und nationalem Interesse in den Schiller-Feiern des Jahres 1859. Mächtigen Auftrieb bekommt die klassische Bildungstradition dann wenige Jahre später durch einen gesetzgeberischen Akt: 1867 beschließt der Deutsche Bund, daß literarische Werke nach Ablauf einer Schutzfrist von 30 Jahren nach dem Tod des Autors 'gemeinfrei' werden sollen und daß für alle vor 1837 verstorbenen Autoren diese Schutzfrist mit dem Jahr 1867 ablaufen soll. Philipp Reclam erkennt die Gunst der Stunde und gründet im selben Jahr noch seine eben erwähnte 'Universal-Bibliothek', die zu äußerst billigem Preis "das Erscheinen sämmtlicher classischer Werke unserer Literatur" verspricht, soweit sie "ein allgemeines Interesse in Anspruch nehmen." Die Reihe wird eröffnet mit Goethes *Faust*, der bis zum Frühjahr 1868 in 20 000 Exemplaren verkauft wird. Zum größten Verkaufserfolg in den nächsten Jahren wird allerdings die Nr. 12: Schillers *Wilhelm Tell*.

Wenn nun im Zusammenhang dieser sich herausbildenden bürgerlichen "Bildung" gelegentlich einmal auf germanisches Kulturerbe angespielt wird, so stammen solche Anspielungen meist nicht etwa aus der von den Brüdern Grimm begründeten Germanistik-Tradition, sondern aus der Dichtung Klopstocks, die im weiteren Sinne ebenfalls der nationalliterarischen klassischen Bildungstradition zugerechnet werden kann. Ein kurioses Beispiel dafür ist das deutsche Nationaldenkmal, das der Bayernkönig Ludwig I. während der 1830er Jahre errichten läßt: die Walhalla oberhalb der Donau bei Regensburg. Nach einem Entwurf Leo von Klenzes entsteht ein griechischer Tempel im dorischen Stil, der einen germanischen Namen tragt, einen Namen freilich, der in dieser Form - mit der verfälschten Endung - nicht etwa durch die romantische Germanistik, sondern durch Klopstocks Dichtung populär wurde. Der dorische "Ehrentempel" verewigt in seinen Giebelfeldern zwar nicht griechische Mythologie, sondern germanisch-deutsche Geschichte - die Schlacht im Teutoburger Wald und den Sieg über Napoleon -; gleichwohl ist schon durch die Wahl des Baustils die Art der vaterländischen Besinnung, die der Tempel erwecken will, allein orientiert am Menschenbild der deutschen Klassik: Sie richtet sich nicht an das Volk als

Die Walhalla bei Regensburg

Ganzes, sondern an das Individuum, an den Einzelnen, der sich an die im Griechentum verwirklichte höhere Menschlichkeit erinnert fühlen soll. Kein Wunder, daß man besonders zur Zeit des Nationalsozialismus Anstoß nimmt am "unvölkischen" Baugedanken der Walhalla: "Die Überwältigung deutschen Wesens durch die Antike fand hier", schreibt Friedrich Panzer, "einen wahrhaft grotesken Ausdruck!"

Eine förmliche geschichtstheoretische Begründung erfährt der neue, aus der Weimarer Klassik entwickelte Begriff von bürgerlicher Bildung und seine Verbindung mit völkisch-nationalem Gedankengut durch einen Mann, der - neben Hermann Hettner - der bedeutendste Vertreter einer bürgerlich-liberalen Literaturgeschichtsschreibung im 19. Jahrhundert ist: durch Georg Gottfried Gervinus. In seiner fünfbändigen *Geschichte der poetischen Nationalliteratur der Deutschen* (1835-1842) stellt er die These auf, daß die geistig-poetische Kultur der Nation im Wirken Goethes und Schillers ihren Höhepunkt und ihren Abschluß gefunden habe und daß nun eine Periode des praktisch-politischen Handelns angebrochen sei. Die These hat ihre Folgen: Die Goethe-und-Schiller-Zeit wird dadurch, daß sie ohne geschichtliche Fortsetzung bleibt, in den Rang einer übergeschichtlichen, "klassischen" Gültigkeit erhoben, während die nachklassische Literatur - Romantik, Junges Deutschland usw. - als phantastisches Geschwätz und modische Betriebsamkeit abgetan und damit einer eigentlich geschichtlichen Betrachtung entzogen wird.

Die spätere Literaturgeschichtsschreibung verfestigt diese "Klassik-Legende" in einem meist idealistisch-unpolitischen Sinne. Gervinus selbst dagegen versteht seine These als eminent politisch. Sie ist Bestandteil einer Geschichtstheorie, die - in Anlehnung an das Hegelsche Dreistufenschema - eine Entwicklung vom religiösen über das geistig-poetische zum politischen Leben annimmt und darin den stetigen "Fortschritt der bürgerlichen und menschlichen Bildung" und zugleich die stetige "Ausbreitung [...] des Freiheitsbedürfnisses und -begehrens von den einzelnen zu den mehreren, von den mehreren zu den vielen" sieht. Obwohl Freiheit hier im Sinne bürgerlicher Aufklärung als Freiheit des Individuums, als geistig-moralische Integrität des Bürgers gegenüber Staat und Gesellschaft, und Bildung im gleichen Sinne als Fähigkeit zur individuellen Selbstbestimmung verstanden wird, läßt Gervinus ihre Entwicklung doch gebunden sein an die nationale Geschichte: Luthers Reformation als Wendung gegen den römisch-katholischen Universalismus und die Weimarer Klassik als Wendung gegen den rationalistischen Kosmopolitismus sind die beiden großen Kulminationspunkte in der Selbstverwirklichung des deutschen "Volksgeistes".

Nationalisierung und Demokratisierung sind für Gervinus zwei Seiten ein und derselben Sache. Und wenn er schreibt, die Geschichte der deutschen Literatur sei - gemäß seiner These - "zu einem Ziele gekommen, von wo aus man mit Erfolg ein Ganzes überblicken, einen beruhigenden, ja einen erhebenden Eindruck empfangen und die größten Belehrungen ziehen kann", so will er damit an das Selbstbewußtsein der Nation - und speziell ihres wichtigsten Standes, des Bürgertums, - appellieren und dazu aufrufen, nunmehr in die dritte Phase der nationalen Selbstverwirklichung einzutreten und die ideellen Errungenschaften der Literatur in die politische Tat umzusetzen.

Von diesen geschichtstheoretisch-politischen Vorstellungen und Intentionen her bezieht Gervinus die moralistisch rigorosen und polemisch schroffen Werturteile, die seine Literaturgeschichte seit jeher zu einer ebenso anstrengenden wie gelegentlich auch ärgerlichen Lektüre machen. Übereinstimmung mit den Forderungen des öffentlichen Lebens, mit dem politischen Zeitgeist und der Bildung der Nation ist ein wesentliches Kriterium seiner Urteile, und charakteristisch sind die Epitheta, die er dabei verwendet: "Männlich", "stark und energisch wirkend" nennt er die Dichter, die sein Gefallen finden. Statt "dunkler Leidenschaften" wünscht er sich "klare Ergreifung und Behandlung der wirklichen Verhältnisse". Indem er Schiller über Goethe stellt, hat er seinen Anteil an der liberal-demokratischen Schiller-Begeisterung des 19. Jahrhunderts. Er feiert ihn als den Dichter der politischen Freiheit, der, "wenn er selber heute eine Geschichte der deutschen Dichtung zu schreiben hätte, den letzten, den ästhetischen Standpunkt der Volksbildung einen gewesenen nennen", also sich - ebenso wie Gervinus - zum praktisch-politischen Handeln bekennen würde. An Goethe dagegen mißfällt ihm das Weltbürgertum, das "Epikureische", das Desinteresse gegenüber dem politischen Leben der Nation.

Ebenso zuwider wie der "Quietismus" des alten Goethe und der Romantiker ist ihm freilich die politisierende Schriftstellerei der jüngsten Generation, die ihm als ein frivoles und eitles Prophetentum erscheint: "Es gehörte unter meine frühesten historischen Abstractionen, daß Deutschland Ursache habe, sich vor allen politischen Übereilungen und verfrühten Revolutionen zu scheuen," schreibt er in seiner Selbstbiographie. Über das Junge Deutschland fällt er harte Urteile. "Diese neue Generation in ihrem grundsätzlichen Egoismus und Epicurismus war der schroffe Gegensatz der früheren Teutonischen Jugend eines rein vaterländischen, bürgerlichen, aufopferungsfrohen Charakters." Dabei ist Gervinus eigentlich kein Freund des "teutonischen Schwindels" zur Zeit der Freiheitskriege, und im Grunde geht es ihm um dasselbe, was auch die Vertreter des Jungen Deutschlands bewegt: um das organische Ganze des Volkes, das seinen Ausdruck findet in der "öffentlichen Meinung" und in einer das ganze Volk erfassenden "Bildung", - bei Gervinus ist es das Ideengut der in der Weimarer Klassik kulminierenden Nationalliteratur.

Der Vorwurf, den Gervinus erhebt, richtet sich letztlich gegen den Subjektivismus (der nicht mit Individualismus zu verwechseln ist), gegen die Absonderung vom "Zeitgeist", aus der ihm der politische Extremismus zu erwachsen scheint. Berühmt, wenn nicht gar berüchtigt ist die Rezension *Ueber Börne's Briefe aus Paris*, die Gervinus 1835, gleichzeitig mit dem 1. Band seiner Literaturgeschichte, veröffentlicht. Sie ist - sieht man einmal von den persönlichen Gehässigkeiten ab, die dem Autor hier wie auch sonst in die Feder fließen, - ein leidenschaftliches Plädoyer für das Justemilieu im guten Sinne, für den energisch, aber zugleich maßvoll betriebenen Fortschritt. Den politischen Extremismus der Jahrzehnte nach 1815 entschuldigt Gervinus allerdings ausdrücklich mit der Weigerung der Regierungen, "der Nation die Würde, die ihrer Bildungsstufe geziemt, mit Vorsicht, aber mit gutem Willen" einzuräumen, "sichtbar und offen den Ideen der Zeit die Hand" zu reichen, also in diesem Falle: die konstitutionellen Forderungen zu erfüllen.

Von den "Ideen der Zeit", vom "Zeitgeist" und "zeitgemäßen" Handeln ist bei Gervinus häufig die Rede. Voraussetzung dieser Ausdrucksweise ist die Vorstellung einer organischen und gleichmäßig fortschreitenden geschichtlichen Entwicklung, die Gervinus in vielen seiner Äußerungen zu erkennen gibt, so in der ebenzitierten von der "Bildungsstufe" der Nation. Deshalb legt er auf die "Stimme des Volkes", die "Mehrheit", die "öffentliche Meinung" ein so großes Gewicht, denn sie ist sozusagen der Repräsentant der fortschreitenden Entwicklung, obwohl die Bindung des angeblich frei handelnden Individuums an den geschichtsteleologischen Prozeß eigentlich ein Widerspruch in sich ist.

Am ausführlichsten legt Gervinus diese seine evolutionistische Theorie dar in der 1853 erscheinenden *Einleitung in die Geschichte des neunzehnten Jahrhunderts*. In dieser Schrift kommt zunächst noch einmal deutlich zum Ausdruck, daß Gervinus den geschichtlichen Prozeß - die Entwicklung der Bildung und damit der Freiheit - an die nationale Geschichte gebunden sieht. Auch er steht in der (nun schon vielfach belegten) Montesquieu-Tradition, wenn er die "Freiheit", den "Geist der Sonderung", die "Abneigung gegen alle Centralisation" für eine typisch germanische, den Universalismus und Despotismus dagegen für eine typisch romanische Erscheinung erklärt. So stellt sich ihm die gesamte mittlere und neuere Geschichte als "Gegensatz des Romanismus und Germanismus" dar. Und auch die

Vorstellung von der Wanderung der Freiheitsidee, die wir schon von Baggesen, Schubart und Wienbarg kennen, taucht bei Gervinus wieder auf:

"Der Zug der Freiheit hatte sich seit der Reformation wesentlich in dem nördlichen Striche der germanischen Völker bewegt bis nach Amerika, wo er seine natürliche Gränze fand. Seitdem geht der Zug von Westen nach Osten zurück. In Frankreich war der erste Landungsplatz am schwersten zu erkämpfen."

Bemerkenswert ist, daß Gervinus dabei nicht von dem abstrakt-rationalistischen und daher ungeschichtlichen Freiheitsbegriff auszugehen scheint, den die Staatstheorie des 18. und frühen 19. Jahrhunderts voraussetzt, sondern an einen spezifischen, aus dem germanischen "Volksgeist" hervorwachsenden Freiheitsbegriff denkt. Zwar findet er eben diesen Freiheitsbegriff im modernen "Geist des Individualismus" wieder, und er führt auch die moderne "demokratische Ordnung" auf ihn zurück. Aber er läßt ihn entwickelt sein aus dem germanischen "Geist der Genossenschaft", er erkennt einen Zusammenhang mit der alten "körperschaftlichen" Gesellschaftsgliederung der Germanen, "die in den Sonderungen des Lehnswesens gelegen war", und er kommt dabei zu einer prinzipiell positiven Bewertung des Mittelalters, indem er es als eine erste Phase in der Ausbreitung der Freiheit wertet: Die "aristokratische Freiheit" des Mittelalters wandelt sich im Laufe der Geschichte zur "demokratischen Freiheit" der modernen Zeit. Gervinus will also - das trennt ihn entschieden von den Nachfahren der politischen Romantik - die mittelalterliche Ordnung nicht konservieren oder restaurieren, sondern einem geschichtlichen Prozeß unterworfen sehen, indem er von einem "Trieb" spricht, der den Menschen mit seiner wachsenden Mündigkeit aus der anfänglichen Gebundenheit in die immer stärkere Individualisierung führt: "[...] Dieser Zug des persönlichen Selbstgefühls hat in die deutsche Volksnatur den Trieb gelegt nach der Bildung und nach der daraus fließenden Selbständigkeit der möglichst Vielen."

Es scheint freilich, daß hier eben doch wieder die abstrakte Freiheitsvorstellung der Aufklärung hineinwirkt, die sich nur dadurch von der aristokratisch-genossenschaftlichen zur demokratisch-individuellen wandelt, daß sie sich "von den einzelnen zu den mehreren, von den mehreren zu den vielen" ausbreitet. Insofern kann es Gervinus - trotz seines Vorbehalts gegen den romanischen Geist, den er in den Revolutionen des Nachbarlandes wirken sieht, - nicht allzu schwer fallen, die "Ideen von 1789" immer noch mit germanischen Vorstellungen in Verbindung zu setzen. Da er aber, wie gesagt, diese germanischen Vorstellungen genauer zu bestimmen und mit dem genossenschaftlichen Geist des deutschen Mittelalters zu identifizieren sucht, wird er - wie in etwas anderer Hinsicht schon Ludolf Wienbarg - einer der Vorläufer der Entwicklung, die einen eigentlichen germanisch-deutschen Freiheitsbegriff neben einen angeblich mißverstandenen westeuropäischen stellt und schließlich zur Absonderung des deutschen politischen Denkens vom westeuropäischen Liberalismus führt. Otto von Gierke, der Geschichtsschreiber des germanisch-deutschen Genossenschaftswesens, wird dann bald darauf schon in diesem anderen Lager stehen.

Der teleologische Zug dieser Geschichtstheorie ist unübersehbar. Geschichte ist für Gervinus der stetige Fortschritt in der Ausbreitung von Bildung und Freiheit. Und je deutlicher ihm dies bewußt ist, um so mehr ist ihm daran gelegen, diesen Fortschritt mit maßvoller Vernunft zu meistern: Kein Stillstand, aber auch kein Schritt zu früh und zu weit. Der typisch bürgerliche, verantwortungsbewußte Fortschrittsoptimismus drückt sich aus in der Betonung des "Männlichen", denn die Welt des Bürgers ist - das wird sich in der folgenden Darstellung am Beispiel Freytags und Riehls noch deutlicher zeigen - eine Welt des Mannes. Schon der Sinn für das "praktische Leben" führt Gervinus weg von den weltbürgerlich-menschheitlichen Ideen und hin zu den unmittelbar vor Augen liegenden nationalen Angelegenheiten. An Dahlmanns *Politik* lobt er in einer Rezension 1836 ausdrücklich diesen Sinn für die Praxis: Dahlmann sei "der Erste, der es einsieht, daß ein deutscher Staatslehrer nur eine deutsche Politik schreiben kann; daß mit Allgemeinheiten und Gemeinplätzen, die für alle Fälle passen sollen und in der That für keinen passen, in Sachen des praktischen Lebens nichts geschafft sei". Gervinus weiß auch, daß der Fortschritt nicht nur Gewinn bringt, sondern auch Opfer fordert; er sieht, wie es in der Dahlmann-Rezension heißt, das "Unvermeidliche". Deshalb wirft er Dahlmann das geschichtswidrige Beharren auf dem Zweikammersystem vor, während er selbst trotz seines prinzipiellen Einverständnisses mit diesem System eine Schwierigkeit "in der Zusammensetzung des obern Theiles" zu sehen meint, das heißt: der Aristokratie in der gegenwärtigen Situation eine politische Funktion absprechen möchte. Und so werde man sich, heißt es dann weiter, "dabei trösten müssen, daß die schwächere Bedeutung der aristokratischen Vertretung etwas so Natürliches und Unvermeidliches ist, wie es einst, wo der Adel Alles galt, die mangelhafte Vertretung der Städte war. Dergleichen traurige Wahrheiten zu verbergen oder nur zurückzuschieben, halte ich für so übel, als ich das Hervorheben des bestehenden Guten für nützlich halte."

Die evolutionistische Geschichtstheorie erlaubt es Gervinus, bei allem Anschluß an die "Ideen der Zeit" dem konservativen Denken und selbst der

Vorstellung einer ständisch-organisch gebundenen Gesellschaftsordnung eine stille Vorliebe zu bewahren:

"Wird uns heute in Deutschland," schreibt er in der Börne-Rezension von 1835, "das gleicheste Recht, so geht morgen die Moral hin, die unsere inneren Zustände bis dahin vor denen jeder andern europäischen Nation glücklich gemacht hat, was jeder einsichtige Fremde, der zu uns kommt, einzusehen beginnt; erlangen wir heute politische Größe und Würde, so büßen wir im selben Momente die alte Einfachheit und nationale Bescheidenheit ein; und mit den steigenden Manufacturen, Eisenbahnen und Dampfwerken geht die alte Frugalität zu Grunde. Das kann man, das muß man bedauern, aber eben dann am meisten, wenn man den Menschen dem Bürger nicht unterordnen will, denn das menschliche, innere, wahre Glück leidet eben durch die politische Bildung, die eine materielle ist, und daher geht bei ihrem Erscheinen Religion, Poesie und Alles, das Herz und Gemüth bildet und hebt, gemeinhin verloren."

Nicht die praktische Radikalität, sondern die gelehrt-doktrinäre Konsequenz, mit der Gervinus seine an sich maßvolle Theorie vom ständigen Fortschritt der bürgerlichen Freiheit vertritt, trägt ihm 1853 - nach Erscheinen der *Einleitung* - einen Hochverratsprozeß vor dem Großherzoglich Badischen Hofgericht und den Entzug der Lehrbefugnis ein. Ohnehin wird er mehr und mehr ein Unzeitgemäßer. Als sich in den sechziger Jahren die preußische Politik anschickt, die nationale Einigung auf militärisch-diplomatischem Wege zum Ziel zu führen, bleibt er seinen liberaldemokratischen Prinzipien treu. Die "berauschte Begeisterung" über die "Kriegsthaten von 1870" mißbilligt er öffentlich, und als er sich dabei auf Dahlmann und die Brüder Grimm beruft, seine alten - mittlerweile verstorbenen - Mitstreiter in der Göttinger Protestation von 1837, kommt es in der Augsburger *Allgemeinen Zeitung* zu einer Debatte zwischen ihm und Herman Grimm, der sich als Sohn und Neffe der Brüder Grimm gegen diese Berufung verwahren zu müssen glaubt.

Als Gervinus 1871 stirbt, ist die Zeit der politischen 'Doctrinaire' längst vorüber, und der kosmopolitisch gebildete Karl Hillebrand behandelt ihn in seinem Gervinus-Essay von 1873 als einen schon fast Vergessenen. Angesichts der Bismarckschen Realpolitik glaubt man jetzt besser als früher zu erkennen, daß sich in seinen Werken "alles frische Leben der Geschichte in blasse Abstractionen gewandelt" habe. "Keiner steifte sich mehr auf abstracte Principien," schreibt Hillebrand, "als der Mann der stets die Nation gemahnt hatte, doch endlich practisch zu werden." Nie habe er "den Ereignissen erlaubt, ihn zu belehren." Anstößiger als früher gilt jetzt auch das "lästige Tugendbewußtsein", das schon die 'Göttinger Sieben' kennzeichnete, das "ewige Verdächtigen der Moralität und der Absichten seiner Gegner."

Die liberaldemokratische Fortschrittstheorie, wie Gervinus sie vertritt, ist in den siebziger Jahren meist schon im nationalliberalen, realpolitisch-etatistisch orientierten Patriotismus des unter Preußens Führung entstehenden Deutschen Reiches aufgegangen. Beispiel eines solchen Gesinnungswandels ist Gustav Freytag, in den beiden Jahrzehnten zwischen Märzrevolution und Deutsch-Französischem Krieg als Herausgeber der Wochenzeitung *Die Grenzboten* einer der einflußreichsten Sprecher des bürgerlichen Liberalismus. 1816 geboren und somit ein Jahrzehnt jünger als Gervinus, steht er diesem zunächst in manchen seiner Anschauungen nahe, wendet sich aber von vornherein den realen politischen und wirtschaftlichen Zuständen seiner Gegenwart mit naiverem und anpassungswilligerem Optimismus zu.

13. Der Kaufmann als Idealgestalt des bürgerlichen "Mittelstandes": Gustav Freytag.

Auch Freytag zeigt die enge Verbindung des völkisch-nationalen Denkens mit dem aus der Weimarer Klassik entwickelten Begriff von bürgerlicher Bildung. Obwohl er die politische Abstinenz der Weimarer Klassik mißbilligt (und - ähnlich wie Gervinus - in dieser Hinsicht Goethe schärfer als Schiller tadelt), sind doch jedenfalls sein Kunstverständnis und sein bürgerliches Selbstbewußtsein in starkem Maße von ihr geprägt. Die Spaltung des Volkes in "gebildete" und "ungebildete" Schichten möchte er ebenso wie die Romantiker aufgehoben sehen. Aber nicht mehr die unteren, die "ungebildeten" Volksschichten gelten ihm als der eigentliche Mutterboden einer völkischen Kultur, sondern er hält sich an die oberen Schichten, bei denen er Kultur im Sinne von "Bildung" findet und denen er die Aufgabe zuweist, diese "Bildung" den unteren Schichten zu vermitteln. Urtümlichkeit, Schlichtheit und Biedersinn sind für Freytag nicht mehr die verehrungswürdigen Tugenden des Bauern und des einfachen Mannes: "Während man sich vor zwanzig Jahren noch über die naturwüchsige Kraft dieser Berufsklassen wie staunend freute," heißt es in einem seiner *Grenzboten*-Artikel, "ist man jetzt mitten in der männlicheren Arbeit, die Schranken, welche den kleinen Mann immer noch von der Bildung der

Begünstigten trennen, niederzureißen, unsere Bedürfnisse, unser Wissen, unsern Idealismus auch in sein Leben hineinzutragen."

Es steckt in einem solchen Programm ein starker Diesseitigkeits- und Realitätssinn, zugleich aber auch die realitätsfremde Idee einer autonomen, sozial nicht gebundenen Individualität, also ein gut Teil aufklärerischen und klassischen Erbes. Von dem unter Freytags Leitung stehenden Dresdner Handwerkerverein hat man mit Recht gesagt, daß dort der Arbeiter "nicht in seinem Eigenwert genommen wird, sondern verbürgerlicht werden soll." Auch die Pflege bäuerlichen Brauchtums liegt nicht in Freytags Sinn, denn die meisten Bräuche seien, wie er gelegentlich schreibt, "unnütz, sinnlos, abergläubisch". Und noch weniger denkt er an die Kultur derjenigen, die er geringschätzig die "Hoch- und Feingebildeten" nennt: Eine "Frau v. S." belehrt er 1849 in den *Grenzboten*, daß echter Geist, Witz und schöner Geschmack nicht Ausdruck adliger Standeskultur seien, sondern "höhere seltene Blüthen der Volkskraft", und daß der Adel sich die Fähigkeit hierzu nur dann bewahren könne, wenn "er sich mit den vernünftigen Forderungen der Gegenwart befreunde und an unserem Werdeprozeß mit großem Sinn und voller Kraft betheilige."

Indem Freytag seinen Kulturbegriff ganz und gar auf die große "Mittelklasse" des Bürgertums bezieht, lehnt er zugleich alle ständisch gebundene Kultur ab, denn das Bürgertum geht als Stand im Volk auf, stellt sein eigentlich dynamisches Element dar und absorbiert alles das, was Freytag bezeichnenderweise nicht mehr "Volksgeist", sondern "Volkskraft" nennt. Zwei Vertreter typisch bürgerlicher Berufe - der Kaufmann und der Gelehrte - stehen im Mittelpunkt seiner beiden Romane *Soll und Haben* (1855) und *Die verlorene Handschrift* (1864), und auch sein vielgelesener sechsbändiger Romanzyklus *Die Ahnen* (1873—1881) soll nicht etwa einer romantischen Verherrlichung des Vergangenen dienen, sondern ein Loblied auf die treudeutsche Tatkraft und Tüchtigkeit sein, die sich in den verschiedenen Generationen eines einzelnen Geschlechts von der germanischen Völkerwanderung bis an die Schwelle der Bismarckzeit immer wieder bewähren, - im Beruf des Kriegers, dann des Kaufmanns, schließlich des Arztes und des Journalisten.

Als völkischer Kulturhistoriker bringt Freytag dem Adel als dem ehemals vorzüglichsten Stand des Volkes immer noch einen loyalen Respekt entgegen, aber die politische Rolle des Adels hält er - ebenso wie Gervinus - in der gegenwärtigen Situation für ausgespielt. Auch bei ihm findet das noch von Dahlmann hochgepriesene englische Modell des Zweikammersystems keine Gegenliebe mehr. "Es gibt," schreibt er 1868 in den *Grenzboten*, "keine politisch wichtigen Herreninteressen; und die Vorurteile und zufälligen Stimmungen einer Anzahl distinguierter Individuen in besonderem Hause zu sammeln und zu einem Faktor der Gesetzgebung zu machen, liegt weder im Interesse der Regierungen noch des Volkes." Dabei ist Freytag nicht eigentlich ein Befürworter des parlamentarischen Parteienwesens. Er will den rechten Mann am rechten Platz, und dieser soll hervorgehen aus dem einen größen lebendigen und dabei doch homogenen Körper des Volkes. Politischen Ausdruck findet das Volk - die "Volkskraft" - in einer "stark bewegten und imponierenden öffentlichen Meinung, welche zahllosen Ansprüchen Einzelner und ganzer Classen gebieterisch Resignation auferlegt". Obwohl Freytag, wie es das Zitat noch einmal deutlich zum Vorschein bringt, die ständisch gegliederte Gesellschaft ablehnt, wirkt in dieser vitalistischen, stärker auf Integration als auf Konflikt eingestellten Auffassung der "öffentlichen Meinung" immer noch das Erbe der organologischen Lehre nach.

Die Nähe zum organologischen Denken bei aller Anerkennung des modernen Fortschritts zeigt sich auch in Freytags Einstellung zur Landwirtschaft. Von der in den Naturlauf eingebundenen bäuerlichen Arbeit weiß er gelegentlich in ähnlichen Worten zu schwärmen wie Niebuhr und Leo: "Der Landmann fühlt sich beständig im Zusammenhange mit dem Leben der Natur und hat täglich Gelegenheit, seine Herrschaft über dieses Leben auszuüben," heißt es in einem *Grenzboten*-Artikel von 1849. "Dieser Umstand, daß er überall als Herr und Gebieter über Lebendiges auftritt, gibt ihm ein Selbstgefühl und eine Haltung, deren Formen oft nicht gefällig sind, aber auch den niedrigsten Handarbeiter des Feldes sehr vorteilhaft von dem Fabrikarbeiter unterscheiden." Trotz solcher Feststellungen ist die "Verbindung moderner Industrie und des alten Ackerbaues" für Freytag von Anfang an eine Selbstverständlichkeit, und dort, wo in seinen Romanen der Bauer erscheint, ist es nicht so sehr der Kleinbauer als vielmehr der Guts- und Grundherr und nicht so sehr der besinnliche Ackersmann als vielmehr der Eigentümer eines modernen Geschäftsbetriebes. Schon im genannten Artikel von 1849 kommt dieser ganz und gar unromantische, bewußt ökonomische Standpunkt zum Ausdruck, und doch läßt sich gerade hier nicht übersehen, daß Freytag den nationalökonomischen Wert der Landwirtschaft immer noch höher einschätzen möchte als den der Industrie.

Das wäre nicht verwunderlich, wenn es dabei allein um die faktische Bedeutung dieser beiden Erwerbszweige zum Zeitpunkt der Abfassung des Artikels ginge. Interessant ist indessen, daß Freytag die Höherbewertung der Landwirtschaft aus dem Geist der Träger beider Erwerbszweige begründet und dabei ein Urteilskriterium verwendet, das an Adam Müllers Gegensatz-Lehre erinnert: Der "Grundherr" vertritt das beharrende Element, "der

Kaufmann, der Industrielle, der Händler" das bewegliche Element. Freytag geht aus von der Überlegung, daß es "für das Leben eines Staates keineswegs gleichgültig" sei, "aus welchen Quellen die produktiven Kapitalien für neue Unternehmungen zusammenfließen", und er fährt dann fort:

"Der Grundherr, welcher die jährlichen Überschüsse seiner Gutseinnahmen anlegt, hat als fester, solider Mann eine entschiedene Vorliebe für alle solchen Anlagen, welche mit der Bodenkultur in einem nahen Zusammenhang stehen, er sieht prüfend auf das Nützliche und Dauerhafte seiner Spekulation: sichere Eisenbahnen und Kanäle, Chausseen und Bergwerke in seiner Gegend, oder der Ankauf von Effekten, bei welchen er weniger auf hohen Zinsfuß als auf Sicherheit achte, werden ihn am meisten anziehen. Nicht dieselbe Vorsicht hat der Kaufmann, der Industrielle, der Händler, welcher Reinerträge außerhalb seines Geschäfts anzulegen sucht. Die Sucht reich zu werden, lockt ihn zu den abenteuerlichsten Schwindelgeschäften."

Es ist ein merkwürdiger Kompromiß, den Freytag hier schließt, um das Zusammenwirken von Beharrung und Bewegung zu garantieren: Er befürwortet den industriellen Fortschritt, aber er wünscht ihn in den Händen derer, die von Haus aus den Geist der Tradition und Kontinuität repräsentieren.

Das Problem ist am Ende der vierziger Jahre durchaus aktuell: Hinsichtlich seiner sozialen und wirtschaftlichen Bedeutung steht das kaufmännische Großbürgertum jetzt schon Seite an Seite mit der grundbesitzenden Aristokratie. Einerseits sind die preußischen Rittergüter, nachdem im Zuge der Stein-Hardenbergschen Reformen 1807 ihre freie Verkäuflichkeit eingeführt wurde, mittlerweile fast schon zur Hälfte im bürgerlichen Besitz, andererseits beteiligt sich der ostelbische Adel seit den fünfziger Jahren an den Spekulationen mit Eisenbahnaktien. Die ständischen Schranken beginnen sich aufzulösen - in Freytags Romanen werden eheliche Verbindungen zwischen Kaufmannschaft und Adel mit offensichtlichem Wohlwollen geschildert -, und es entsteht die Frage, wie die beiden sozialen Gruppen sich politisch zueinander verhalten sollen.

Der rheinische Textilkaufmann David Hansemann, von früh an im Eisenbahngeschäft tätig und seit 1845 Abgeordneter des rheinischen Provinziallandtags, dann des Vereinigten Landtags, schreibt 1833 ein Buch mit dem Titel *Preußen und Frankreich*, in dem er sich betont antifeudal äußert; später aber erkennt er eine Interessengemeinschaft von Großbürgertum und Grundadel und setzt sich dann 1848 als preußischer Minister nicht nur für eine starke Monarchie ein, sondern auch für die Beibehaltung gewisser Adelsprivilegien wie etwa der Fideikommisse.

Ebenso macht man sich auf Seiten des Adels - selbst im reaktionären Kreis der preußischen "Hofkamarilla" - gelegentlich Gedanken darüber, wie man sich den neuen sozialen Gegebenheiten anpassen könne. Leopold von Gerlach, Generaladjutant und engster Vertrauter Friedrich Wilhelms IV., stellt 1860 fest, daß es "zwei moderne Stände" gibt: "Die Capitalisten, welche sparen und ruhen, und die Erwerber". Da der Capitalist "Zeit hat, kann er Landesgeschäfte, Staatsgeschäfte treiben. Als unabhängig mit abhängigen Leuten ist er ein König, wenn auch kein unabhängiger König, ein König, der noch einen über sich hat. Wer ist also Capitalist? Nicht etwa nur die Geldleute; es sind vorzugsweise die Grundbesitzer, die den Grund und Boden inne haben, aber es sind auch die Besitzer von Fabriken, Eisenhämmern usw.". Die "Erwerber" sind demgegenüber die nichtkapitalistischen Bürger, die Pächter und die kleinen Grundbesitzer, während "nicht als dritter Stand, aber als dritte Klasse" die eigentlichen Arbeiter, die Knechte und Tagelöhner, übrig bleiben. Im Offiziers- und Beamtenberuf empfiehlt Gerlach den Ausgleich der Gegensätze durch Vermischung des Offizierskorps mit Bürgerlichen und deren häufigeres Adeln. Gerlach versucht also, die neuentstandenen wirtschaftlichen Verhältnisse "ständisch zu organisiren und zu fixiren", durch die Öffnung des oberen Standes einzufangen.

Natürlich widerspricht Freytag - in einem *Grenzboten*-Artikel von 1868 - dieser Lösung aufs entschiedenste, da sie auf eine Absonderung gerade der tüchtigsten Kräfte des Bürgertums hinausläuft: "[...] So ist dem Fürsten nicht weniger als dem Staat nachtheilig, wenn er neue Kraft, die er an sich heranziehen möchte, dadurch vom Volke löst, daß er ihr die Überlieferungen eines bestimmten Standes aneignet." Während Gerlach die ständische Ordnung in der Fusion von Adel und Kapital aufrechterhalten wissen will, wünscht sich Freytag die Integration des Adels in das Volk, genauer gesagt: in die große Mittelklasse des Volkes, das Bürgertum.

Die offenbar zählebige Geschichtskonstruktion des Zusammenwirkens von Beharrung und Bewegung, die Freytag dabei schon im Artikel von 1849 verwendet, schlägt in seinem Geschichtsbild auch sonst durch. In der "Einleitung" zu den fünfbändigen *Bildern aus der deutschen Vergangenheit* (1859-1867) spricht er von der "Volksseele", die gleich einer "stillschaffenden Naturkraft" wirke, aber er setzt ihr "das Freie, Verständige" entgegen, das im Verlauf der Geschichte der "Mann" vertritt, - der "Mann", das heißt: der vernunftbegabte, tatkräftige Mensch. Vorangebracht in seiner Entwicklung wird das Volk allein durch das Individuum: "Die großen Perioden in der Bildung eines Volkes" sind für Freytag diejenigen, in denen das Volk "im Dienste eines Einzelnen" steht. In diesem Einzelnen aber "lebt ein Theil der schöpferischen Gesammtkraft", er ist ein Produkt der "Volkskraft", und seine Leistung sollte wieder eingehen in das völkische Leben. Freilich birgt die "unaufhörliche Wechselwirkung des Ganzen auf den Einzelnen und des Mannes auf das Ganze" auch Gefahren, und so zieht sich durch Freytags Werke wie ein roter Faden letztlich doch das Mißtrauen gegen die "großen Männer", die "Helden", die den gesetzlichen Verlauf der Geschichte zu stören drohen. "Das Dämonische, Unberechenbare in ihrer Natur stieß ihn ab," schreibt Alfred Dove, "widersprach es doch seinem im innersten Kern verstandesmäßig angelegten Wesen [...]. In Freytag, der ja ursprünglich Professor hatte werden wollen, steckte viel von hölzerner akademischer Theorie und freundlich herablassendem Gelehrtendünkel."

Immer wieder kommt Freytag auf die Wolf-Lachmannsche Liedertheorie zu sprechen, die keinen Homer mehr kennt und auch keinen individuellen Dichter des Nibelungenliedes, sondern die Entstehung der Epen aus dem "poetischen Weben und Schaffen der Volksseele", aus der "Zusammenarbeit vieler Talente" erklärt. Das Goethe-Jahr 1849 kommentiert er im *Grenzboten* mit der barschen Bemerkung: "Wir wollen keinen Goethe mehr, wir wollen keinen Napoleon." Aus dieser Einstellung erklärt sich auch Freytags lebenslange Abneigung gegen Bismarck: "Wir werden noch lange daran zu tragen haben, daß die politische Kraft der Nation sich durch anderthalb Jahrzehnte in e i n e m Mann personifiziert hat," schreibt er 1881 an den Verleger Salomon Hirzel.

Gerade deshalb, weil Freytag eher an "die Fülle von Talenten und Charakteren" denkt als an die "großen Männer", bleiben die Völker für ihn feste geschichtliche Größen, ohne daß das rein biologische Element dabei eine wesentliche Rolle spielt. Freytag nennt die Völker "höhere geistige Persönlichkeiten"; gerade in ihren fortschrittlichen Ideen sind sie nicht isolierte, in sich abgeschlossene Lebewesen, sondern sie treten in Kommunikation miteinander wie menschliche Individuen, und ihr gemeinsames Ziel ist die "geistige Einheit" des "ganzen Menschengeschlechts". Bei aller nationalen Tendenz macht sich der aufklärerisch-humanitäre Zug in Freytags Wesen immer wieder bemerkbar.

Auch *Soll und Haben* - angeblich der größte deutschsprachige Romanerfolg des 19.Jahrhunderts - kann an diesem Eindruck kaum etwas ändern. Man hat in dem Roman völkisches und antisemitisches Gedankengut entdecken wollen und ihm vorgeworfen, daß er sich nur für den Besitzbürger, den Kaufmann, interessiere, dagegen den Handwerker und den Arbeiter ignoriere. Allerdings ist Freytag, wie mannigfach nachweisbar, kein Antisemit: Er ist in dritter Ehe mit einer Jüdin verheiratet, er schreibt gegen den Antisemitismus 1893 in der Wiener *Neuen Freien Presse* den Artikel 'Eine Pfingstbetrachtung', er spricht in den *Erinnerungen aus meinem Leben* mit warmen Worten von dem *Grenzboten*-Mitarbeiter Jakob Kaufmann, einem "Judenkind aus Böhmen", einem "der harmlosesten und liebenswertesten Menschen, welche je mit dem Rotstift schlechte Aufsätze lesbar gemacht haben", und er beschreibt in den *Bildern* mit Abscheu die Judenverfolgungen während der Kreuzzüge: "Durch Jahrhunderte waren diese Hetzen eine Schmach für unsere Nation."

Das alles läßt darauf schließen, daß Freytag - als gebürtiger Kreuzburger und früherer Breslauer Privatdozent mit oberschlesischen Verhältnissen wohlvertraut - in seinem Roman eine realistische Schilderung des Zusammenlebens von Deutschen, Juden und Polen im ostdeutschen Grenzgebiet zu geben beabsichtigt, daß daher auch die ostjüdischen Satzkonstruktionen des alten Ehrenthal nicht diffamierend gemeint sind, - ebensowenig wie die des Baruch Hirschfeld in Fontanes *Stechlin*. Übrigens bezeugt Georg Hermanns Roman *Jettchen Gebert*, daß auch die Berliner Juden das Ostjudentum damals kaum anders beurteilen als Freytag. Und der jüdische Dichter Berthold Auerbach, ein Freund Freytags und ein Verfechter der Judenemanzipation, der *Soll und Haben* rezensiert, scheint in dem Roman durchaus nichts Antisemitisches finden zu wollen.

Vorzuwerfen ist Freytag allenfalls, daß er sein Hohelied auf die Ehrbarkeit und Tüchtigkeit des deutschen Bürgertums mit der Schilderung eines speziell ostjüdischen und polnischen Milieus konfrontiert und eben dadurch dieser Gegenüberstellung einen repräsentativen Charakter gibt. Wie wenig aber Freytag einer völkischen Ideologie huldigt, zeigt allein schon die enthusiastische Schilderung des Warenlagers, das der junge Anton Wohlfart im Handelshaus T.O.Schröter vorfindet:

"Fast alle Länder der Erde, alle Rassen des Menschengeschlechts hatten gearbeitet und eingesammelt, um Nützliches und Wertvolles vor den Augen unseres Helden zusammenzutürmen. Der schwimmende Palast der Ostindischen Kompanie, die fliegende amerikanische Brigg, die altertümliche Arche der Niederländer hatten die Erde umkreist, starkrippige Walfischfänger hatten ihre Nasen an den Eisbergen des Süd- und Nordpols gerieben, schwarze Dampfschiffe, bunte chinesische Dschonken, leichte malaiische Kähne mit einem Bambus als Mast, alle hatten ihre Flügel gerührt und mit Sturm und Wellen gekämpft, um dies Gewölbe zu füllen. Diese Bastmatten hatte eine Hindufrau geflochten, jene Kiste war von einem fleißigen Chinesen mit roten und schwarzen Hieroglyphen bemalt worden, dort das Rohrgeflecht hatte ein Neger vom Kongo im Dienst eines virginischen Pflanzers über den Ballen geschnürt [... usw.usw.]."

Selbst ein Georg Forster hätte die segensreiche, weil völkerverbindende Wirkung des Handels nicht eindringlicher beschreiben können als Freytag: Der Handel ist für ihn das Mittel, "daß jeder Mensch mit jedem Menschen in fortwährender Verbindung gehalten wird" (Man erinnere sich, wie abfällig die romantische Volkstumsideologie in Geijers Worten über die "künstlichen Bedürfnisse von weit entfernten Stränden" sprach). Kaum zu bestreiten ist daher, daß der Freytagschen Schilderung des kaufmännischen Besitz- und Bildungsbürgertums in den 1850er Jahren eine emanzipatorisch-progressive Tendenz innewohnt und daß es unhistorisch gedacht wäre, für diese Zeit schon eine entsprechende Schilderung des Handwerker- oder des Arbeiterstandes zu fordern (oder gar die Andeutung der Sklavenarbeit im zitierten Passus zu monieren).

Ähnlich wie Gervinus sieht Freytag die geschichtliche Entwicklung gekennzeichnet durch die stetige Ausbreitung der Freiheit. In seinen *Bildern* will er jedenfalls zeigen, "wie das Leben des Volkes sich allmählich zu größerer Freiheit heraufarbeitete", das heißt: sich aus der Gebundenheit in volkstümliche "Ordnung und Zucht" zu individuellen Entscheidungsmöglichkeiten - allerdings mit den oben beschriebenen Einschränkungen - entwickelte. Und auch darin ähnelt Freytag dem älteren Zeitgenossen, daß er den Willen und die Tatkraft über das Naturhafte und Vegetative stellt und von der "männlichen Arbeit" spricht, die die gegenwärtige Zeit fordert. Es bedeutet dies - trotz Betonung gewisser beharrender Elemente - zunächst einmal die Überwindung der kontemplativen, quietistischen Haltung, wie sie der romantischen Staatstheorie der Historischen Schule eigentümlich war, aber es klingen doch hier auch schon Töne an, die gegen Ende des Jahrhunderts im Sozialdarwinismus ihre endgültige Formulierung erhalten. Während allerdings Gervinus den liberaldemokratischen Prinzipien bis zu seinem Tode 1871 treu bleibt, macht sich bei Freytag eine gewisse Affinität dieser Ideen zur neuen politischen Wirklichkeit geltend, die wohl nur zum Teil durch seine preußische Herkunft erklärt werden kann. 1866 schreibt er zur Entwicklung der schleswig-holsteinischen Frage: "Ein Weg ist betreten, Preußen hat sich engagiert, und kein Preuße, wer er auch sei, und wie er auch persönlich in dieser Frage empfinde, hat noch das Recht, direct oder indirect dem entgegenzuarbeiten, was bereits zur Thatsache geworden."

14. Autorität und Pietät: Die Familie als Vorbild des Staates in Wilhelm Heinrich Riehls Staatstheorie.

Daß die Betonung der "männlichen Arbeit" nicht allein der Vorstellungswelt des Bürgertums entspricht, sondern auch dem organologischen Denken nahesteht, gibt ein Buch zu erkennen, das 1855 - gleichzeitig mit Freytags Kaufmannsroman *Soll und Haben* - erscheint: Es trägt den Titel *Die Familie*, und sein Verfasser ist Wilhelm Heinrich Riehl, neben Justus Liebig und Heinrich von Sybel eines der sogenannten "Nordlichter", die der Bayernkönig Maximilian II. in den 1850er Jahren an die Universität München beruft. Riehl - seit 1854 zunächst Professor für Staatswirtschaftslehre, seit 1859 für Kulturgeschichte - ist heute noch bekannt als der vermeintliche Stammvater der "deutschen Volkskunde", neuerdings auch als ein früher Vertreter der "Alltagsgeschichte". Im Auftrag Maximilians II., der sich für vielerlei interessiert - er macht die bayrische Lederhose, die damals kaum noch jemand trägt, wieder populär - ,schreibt Riehl 1857 eine Monographie über *Die Pfälzer*, den "genußfreudigsten der deutschen Volksstämme" (wie Eberhard Gothein schreibt), die erste Monographie über einen deutschen Stamm, für die er auf mehrjährigen Fußwanderungen recherchiert und dabei die Wirtshausgespräche als wichtige Quelle verwendet. Das genannte Buch über *Die Familie* ist der 3. Band einer vierbändigen *Naturgeschichte des Volkes als Grundlage einer deutschen Social-Politik*, erlebt bis 1920 zwölf Auflagen und "wirkt", wie ein Riehl-Biograph versichert, "bestimmend auf die deutsche Auffassung vom Familienleben ein".

Riehl will den Menschen von vornherein nicht als Individuum gelten lassen, sondern ausschließlich als Glied vorgegebener und damit angeblich natürlicher Ordnungen, zunächst und vor allem der Familie, dann des Standes und des Volkes: "Nicht die Einzelperson, sondern die Familie ist die nächste Voraussetzung" - an anderer Stelle heißt es: "das natürliche Vorgebilde" - "der Stände, der Gesellschaft, überhaupt der Volkspersönlichkeit". Und schon als Glied der kleinsten organischen Einheit, als Glied der Familie, ist der Mensch in seinen natürlichen Lebensbedingungen und Lebensrechten von allem Anfang an unwiderruflich determiniert. Daher kann sogleich das erste Kapitel des Buches von der "socialen Ungleichheit als Naturgesetz" handeln und das älteste göttliche Gebot dafür ins Feld führen: "Wäre der Mensch geschlechtslos, gäbe es nicht *Mann und Weib*, dann könnte man träumen, daß die Völker der Erde zu Freiheit und Gleichheit berufen seyen. Indem aber Gott der Herr Mann und Weib schuf, hat er die Ungleichheit und die Abhängigkeit als eine Grundbedingung aller menschlichen Entwicklung gesetzt."

Die patriarchalische Stellung des Mannes innerhalb der Familie möchte Riehl in alter Strenge gewahrt sehen: "Altbürgerliche Sitte war es, daß wenigstens das Kind den Vater Sie oder Ihr nannte. Neubürgerliche Sitte dagegen ist's, daß sich die ganze Familie, für welche die Gemüthlichkeit des häuslichen Lebens an die Stelle der patriarchalischen Zucht des Hauses getreten ist, durch die Bank *duze* [...]." Auch nach außen hin soll der Hausvater der einzige Repräsentant des Familienverbandes sein, sogar in politischer Hinsicht: Junggesellen sollen ebenso wie Frauen vom Wahlrecht ausgeschlossen sein - "Nur ein Familienvater oder Witwer kann Wahlmann seyn" -, und auch in ihrer Wählbarkeit sollen die Junggesellen beschränkt werden. Den Mann und möglichst den Hausvater allein will Riehl im tätigen beruflichen Leben wirken lassen, die Frau dagegen verbannt er in die abgeschiedene Häuslichkeit der Familie, damit sie "im stillen, in sich befriedeten Seyn die versöhnte Innerlichkeit des Gemüthlebens gegenüber dem nach Außen drängenden Schaffen des Mannes voll und rein und schön darstelle."

Riehls Versuch, die Bedeutung des Hausstandes wiederzubeleben - ein Versuch, der offensichtlich davon ausgeht, daß das Volk vornehmlich aus Bauern, Kaufleuten und kleingewerblichen Handwerkern besteht -, ist aus der Situation der fünfziger Jahre insofern noch einigermaßen erklärbar, als die mit der Industrialisierung zunehmende Trennung von Haushalt und Arbeitsstätte damals erst in Ansätzen erkennbar ist. Eine Statistik für das Jahr 1846 besagt, daß in Preußen die Zahl der Handwerksmeister und Gesellen die der Fabrikarbeiter immer noch fast um das Doppelte übersteigt (während 1925 die Zahl der Fabrikarbeiter bereits dreimal so groß ist wie die der Handwerker). Handwerk und Kapital sind noch häufig in der Weise getrennt, daß die Handwerker die Produktionsmittel im Besitz haben und die fertiggestellten Artikel einem Handelsherrn allwöchentlich zum Weitervertrieb abliefern, - so etwa in der Solinger Metallindustrie. Und der Industrielle Friedrich Harkort, der sich ernstlich um die sozialen Verhältnisse der Arbeiterschaft bemüht, kann noch 1844 in seinen *Bemerkungen über die Hindernisse der Zivilisation und Emanzipation der untern Klassen* das kleine Haus mit Garten und Viehhaltung auch für die städtischen Industriearbeiter empfehlen.

Trotz dieses Hintergrundes aber ist Riehls Familien-Theorie den sozialen Verhältnissen der Zeit nicht mehr ganz angemessen. Mit Recht ist bemerkt worden, daß Riehl in seiner Darstellung der Familie und des Hauses zwei kulturgeschichtliche Erscheinungsformen der Familie zusammenwirft, die ihrem Wesen nach nicht zusammengehören: eine ältere, in der sich die Familie als ein rechtlich-wirtschaftlicher Verband darstellt, der auch die im gleichen Hause wohnenden Verwandten und das Gesinde umfaßt, und eine jüngere, die sich erst seit der Aufklärung und Romantik bildet und die im wesentlichen auf der gefühlsmäßigen Bindung der beiden Ehegatten und der ethischen Aufgabe der Kindererziehung beruht. Riehl als einem Vertreter der organologischen Lehre ist der Gedanke fremd, daß auch eine sogenannte Primärgruppe wie die Familie dem geschichtlichen Wandel unterworfen ist, und es wird ihm daher nicht bewußt, daß er die moralisch-gemütvollen Elemente der "Gattenfamilie" des 19. Jahrhunderts auf die mehr rational aufgefaßte "Haushaltsfamilie" der älteren Zeit überträgt.

Und gerade auf diese moralischen Werte kommt es Riehl recht eigentlich an. So wenig Riehl die Organisationsform der Familie als Modell für die Organisationsform des Staates anerkennen möchte, so sehr meint er doch in der Familie zwei Prinzipien wirken zu sehen, die er auch für die Gesellschaft und den Staat nutzbar zu machen hofft: Autorität und Pietät. Es sind Prinzipien, die Riehl übrigens mehr in der heute geläufigen Bedeutung zu definieren scheint und weniger im Sinne der altrömischen *auctoritas* und *pietas*. Er bezieht sie deshalb allein auf die Beherrschten und nicht auf die Herrschenden, das heißt: es geht ihm nicht um die sittlichen Bindungen der *auctoritas*, sondern allein um den "Geist des *Respekts vor* der Autorität", die als vorgegeben hinzunehmen ist. Die Familie wird auf diese Weise für Riehl zur Keimstätte eines obrigkeitsfrommen Staatsbürgergeistes: In ihr soll sich der Mensch auf die Gesinnung einüben, die zur Voraussetzung seines politischen Wohlverhaltens wird:

"Man begehrt gegenwärtig wieder dringender als vorher Anerkennung der Autorität des Fürsten, der Verwaltung, der Gesetzgebung, der Kirche, in Summa aller öffentlichen Lebensmächte [...]. Bei den Massen zieht dieser Geist des Respekts vor der Autorität nur ein, wenn das Geschlecht die volle Autorität der Familie wieder durchempfunden hat [...]. Es kann kein patriarchalisches, rein auf das Verhältnis von Autorität und Pietät gegründetes Staatsregiment mehr bestehen in dem civilisirten Europa, wohl aber ein patriarchalisches Familienregiment, und dieses letztere muß bestehen, wo ein ächt conservativer Geist bei den Staatsbürgern einziehen soll. Im Hause allein aber kann bei uns das Volk den Geist der Autorität und Pietät noch gewinnen, im Hause kann es lernen, wie Zucht und Freiheit miteinander gehen, wie das Individuum sich opfern muß für eine höhere moralische Gesammtpersönlichkeit - die Familie. Und im Staatsleben, obgleich es auf eine andere Idee als die Familie gebaut ist, wird man die Früchte dieser Schule des Hauses ernten."

Auch die nach der Familie nächstgrößere gesellschaftliche Einheit, der Stand, ist für Riehl weniger ein sozialer oder politischer als vielmehr ein moralischer Faktor. Er definiert ihn nicht nach politischen Rechten und wirtschaftlichen Lebensbedingungen, sondern nach der "aus der Arbeit erwachsenen Sitte, Bildung und Lebensart", d.h. die konkrete wirtschaftliche Situation tritt in den Hintergrund gegenüber den geistig-moralischen Elementen, deren größere Stabilität wiederum stabilisierend auf die konkrete Situation wirkt. Die "Arbeit" wird - neben "Eigentum" und "Bildung" - zum Bestandteil einer organisch-wachstümlich aufgefaßten Lebensganzheit, und es ist deshalb verständlich, daß Riehl nur drei echte und angeblich naturgegebene Berufsstände anerkennen will: Aristokratie, Bauerntum und Bürgertum. Dabei legt er Wert darauf, daß diese "sozial" definierten Stände nicht gleichzusetzen seien mit den alten - durch "private und öffentliche Rechte" privilegierten - Stände im Sinne K.L.von Hallers und Dahlmanns.

"Das Bedürfnis einer korporativen Gliederung" sei, meint Riehl in einem Brief an Cotta 1850, "dem Volksleben, und namentlich dem deutschen, unvertilgbar eingegraben." Daher steht denn auch dem gleichmacherischen Freiheitsbegriff der Franzosen, wie es in einem Vortrag 1871 heißt, der kollektiv gebundene - "im bewußten Corporationsgeiste selbst der ärmsten Bauerngemeinde" wurzelnde - deutsche Freiheitsbegriff gegenüber. Die "Phrase der 'Ideen von 1789'" hält Riehl mittlerweile für endgültig erledigt: "Wie haben sich die Zeiten geändert! Begreifen wir's doch kaum mehr, daß Deutsche vor vierzig Jahren Börne's Freiheitssinn rühmen konnten [...]." In Justus Möser sieht Riehl den "wahren Apostel deutscher Freiheit", denn er "malte doch so anmuthig aus, wie gut es die Hörigen gehabt hätten; er wollte Gerechtigkeit wie Wenige und befürwortete doch, daß die unehelichen Kinder ihr Leben lang unehrlich bleiben sollten! Kein Franzose begreift, wie solche Widersprüche sich versöhnen könnten [...]."

Einen eigenen Arbeiterstand neben den drei genannten Ständen gibt es für Riehl nicht - oder besser gesagt: noch nicht, da sich der "Stand" durch die ihm eigentümliche "Sitte" charakterisiert und nicht eigentlich durch seine ökonomischen Bedingungen. Daher kann also selbst der abhängige Lohnarbeiter durchaus der bäuerlichen oder bürgerlichen Sitte verhaftet bleiben, wenn er nur die familiäre Autorität und Pietät pflegt und einen geordneten Hausstand unterhält. Der sogenannte "vierte Stand" ist nach Riehls Meinung überhaupt gar kein Stand, allenfalls ein "Stand der Standeslosigkeit", ein Sammelbegriff zunächst für Lohnarbeiter ohne Haus und Familie, dann aber auch für "Geistesproletarier" aller Schattierungen, für wurzellos gewordene Literaten und Journalisten. Das heißt: Riehls "vierter Stand" ist im gegenwärtigen Augenblick noch - wie Carl Jantke formuliert -

"ein sich fortgesetzt anreicherndes Zerfallsprodukt der historischen Stände." Riehl warnt aber "vor der frevelhaften Ansicht", dieser standeslose "Stand" sei "an sich das böse Prinzip in der Gesellschaft". Vielmehr bestehe die "soziale Gefahr" nur im Augenblick einer Übergangskrise, in der sich das Proletariat noch nicht zu einem "korporativen Ganzen" füge.

Mehr als zwei Jahrzehnte nach Heinrich Leos *Naturlehre* sieht Riehl die Ansätze zu einer Neuformierung der Gesellschaft also immer noch in erster Linie als Auflösung, als Zersetzung einer naturgegebenen Ordnung. Auch für ihn kommt dabei alles Übel aus dem Westen, und es wiederholen sich in geradezu ermüdender Gleichförmigkeit die alten Klagen. Ebenso wie Leo kämpft er gegen das Erbe des 18. Jahrhunderts, gegen aufklärerischen Rationalismus, Kosmopolitismus und Individualismus. Er polemisiert gegen die Gleichmacherei in den Städtegründungen absolutistischer Fürsten: "Wie bei diesen ‚auf den Mannheimer Fuß' angelegten Städten das lebendige Werden und Wachsen der ganzen Stadt dem Schulgesetz einer äußeren Symmetrie geopfert wird [...]." Er stellt Volksmusik gegen Opernmelodien und er polemisiert gegen die Salonkultur der Aufklärungszeit: "Weil sie [die Frauen] im Hause nichts mehr zu thun hatten, so warfen sie sich zuerst auf die schöngeistige Literatur. Die ganze marklose Schöngeisterei des achtzehnten Jahrhunderts ist weiblichen Ursprungs." Er polemisiert gegen die Lockerung der Ehegesetzgebung: Frankreich ist für ihn "die eigentliche Central-Werkstätte für die Auflösung der Familie." Und ein geradezu hinterwäldlerischer Zelotismus kommt zum Vorschein, wenn Riehl von der Bedeutung der "Kirchenzucht" für die sexuelle Moral spricht:

"Auf dem Lande ist es in neuester Zeit mitunter eifrigen strenggläubigen Geistlichen der jüngeren Generation wieder gelungen, die Kirchenzucht in einer Ausdehnung in das Haus hinüberzutragen, daß man staunen muß, wenn man die früheren Zustände gekannt hat. Städter lassen sich dergleichen noch lange nicht gefallen. In einer protestantischen Landgemeinde des westlichen Mitteldeutschlands sah ich ein höchst merkwürdiges Exempel der Umwandelung, welche ein einziger Geistlicher in der oben berührten Richtung gewirkt hatte [...]. Er hat in Betreff der Ehre und Zucht des Hauses alte Satzungen wieder geltend gemacht, die dem modernen Bewußtseyn ganz wider den Strich laufen und ist doch bei seinen, wenn schon halbwegs modernisirten Bauern damit durchgedrungen. Er läßt z.B. kein gefallenes Mädchen zum Abendmahl zu, wenn sie nicht, wie man in dortiger Gegend sagt, ‚vorgestanden' hat, d.h. vor versammeltem Presbyterium in der Kirche ihre Schuld bekannt, Reue gezeigt und Besserung gelobt. Bräute, welche nicht mehr Jungfrauen waren, und es trotzdem wagten, mit einem Kranz auf dem Kopfe vor dem Traualtar zu erscheinen, excommunicirte er. Seitdem ist auch hierbei die alte Sitte wieder fest geworden in der Gemeinde."

Als Bundesgenossen in seinem Kreuzzug gegen Aufklärung, Fortschritt und Vernunft betrachtet Riehl den Idyllenzeichner Ludwig Richter und den "Bußprediger" Jeremias Gotthelf. Auf die Literatur der Aufklärung und der Weimarer Klassik sieht er dagegen mit Argwohn:

"Als es altmodisch geworden war, auch nur noch die gedrängdeste Hauschronik im Kalender zu führen, kamen die Tagebücher und Selbstbekenntnisse auf. Sie charakterisiren ihre Zeit. Es war die Periode der subjektiven Genialität, des Humanitarismus. Im achtzehnten Jahrhundert, als die feinere Sitte in Deutschland unter das Joch der französischen gebeugt war, und im Anfange des neunzehnten, als das französische Soldatenregiment Deutschland in Banten schlug, grassirten auch die sentimentalen Tagebücher vorzugsweise."

Überhaupt hat Riehl von "unsern großen Literatoren" nur eine geringe Meinung, - schon wegen ihrer laxen Familienmoral. Er hält sich lieber an Hauschroniken, Bauernkalender und Balkensprüche, an "die alten, einfachen und treuherzigen Verse, die schon so mancher deutsche Bauer über sein Haus gesetzt hat."

Man darf, wenn man solche Äußerungen liest, allerdings nicht vergessen, daß Riehl von den Staatswissenschaften her zur Volkskunde kommt. Das bedeutet: Auch als Volkskundler interessieren ihn Haus und Familie nicht eigentlich um ihrer volkstümlichen Traditionen willen. In seinem berühmten Vortrag von 1858 über *Die Volkskunde als Wissenschaft* wendet er sich mit erstaunlicher Entschiedenheit gegen eine allzu idyllische und romantische Auffassung der neuen Wissenschaft: "Diese Studien über oft höchst kindische und widersinnige Sitten und Bräuche, über Haus und Hof, Rock und Kamisol und Küche und Keller sind in der That für sich allein eitler Plunder, sie erhalten erst ihre wissenschaftliche wie ihre poetische Weihe durch die Beziehung auf den wunderbaren Organismus einer ganzen Volkspersönlichkeit." Die Richtung des Interesses ist hier klar bezeichnet: Riehl will durch die Pflege der familiären Tradition die strenge "Hauszucht" stärken, die "Sitte", die den Menschen an die Prinzipien der Autorität und Pietät bindet und damit auch zum rechten politischen Verhalten erzieht. Dieser politische Gesichtspunkt ist das eigentliche Movens seiner Studien. Dabei geht es Riehl, wie schon gesagt, durchaus nicht um die Aufrechterhaltung der rechtlichen Ständeordnung, sondern vielmehr um den organisch-hierarchischen Gedanken im allgemeinen, der - in der organisch-hierarchischen Struktur der Familie vorgebildet - durch die "Sitte" zum Prinzip der Gesellschaft überhaupt und dann auch des Staates wird.

Freilich ist die Gesellschaft nicht gleichzusetzen mit dem Staat. Riehl hängt nicht mehr der Illusion der Romantiker an, Volk und Staat, Gesellschaft und Staat könnten ein und dasselbe sein, in der patriarchalischen "Familie" sei - wie Adam Müller und Dahlmann lehren - gleichsam schon der "Urstaat" vorgebildet. Vielmehr ist der "Staat" für den im öffentlichen Leben tätigen Bürger mittlerweile zu einer Realität geworden, aber er verhält sich zur "Gesellschaft" doch eben nur wie die äußere Form zum Inhalt, wie das Künstliche zum Natürlichen. Er ruht auf einem anderen Prinzip, nämlich auf dem des "Rechts". Und wie das Prinzip der "Sitte" in der Gesellschaft vornehmlich vom beharrenden, vom "weiblichen" Element, der Aristokratie und dem Bauerntum, getragen wird, so das Prinzip des "Rechts" im Staate vom beweglichen, vom "männlichen" Element, dem Bürgertum.

Diese Trennung von Staat und Gesellschaft ermöglicht Riehl eine Position, die auf den ersten Blick recht "unromantisch" wirkt. Er spricht sich ausdrücklich gegen die Nichteinhaltung gegebener Verfassungsversprechungen und die Aufhebung bereits bestehender konstitutioneller Verfassungen aus, das heißt: er anerkennt den Wert des kodifizierten, geschriebenen Rechts gegenüber dem volkstümlichen, organisch gewachsenen Recht, obwohl er sich sonst durchaus zur Nachfolge der "Historischen Schule" bekennt. Das Argument, das er dabei verwendet, ist ungemein charakteristisch für das zum ökonomischen Selbstbewußtsein gelangte Bürgertum: Er erklärt, die Verweigerung oder Aufhebung von konstitutionellen Verfassungen verstoße gegen das "kaufmännische Rechtsgefühl", denn "wenn man öffentliche Kontrakte so ohne weiteres einseitig auflösen kann, warum sollte man nicht auch unbequeme Privatkontrakte einseitig lösen dürfen? Das ist eine ganz einfache bürgerliche Frage."

Das, was Riehl mit seinem Eintreten für die konstitutionellen Verfassungen erreichen will, ist die Teilhabe des - zu den Prinzipien von Autorität und Pietät erzogenen und deshalb zur politischen Verantwortung reifen - Volkes an den Staatsgeschäften. Sein Angriff richtet sich aus diesem Grunde nicht allein gegen die "Geistesproletarier", die das organische Gefüge des Staates zersetzen, sondern ebenso gegen die staatliche Beamtenschaft. Auch sie ist ein "unechter" Stand, gekennzeichnet durch ihr "Nomadentum", und wie das Geistesproletariat ein Produkt des westeuropäischen Sozialismus ist, so ist der Staatsbürokratismus ein Erbe der von Frankreich beeinflußten "Zopfzeit" und der aufklärerisch orientierten preußischen Reformzeit, ein Exponent des Polizei- und Verwaltungsstaates, der den Volksorganismus in eine einförmige Untertanenmasse verwandelt.

Man kann diese Riehlsche Polemik in Zusammenhang sehen mit der sogenannten "Reaktion", die während der fünfziger Jahre in Preußen und in vielen deutschen Mittelstaaten die Ergebnisse der Revolution von 1848 wieder rückgängig zu machen versucht. Zweifellos verurteilt Riehl einzelne Maßnahmen der Regierungen; grundsätzlich aber steht er durchaus auf der Seite der "Reaktion" und stellt seine Familien-Theorie ausdrücklich in ihren Dienst, - es braucht da nur an die Formulierung eines schon zitierten Passus erinnert zu werden: "Man begehrt gegenwartig wieder dringender als vorher Anerkennung der Autorität des Fürsten, der Verwaltung, der Gesetzgebung, der Kirche, in Summa aller öffentlichen Lebensmächte [...]." In der Tat richtet sich ja Riehls Kritik am Beamtenstaat weniger gegen die staatliche Bevormundung des Individuums als vielmehr gegen den abstrakt-theoretischen Rationalismus und Funktionalismus und die damit gegebene Möglichkeit willkürlicher Weiterentwicklung. Riehl will den Menschen an angeblich naturgegebene und damit unveränderbare Ordnungen binden.

15. Die Etablierung eines eigenständigen germanisch-deutschen Freiheitsbegriffs im Gegensatz zum westeuropäischen: Heinrich von Treitschke.

Die regressiv-antihistorische Tendenz der Riehlschen *Naturgeschichte* erkennt schon ein zeitgenössischer Kritiker: Heinrich von Treitschke, der zwar das englische -, wie er meint, vornehmlich von der ländlichen Aristokratie getragene - "selfgovernment" bewundert, sich aber bereits als Propagator der künftigen preußisch-deutschen Politik dadurch erweist, daß er alle Romantik über Bord wirft und nicht nur die Geschichtlichkeit, also die Veränderbarkeit politisch-sozialer Phänomene akzeptiert, sondern auch - jedenfalls für die deutschen Verhältnisse - eine starke Stellung des Staates und seiner Beamtenschaft fordert. Von diesem Standpunkt aus richtet er 1859 in seiner Habilitationsschrift *Die Gesellschaftswissenschaft* einen scharfen Angriff gegen Riehl: "So wenig es einen natürlichen Staat gibt, so wenig gibt es natürliche Stände; beide sind historisch geworden. Der von Riehl als ‚künstlich' mit unverhohlener Verachtung behandelte Beamtenstand ist für das 19. Jahrhundert ebenso gewiß natürlich, als der ‚naturwüchsigste' der Stände, der Bauernstand, in der Zeit, wo unsere Väter Nomaden waren, unmöglich, also unnatürlich war." Daß in Treitschkes Schrift ein neuer Wind weht, zeigt sich besonders dort, wo die Rede ist von Riehls "subjektiver Vorliebe für die idyllische Plumpheit der Bauern, welche ganz naturgemäß in dem hellen und reichen Leben der modernen

Staaten nur eine untergeordnete Rolle spielen können."

Tatsächlich scheinen am Ende der fünfziger Jahre die "halkyonischen" Zeiten der Romantik längst vorbei zu sein. Junkerliches Denken hält zwar noch an altständischen Idealen fest, und 1852 kann der Abgeordnete Otto von Bismarck in der Zweiten preußischen Kammer noch erklären, "das wahre preußische Volk" werde, "wenn die großen Städte sich wieder einmal erheben sollten, sie zum Gehorsam zu bringen wissen, und sollte es sie vom Erdboden tilgen." Aber auch schon in diesen kernigen Worten ist das treue, biedere Landvolk, das gegen die großen Städte mobilisiert werden soll, nur noch ein Moment des politischen Kalküls. Der etatistisch-machtpolitische Gedanke ist ebenso im Vordringen wie der Gedanke kaufmännisch-industrieller Expansion.

Pointierter als in der Riehl-Kritik kommt dies zum Ausdruck in Treitschkes bekanntem Essay über *Die Freiheit* vom Jahre 1861. Der wesentliche Anlaß dieses Essays ist ein noch berühmterer englischer Essay zum selben Thema: John Stuart Mills *On Liberty*, für Treitschke ein willkommener Anlaß, dem westeuropäischen Freiheitsbegriff nunmehr einen eigenständig germanisch-deutschen gegenüberzustellen. Die Franzosen hätten, meint Treitschke, "trotz aller Begeisterung für die Freiheit immer nur die Gleichheit gekannt [...], doch nie die Freiheit." Der "germanische Freiheitsbegriff" lege demgegenüber das Hauptgewicht nicht auf das demokratische Element, also die gleichberechtigte Beteiligung aller Bürger an einer Volksherrschaft, sondern auf "das unbeschränkte Recht der Persönlichkeit". Diese Betonung der "persönlichen Freiheit" ist bei Treitschke sicherlich zu einem Teil dadurch motiviert, daß nicht mehr der in seinem vegetativen Dasein beschränkte Landmann das Ideal der Zeit ist, sondern der den zivilisatorischen Fortschritt fördernde, aktiv ausgreifende Kaufmann und Techniker. Der Anblick einer "hessischen Bäuerin" jedenfalls veranlaßt Treitschke zu der "schwermütigen Betrachtung, wie unendlich langsam die Welt vorwärts schreitet". Vom "gebildeten Gewerbetreibenden" heißt es dagegen, daß er "in der Regel einen weiteren Horizont beherrsche" als etwa der Theologe und Jurist, daß er "unabhängiger in seinem Denken" sei und daß ihn "das stolze Bewußtsein" beseele, "der Zivilisation eine Gasse zu brechen". Dieser neue Menschentyp mit seiner individuellen Leistung bedarf eines Freiraumes, aber er soll zugleich, offenbar nach dem Ideal des englischen *selfgovernment*, an staatlichen Aufgaben beteiligt sein.

Selbstverständlich ist auch Treitschkes Welt eine Welt des Mannes: Das "männliche Geschlecht" ist die "natürliche Aristokratie". Treitschke will aber die Frauen an der "menschlich harmonischen Bildung" teilhaben lassen, nicht zuletzt auch an der "religiösen Aufklärung". Die Befürchtung, die Frauen könnten darüber ihre "Herzenswärme" verlieren und sich gar in die Politik einmischen, weist er entschieden zurück: "Kennen wir die deutschen Frauen wirklich so wenig, daß wir meinen, sie würden jemals 'politisieren', jemals sich den Kopf zerbrechen über Grundsteuern und Handelsverträge?" In seiner Festrede zum 100. Geburtstag der Königin Luise 1876 erklärt Treitschke, "ganz deutsch, ganz preußisch gedacht" sei "das alte Sprichwort, das jene Frau die beste nennt, von der die Welt am wenigsten redet." Im Gegensatz zu französischen Frauen habe Luise "nie die Schranken überschritten, welche der alte deutsche Brauch ihrem Geschlechte setzt. Es ist der Prüfstein ihrer Frauenhoheit, daß sich so wenig sagen läßt von ihren Taten." Schon als Prinzessin habe sie bei ihrem Gatten gefunden, "was die rechte Ehe dem Weibe bieten soll: sie rankt sich empor an dem Ernst, dem festen sittlichen Urteile des reifen Mannes." Es zeigt sich hier wieder einmal, daß die bürgerliche Emanzipationsbewegung zwar dem "reifen Mann" einen Platz im öffentlichen Leben, in Politik und Wirtschaft zuweist, die Frau aber - im Sinne strenger Rollenverteilung - in die ereignislose Stille der Häuslichkeit verbannt.

Daher ist es kein Widerspruch, wenn Treitschke sich zugleich in seiner Einstellung zum völkisch-romantischen Gedankengut als durchaus "modern" erweist. Der "Volksgeist" ist für ihn keine "stillwirkende" Urkraft mehr, sondern - wie Walter Bußmann sagt - "gewissermaßen der Extrakt aus den Überzeugungen der großen Männer." Daraus ergibt sich, daß Treitschke in der Zugehörigkeit zu einem Volk nicht einen biologisch begründeten, sondern einen "politisch-geistigen Sachverhalt" sieht. Treitschke hat deshalb von vornherein kein Interesse daran, um "des vagen Begriffs der gemeinsamen Abstammung" willen die deutschsprachige Schweiz in den deutschen Reichsverband aufzunehmen, und den Anschluß Österreichs lehnt er schon deshalb ab, weil er die Dominanz des protestantischen Geistes gefährden würde. Selbst im berühmt-berüchtigten Berliner "Antisemitismus-Streit", den Treitschke 1879 anzettelt, geht es ihm nicht um die Ausgliederung der Juden, sondern um deren nationale Integration. Nicht das "Volk", sondern der "Staat" ist für Treitschke die "Verwirklichung der irdischen Ewigkeit": erst in ihm und durch ihn kann ein Volk "zu einem wirklichen Charakter sich ausbilden". Und da Treitschke den nationalen Staat in möglichst reiner Form will, wünscht er dessen strikte Trennung von allen kirchlichen Belangen. Ohnehin ist die Religion für ihn nur noch "ein subjektives Bedürfnis des schwachen Menschenherzens", das Christentum zwar das "wichtigste Element der modernen Kultur", aber eben doch "nur ein Kulturelement".

In diesem Zusammenhang fällt dann übrigens ein Satz, der für das Verständnis des "Antisemitismus-Streites" nicht unwichtig ist: Leider gingen, heißt es da, "Staat und Kirche dahin in dem behaglichen Wahne, daß unser Volk noch immer aus lauter gläubigen Katholiken, Protestanten, Juden bestehe." Treitschke zählt die Juden also umstandslos zu "unserem Volk", meint hier allerdings die schon weitgehend säkularisierten, wenn auch (noch) nicht konvertierten Juden. Der Satz zeigt, was die wesentliche Triebfeder seiner Kritik ist: es ist die rigide Vorstellung des nationalen Staates und - daraus resultierend - die Ablehnung jedweder Religionsausübung, soweit sie das nationale Leben stören könnte. Daher denn auch Treitschkes Hoffnung, "irgendwann" werde "die Fiktion, der sittliche Mensch müsse einer Kirche angehören, aus unseren Gesetzen verbannt werden."

Überhaupt ist die Religion für Treitschke ein Element, das die geistige Freiheit behindert, den zivilisatorischen Fortschritt verzögert und die notwendige Hinwendung zu den irdischen Dingen blockiert: "Wie viele Millionen Äpfel mußten zur Erde fallen, bevor Newton das Gesetz der Schwere entdeckte!" Die Ungeduld, mit der Treitschke auf seine Gegenwart blickt, führt ihn sogar dahin, nicht nur die Kirche, sondern auch den - in der liberalen Bewegung sonst hochgepriesenen - "Mittelstand" als hemmend zu empfinden: "Der Mittelstand, welcher Europas Zukunft bestimmen wird," sei "nicht frei von einer gewissen Vorliebe für das Mittelmäßige." Treitschke fürchtet daher, "daß die selbständige Ausbildung der Persönlichkeit durch die Meinung der Gesamtheit in unzulässiger Weise beschränkt werde." Eine neue Zeit scheint sich hier anzukündigen: Während noch Gustav Freytag mißtrauisch ist gegen die "großen Männer" und mit einer Wechselwirkung zwischen dem Ganzen und dem Einzelnen rechnet, wünscht sich Treitschke weit entschiedener die starken, tatkräftigen Persönlichkeiten, die es als "sittliche Pflicht" empfinden, ihrem Volk "einen Staat zu schaffen".

Und so ist es auch nur folgerichtig, daß Treitschke von den "großen Männern" eine andere Vorstellung hat als die bisher übliche: "Unter den Frauen vornehmlich," heißt es im *Cavour*-Essay von 1869, "lebt weit verbreitet der liebenswürdige Irrthum, als ob die reinste Blüthe der Menschlichkeit allein im Kreise der Dichter und Denker sich entfalte." Treitschke dagegen will nicht - wie etwa Herman Grimm - zu den "großen Männern" nur die Dichter und Künstler zählen, sondern ebenso auch die Politiker! Der Staat fordert jetzt sein Recht. Überhaupt soll daher - und das ist nach Treitschkes Meinung nun wieder ein typisch germanisch-deutsches Element - das Dasein aller Menschen im größeren Dasein ihres Staates aufgehen, denn der Staat ist weder "der Feind des Bürgers" noch eine bloße Sicherungsanstalt zu gemeinsamem Nutzen, sondern er "ist sich selbst Zweck wie alles Lebendige". Wahre Freiheit ist nicht die "Freiheit *vom* Staate", sondern die "Freiheit *im* Staate"!

Nach alledem ist es nicht verwunderlich, daß der Essay über *Die Freiheit* mit einem Gedanken endet, der den Widerspruch schon vorwegnimmt, in dem sich dieser angeblich germanische Freiheitsbegriff schließlich verfangen wird, - mit dem Gedanken, daß sich der Einzelne diesem größeren Ganzen, das seinen Zweck in sich selbst trägt - Staat, Volk, Vaterland -, ganz und gar unterzuordnen habe: "Was du auch tun magst, [...] du tust es für dein Volk."

16. Die "Ideen von 1870/71". Die "Militarisierung" des öffentlichen Lebens. Die Aufwertung des "Staates".

Der Deutsch-Französische Krieg und die Gründung des Zweiten Deutschen Reiches schaffen nicht nur in politisch-militärischer Hinsicht eine völlig neue Situation, sondern sie bauen auch neue ideologische Fronten auf. Die beiden Weltkriege des folgenden Jahrhunderts haben vergessen lassen, wie sehr die Ereignisse der Jahre 1870/71 von der großen Mehrzahl der Zeitgenossen - zumindest der "Gebildeten" unter ihnen - als Epochenwende erlebt und euphorisch gefeiert wurden. Zwar erklärt Hans-Ulrich Wehler hundert Jahre später, es "hänge viel davon ab, daß wir die kleindeutsch-großpreußische Lösung Bismarcks nicht als notwendig oder zwangsläufig hinnehmen, sondern als einen von der Geschichte diskreditierten Versuch begreifen, die politischen und gesellschaftlichen Fragen der Deutschen zu lösen". Wehlers Behauptung ignoriert aber offensichtlich die Fakten, denn die 1871 begründete deutsche "Einheit" ist in denselben Grenzen auch nach der Niederlage von 1918 - zur Verwunderung mancher Beobachter im siegreichen Ausland - wie eine Selbstverständlichkeit erhalten geblieben und selbst noch nach der Niederlage von 1945, abgesehen von kriegsbedingten Gebietsverlusten, in der sogenannten Wiedervereinigung 1989 wiederhergestellt worden. Diskreditiert wurde die deutsche Politik sicherlich durch manche Torheiten während der Herrschaftszeit Wilhelms II., nicht aber die Reichsgründung an sich. Daß Nationalstaaten durch Kriege entstehen, ist nicht ungewöhnlich, sondern eher der Regelfall. Und wie anders hätte die Einigung erfolgen sollen, da die chauvinistischen Tiraden der Frankfurter Paulskirche sie nicht geschafft hatten?

Ein vielzitiertes Zeugnis des Hochgefühls, wie es 1870/71 unter deutschen Gelehrten herrschte, ist der Brief des Historikers Heinrich von Sybel, den er am 27.Januar 1871 an den liberalen Politiker Hermann Baumgarten schreibt, als er die Meldung von der Kapitulation der Franzosen erhält: "[...] Meine Augen gehen immer herüber zu dem Extrablatt und die Tränen fließen mir über die Backen. Wodurch hat man die Gnade Gottes verdient, so große und mächtige Dinge erleben zu dürfen? Und wie wird man nachher leben? Was zwanzig Jahre der Inhalt alles Wünschens und Strebens gewesen, das ist nun in so unendlich herrlicher Weise erfüllt! Woher soll man in meinen Lebensjahren noch einen neuen Inhalt für das weitere Leben nehmen?" Ganz ähnlich äußert sich der Jurist Rudolf von Jhering, ein Liberaler, der sich schon während des Krieges 1866 vom dezidierten Bismarck-Gegner zum überzeugten Anhänger der Bismarckschen Realpolitik gewandelt hatte. Am 23.April 1870 schreibt er an Oskar von Bülow: "O! wohl dem, der diesen Aufschwung unseres Volkes noch mit erlebt hat, er hat den Tag der Verheißung gesehen [...], den Tag, wo Deutschland groß und mächtig wird, die Schmach, welche Frankreich seit Jahrhunderten gegen uns verübt hat, tilgt." Und noch emphatischer am 31.Januar 1871 an Bernhard Windscheid: "Wie segne ich mein Geschick, daß es mich nach dem Jahre 1866 [...] auch dieses Jahr 1870 hat erleben lassen. Welcher Blick in die Zukunft öffnet sich einem, und wie beruhigt kann man seinen Lebenslauf schließen."

Selbst ein Gelehrter wie der Oxforder Orientalist Max Müller, der schon seit 25 Jahren im Ausland lebte, kann sich solchen vaterländischen Aufwallungen nicht entziehen. Als er im Sommersemester 1872 als Gastprofessor an der neuen Reichsuniversität Straßburg lehrt, spricht er mit bewegten Worten sein Publikum an:

"Meine Herren, die Zeit, in der wir leben, ist groß, so groß, daß wir dieselbe gar nicht groß genug denken können [...]. Wir älteren Leute haben auch trübe Zeiten durchlebt, Zeiten, wo für einen Deutschen die Wissenschaft die einzige Zuflucht, der einzige Trost, der einzige Stolz war [...]. Und die, welche diese Zeiten durchlebt haben, die fühlen erst recht im tiefsten Herzen den Segen der Gegenwart. Wir haben nun wieder ein Deutschland, ein einiges, großes, starkes Vaterland."

Geradezu in den Rang geschichtsphilosophischer Notwendigkeit erhebt Gustav Rümelin, der Kanzler der Universität Tübingen, die Ereignisse von 1870/71. In seiner Festrede zu Hegels 100. Geburtstag am 6. November 1870, also zwei Monate nach der kriegsentscheidenden Schlacht von Sedan, sieht Rümelin darin nichts weniger als das Beispiel eines "Scenenwechsels auf dem Welttheater, wenn das bisher führende Volk hinter die Bühne tritt und ein anderes, das bis dahin zur Seite gestellt war, den Vordergrund in Besitz nimmt." Und es ist gerade der siegreiche preußische Staat, in dem Hegel - und mit ihm Rümelin - "die Keime und Elemente" erkennen will, die seiner Idee des Staates entsprechen. "Ja ich sage nicht zu viel," fährt Rümelin fort, "wenn ich in den großen Ereignissen unserer Tage auch einen Triumph, eine Bewährung Hegel'scher Staatsweisheit sehe."

Der Hinweis auf die Rolle Preußens deutet schon etwas an, was später noch ausführlicher zu besprechen sein wird: die Verlagerung der politischen Vorherrschaft von den katholischen Ländern des Südens zu den protestantischen Ländern des Nordens, - die einen assoziiert man mit den Begriffen der "absoluten Macht" und des "Gewissenszwanges", die anderen mit den Begriffen der "Freiheit" und der "Persönlichkeit", die man sowohl aus dem germanischen als auch aus dem protestantischen Geist begründet. Der nationalliberale Staatsrechtler Johann Kaspar Bluntschli - 1865 Mitbegründer des 'Deutschen Protestantenvereins' - sieht den welthistorischen Auftrag des Protestantismus darin, "der persönlichen Freiheit der Einzelnen und der Völker [...] Luft und Licht zu verschaffen." Und nicht erst die wilhelminischen Historiker der Jahrhundertwende, sondern schon Herman Grimm erklärt, "England, Amerika und Deutschland" seien "dazu da, die Erde zu beherrschen. Wie früher der romanische Begriff des Königtums in Europa gewaltet hat, so ist es heute der Zug nach dem germanischen Begriffe der Freiheit, der den Völkern eine neue Gestalt verleiht." Der Berliner Hofprediger Ludwig Friedrich Wilhelm Hoffmann propagiert sogar einen "germanischen Bund", in dem das neue Deutsche Reich eine Art Protektorat über die "germanischen Schutzstaaten" Schweden, Dänemark, die Niederlande und die Schweiz ausüben soll.

Dabei gilt die ideologische Gegnerschaft nicht nur der römischen Papstkirche, sondern - im Augenblick aktueller - auch dem gerade besiegten Frankreich als dem Hort des Rationalismus, des Unglaubens und der Sittenlosigkeit, dem Land Voltaires und des Cancan. Der protestantisch-pietistische Theologe Friedrich von Bodelschwingh versieht den Bericht über die Einnahme von Paris 1871 im *Westfälischen Hausfreund* mit der Überschrift: "Babel ist gefallen". Gleichzeitig gibt man sich im Urteil über das künftige Verhältnis zu den englischen "Vettern" politikfremden Illusionen hin, wobei Herman Grimm speziell an den protestantischen Norden denkt: "Norddeutschland und England haben so viele gemeinsame Interessen [...], daß trotz aller Eifersucht Engländer und Deutsche immer mehr zusammenkommen werden."

In Wahrheit ist nicht nur beim besiegten Gegner, sondern auch in England und überhaupt im neutralen Ausland die Reaktion auf die deutsche Reichsgründung entschieden feindselig. Bis 1870 war es - nach den Worten des Historikers F.W.Maitland - in England üblich, "to paint the German as an unpractical, dreamy, sentimental being, looking out with mild blue eyes into a cloud of music and metaphysics and tobacco smoke". Nach der Schlacht von Sedan und der Beschießung von Paris aber wird sogleich der alte taciteische Topos von den Germanen als dem totalen Kriegervolk mobilisiert, und Bismarck erscheint als "the God Thor of the Scandinavian Olympus, bearing in his hand his iron hammer, and unchaining the tempests", - beide Äußerungen interessant insofern, als sie die Deutschen umstandslos mit den Germanen identifizieren, denen sich die Engländer selbst offenbar nicht zurechnen möchten. Es geht in dieser Polemik, wie H.-J.Müllenbrock feststellt, um den bloßen Austausch eines "Mythos" gegen einen anderen: die Verdrängung des unpolitischen Klischees vom romantischen Deutschland durch das politische Klischee vom barbarischen, militärbesessenen Deutschland, - in der *Contemporary Review* 1899 auf die kürzeste Formel gebracht: "Goethe has given place to Krupp."

Der eigentliche Grund für diesen plötzlichen Sinneswandel liegt wohl ganz einfach darin, daß man in England das neue Deutsche Reich als unerwünschten Störenfried des bestehenden Mächtesystems empfindet. So beklagt sich Benjamin Disraeli am 9.Februar 1871 im englischen Unterhaus, "dieser Krieg" bedeute "ein größeres politisches Ereignis als die Französische Revolution [...]. Das Gleichgewicht der Macht ist völlig zerstört." Und in derselben Debatte erklärt Sir Robert Peel, es könne "nicht zum Besten Europas sein, daß es in Deutschland einen mächtigen, auf dem Ruin und Untergang Frankreichs gegründeten Militärdespotismus geben soll." In geradezu naiver Weise äußern sich die englischen Besorgnisse in einem Brief, den Lord Arthur Russel am 3.Februar 1871 an Sir Robert Morier schreibt: "Many friends of the Germans have been disappointed because they had always believed that all Germans were philosophers." In dieser Rolle hätte man die Deutschen auch weiterhin gern gesehen.

Ähnlich abrupt vollzieht sich der Sinneswandel in Frankreich. Mit Recht konstatiert Karl Ferdinand Werner, daß es eine traditionelle deutsch-französische Feindschaft, eine "Erbfeindschaft", vor dem Krieg 1870/71 - oder genauer: vor 1866 - gar nicht gegeben habe. Seit Madame de Staël und vor allem in der liberalen Opposition gegen Napoleon III. galt Deutschland als das Land der Gedankenfreiheit, als "la nation métaphysique par excellence", als das "Land der Dichter und Denker" (obwohl dieser vielzitierte Topos erst sehr viel später nachzuweisen ist). Seit August 1870 aber erkennt man plötzlich in den Deutschen die alten Barbaren wieder, die man zeitweilig vergessen hatte, die "hordes d'Attila", die "Goths et Vandales, graissés de suif", eingefettet mit Talg, die aus ihren "tanières", ihren Höhlen, hervorkommen. Ob es tatsächlich in erster Linie die Annektion Elsaß-Lothringens ist, die den französischen Haß begründet und die Franzosen in die Koalition mit Rußland treibt - wie H.-U.Wehler mit Berufung auf Karl Marx behauptet - ist fraglich; sicherlich aber bleibt den Franzosen der Verlust stets gegenwärtig: "Pensons-y toujours, n'en parlons jamais." Als typisches Produkt dieser Einstellung erscheint 1877 ein Kinderbuch mit dem Titel *Le Tour de la France par deux Enfants*, das von zwei lothringischen Jungen erzählt, die kurz nach der Abtretung ihrer Heimat ans Deutsche Reich eine Rundreise durch das französische Mutterland machen. Als das Buch bereits in mehr als sechs Millionen Exemplaren verkauft ist, liefert es 1903 die Anregung zu der noch heute alljährlich stattfindenden Radrennfahrt, der 'Tour de France'. Alles das dient - ebenso wie der ideologische Kampf gegen den östlichen Nachbarn - vor allem dem innenpolitischen Zweck, die innere Einheit der jungen französischen Republik zu sichern. Immerhin aber ist noch vier Jahrzehnte nach dem Deutsch-französischen Krieg das Barbarenklischee so virulent, daß es 1914 mühelos reaktiviert werden kann und dazu noch den Vorzug hat, das französische Selbstverständnis mit einer universalen, menschheitlichen Mission auszustatten: Der Erste Weltkrieg ist "la guerre sainte de la civilisation contre la barbarie."

In Skandinavien war der traditionell enge Kontakt zur deutschen Kulturtradition schon durch den Schleswig-Holstein-Konflikt, besonders durch den Krieg von 1864, nachhaltig gestört. Der dänische Kulturphilosoph Georg Brandes schreibt 1885 in seinem Buch *Berlin som tysk Rigshovedstad* (Berlin als deutsche Reichshauptstadt), was er dachte, als er 1868 an den Toren der Berliner Universität vorbeifuhr: "Heiberg hat hier Hegel gehört, Kierkegaard Schelling. Damals besuchte man das Berlin der Philosophie und der Geistesrevolution, heute fährt man durch Bismarcks Berlin, die Hauptstadt der Politik und des Militärdespotismus. Auf die innere, die schöne Macht, die Deutschland damals besaß, folgt nun seine häßliche Macht." Nicht verwunderlich ist angesichts solcher Äußerungen die dezidiert profranzösische und antideutsche Haltung der Dänen im Krieg 1870/71. Der baltische Schriftsteller, Journalist und Diplomat Julius von Eckardt, zuletzt deutscher Generalkonsul in Zürich, erzählt davon in seinen *Lebenserinnerungen*: "In die Tage meines Aufenthaltes in Kopenhagen und Helsingör fielen die Kapitulation von Straßburg und die Einschließung von Paris. Allenthalben in Dänemark war die Teilnahme für Frankreich und die

Janet Lange, Marianne unterzeichnet den Präliminarfrieden. Am Tisch sitzend Bismarck, neben ihm stehend Moltke. Holzstich aus: L'Illustration Bd. 57, 1871.

Le rêve de la nouvelle Marguerite.

Honoré Daumier, Der Traum des neuen Gretchens, aus: Le Charivari, 30. Januar 1871.

Honoré Daumier, L'éclipse sera-t-elle totale? (Wird die Sonnenfinsternis total sein?), aus: Le Charivari, 17. März 1871.

französische Sache eine lebhafte und unverhohlene. Auf zahlreichen Häusern wehten Fahnen, die die Trikolore zeigten, in Wirtshäusern und Kaufläden waren Listen zu Sammlungen für verwundete Franzosen ausgelegt und aus Kneipen, Sommertheatern und öffentlichen Gärten Helsingörs ertönte tags und nachts die Marseillaise."

Ebenso sind in Schweden alle Sympathien auf der französischen Seite. Verner von Heidenstam erinnert sich an eine Szene aus seiner Kindheit, wie an einem Herbstabend die Familie um die Lampe versammelt war, ein Diener ein Extrablatt der *Nya Dagligt Allehanda* hereinbrachte und daraufhin nur ein einziges Wort durch den Raum schallte - det enda ordet: "Barbarerna!" Es war die Meldung vom Sieg der deutschen Truppen in der Schlacht von Sedan.

Insgesamt läßt sich sagen, daß der radikale Wandel in der Einschätzung der Deutschen und die politische Isolierung des Reiches nicht erst 1914 mit dem Beginn des Ersten Weltkrieges einsetzt - wie etwa Randall Collins in seinem Aufsatz über 'German-Bashing' 1995 meint - ‚sondern schon 1870/71 mit dem Deutsch-französischen Krieg (und gelegentlich noch ein wenig früher mit den Kriegen von 1864 und 1866). Schon in einer Karikatur Daumiers im *Charivari* vom 17.März 1871 ist es die - 1842 im preußischen Heer eingeführte - Pickelhaube, die sich vor die Sonne der 'Liberté', der Freiheit, schiebt und den europäischen Kontinent verdunkelt. Und noch mehr als ein Jahrhundert später, 1994, steht im englischen Wörterbuch der Taubstummensprache als Zeichen für "German" ein über die Stirn ausgestreckter Zeigefinger, der nichts anderes als die Pickelhaube meint und damit den Deutschen nach wie vor als Militaristen charakterisiert.

In Deutschland herrscht im Sommer 1870 keineswegs eine allgemeine Kriegsbegeisterung. Der Mangel an patriotischer Emphase - zumal im nichtpreußischen Deutschland - kommt erstaunlich unbefangen zum Vorschein in den Lebenserinnerungen des Kunsthistorikers Wilhelm von Bode, der als nationalbewußter, wilhelminischer Gelehrter kaum eines franzosenfreundlichen Vorurteils verdächtig ist. Bode erzählt von den "Weihnachtsferien des Jahres 1870", in denen "natürlich der Krieg das Hauptgespräch" war: Seine 80jährige, "körperlich und geistig noch außerordentlich frische" Großmutter habe an den Sieg "der deutschen oder der 'preußischen' Waffen - wie sie sich stets ausdrückte - nicht glauben" wollen und noch ganz in den Erinnerungen der Napoleonischen Kriege gelebt. 1806 seien "zuerst die Preußen durch die Stadt gekommen. 'Ihr hättet die affigen, arroganten Offiziere sehen sollen mit ihrem großen Troß, den Weibern, Spinetten und allem Tand! Ein paar Tage darauf kamen die Franzosen, adrett, flink und freundlich; jeder hatte sein leichtes Gepäck mit sich, überall herrschte Zucht und Ordnung.'" Das Wohlverhalten der Franzosen gegenüber der Bevölkerung veranschaulichte sie dann noch durch eine "charakteristische Geschichte". Das alles ist 1907, sieben Jahre vor dem Ersten Weltkrieg, kommmentarlos niedergeschrieben (Bode ist damals Generaldirektor der Staatlichen Kunstsammlungen in Berlin).

Die patriotische Emphase wird 1870 nicht zuletzt auch dadurch gedämpft, daß man die Überlegenheit der auf der Krim und in Solferino schlachterprobten französischen Truppen fürchtet, und diese Furcht wird - wie der vielgereiste Graf Schack in seinen *Erinnerungen* schreibt - noch bestärkt durch "die übertriebenen Berichte von der furchtbaren Zerstörungskraft der Mitrailleusen" und "der unwiderstehlichen Wut der afrikanischen Horden, welche Frankreich, das sich doch rühmte, der Vorkämpfer der Zivilisation zu sein, ungescheut in den Krieg führte." Allgemein ist die Angst vor einer Invasion der Franzosen ins Rheinland: "Alles packt," schreibt Viktor von Scheffel am Tag der französischen Kriegserklärung aus Karlsruhe, auf der Straße sehe man "nur Möbelpacker". Um so größer ist dann die Erleichterung nach den überraschenden Siegen der deutschen Truppen bei Weißenburg, Wörth und Sedan: "Ein Alp war von jeder Brust hinweggenommen," erinnert sich Graf Schack. So mag sich gerade aus dem anfänglichen Zagen der Siegestaumel erklären, der nun die Deutschen erfaßt.

Der anfängliche Enthusiasmus weicht allerdings schon bald nach dem Kriege der Skepsis oder gar der Ernüchterung. Am 6.November 1872 spricht Gustav Rümelin in einer Rede von "den schweren Kämpfen und Aufgaben, die unserer warten", - als habe er eine Vorahnung der bevorstehenden Auseinandersetzungen mit den "Reichsfeinden", dem politischen Katholizismus und der Sozialdemokratie. Die wachsende Desillusionierung zeigt sich beispielhaft in den Eindrücken, von denen ein ausländischer Beobachter, der Däne Georg Brandes, in den Zeitungskorrespondenzen seines schon zitierten 'Berlin'-Buches berichtet. Brandes ist zunächst von der "geistigen Fortschrittlichkeit" des neuen Deutschen Reiches "fest überzeugt", und er läßt sich daher sogar für fünf Jahre - von 1877 bis 1883 - in der Reichshauptstadt nieder. Aber schon in seinem Korrespondenzbericht vom 4.August 1878, also noch während des "Kulturkampfes" und kurz vor Erlaß des "Sozialistengesetzes", vermittelt er - als freisinniger Liberaler vielleicht nicht ganz unparteiisch - seinen dänischen Lesern ein düsteres Bild: "Für lange Zeit ist es mit der Lebensfreude im deutschen Volk vorbei. Nach außen ist das Reich so mächtig wie eh und je; aus der Vogelperspektive bietet es den stolzen Anblick einer halben Million blanker Pickelhauben und Bajonette. Aber im Vergleich zu früher hat sich etwas geändert [...]. Eine dichte Wolke aus Verdrossenheit und Enttäuschung hat sich über Reich und Volk gelegt. Die Taschen sind leer und die Gefängnisse voll, gefüllt bis unters Dach mit politischen Verbrechern, die beim Bier ein törichtes und belangloses Wort verloren."

Dieses düstere Bild kann wohl nur für die Krisenzeit der späten 70er Jahre wirklich repräsentativ sein, und auch die zeitweilig modische Theorie, die im Kaiserreich nichts anderes sehen will als ein starres System zur Herrschaftssicherung der alten Eliten, ist offenkundig allzu einseitig. Der eher "bürgerlich" geprägte Charakter der Gesellschaft im Kaiserreich wird dem baltendeutschen Historiker Johannes Haller bewußt, als er - wie er in seinen *Lebenserinnerungen* schreibt - 1890 erstmals deutschen Boden betritt: "Es war der Mittelstand", der "auf der Bühne des Alltags den breitesten Raum einnahm [...], höherer Mittelstand zwar, aber doch Mittelstand." Während es die englische Aristokratie verstanden habe, "ihre Art dem Volk als menschliches Ideal einzuprägen", lehne es der deutsche Bürger ab, dem Adel zu gleichen: "Er will bürgerlich sein." Zum "bürgerlichen" Charakter zählt Haller auch die Arbeitstüchtigkeit und das Erwerbsstreben: "Bei der Mahlzeit im Wirtshaus schlug unausgesetzt von den Nebentischen her das Wort 'Mark' an mein Ohr, ausgesprochen mit Behagen, fast mit einer gewissen Wollust - es klang wie 'Marrik'. Es waren wohl meist Geschäftsleute, die mich umgaben; deren gab es offfenbar viel, viel mehr, als ich aus der Heimat gewohnt war." Und noch ein Weiteres fällt dem Baltendeutschen Haller schon bei seiner "ersten Eisenbahnfahrt von Eydtkuhnen nach Berlin" auf: - daß im Konfliktfall Ordnung mehr gilt als Freiheit. "Von einem energischen 'pflichttreuen' Beamten befehligt, hatte man gerade soviel Platz, wie man zum Sitzen und zum Unterbringen des 'erlaubten' Handgepäcks bedurfte, und den Mitreisenden ging es ebenso, sie fanden es ganz natürlich. Der Zug aber fuhr pünktlich ab und erreichte ebenso pünktlich sein Ziel."

Da man "unpolitische" Lebensform heute gern mit Untertanengesinnung gleichsetzt, gilt das Kaiserreich als Untertanenstaat. Man wird sich aber damit abfinden müssen, daß ein Großteil des Besitz- und Bildungsbürgertums im besten Einvernehmen mit den politischen Verhältnissen des Kaiserreichs lebte. Die "Öffentlichkeit" identifiziert sich nach 1871 mehr als zuvor mit dem bestehenden "Staat", der ihr als Gegenleistung einen reglementierungsfreien Entfaltungsraum sichert. Über seine Bonner Studienzeit in den frühen 80er Jahren schreibt Friedrich Meinecke: "Die Politik spielte gar keine Rolle in unseren Gesprächen, da Bismarck alles gut und richtig zu machen schien." Der Schweizer Germanist Andreas Heusler, der von

1890 bis 1920 an der Berliner Universität lehrte und vor dem Ersten Weltkrieg mit der Sozialdemokratie liebäugelte, sieht im Rückblick das Hohenzollernreich, die Wilhelminische Zeit, in einem durchaus positiven Licht: "Dieses ganze gesellschaftliche System, die preußische Weltordnung, das strotzte von Kulturkeimen [...]. Jetzt, wo es zerstört ist, empfindet man doppelt klar seinen Wert, seinen Reichtum." Und noch in einem Brief von 1938 nennt Heusler sich, um seinen Abstand von der NS-Ideologie zu betonen, "eine Versteinerung aus den Tagen der Hohenzollern und der 'bürgerlichen' deutschen Kultur."

In der Tat ist die kaiserzeitliche, wilhelminische Gesellschaft kaum eine vom Militär dominierte Untertanengesellschaft, die Aristokratie spielt eine geringere Rolle als in England, und das Alltagsleben ist weit mehr als bisher geprägt vom Besitz- und Bildungsbürgertum. Schon bald nach der Schlacht von Sedan, erzählt Julius v.Eckardt, habe er von Gustav Freytag "zum ersten Male aussprechen hören", was dieser in seiner Selbstbiographie "als Glück seines Lebens bezeichnet hat: daß er als Preuße, als Bürgerlicher und als Protestant geboren" wurde.

Daß das Reich aus drei Kriegen hervorgegangen ist, gibt dem Militär allerdings von vornherein ein bisher nicht gekanntes Ansehen: "Erst durch die großen Thaten von 1864, 1866, 1870/71 hat die Armee sich den Ehrenplatz in der Schätzung des ganzen Volkes erworben," schreibt der Kunsthistoriker Wilhelm Lübke in seinen *Lebenserinnerungen*. Die jährlichen Sedanfeiern, die Institution des Reserveoffiziers, die allgemeine Wehrpflicht, die Kriegervereine und der Kyffhäuserbund, die Agitation des 'Deutschen Flottenvereins', - alles das erweckt immerhin den Eindruck einer bis dahin nicht gekannten "Militarisierung" des öffentlichen Lebens.

Falsch wäre es - einem geläufigen Vorurteil folgend -, diese "Militarisierung" sogleich als Indiz eines typisch deutschen "Demokratiedefizits" im Vergleich zu den westeuropäischen Staaten zu verbuchen. Unbrauchbar ist in dieser Hinsicht ein Textzeugnis, auf das sich die "Sonderweg"-Theoretiker gern berufen: die preußische Hofrang-Liste, in der beispielsweise die inaktiven General-Lieutenants an 24., die Rektoren der Universitäten aber erst an 47. Stelle erscheinen. Ein Vergleich mit der bis 1907 in Frankreich gültigen Regelung zeigt nämlich, daß selbst in einer Republik das Militär vor den zivilen Repräsentanten des Staates rangiert, daß es sich mithin, wie man neuerdings festgestellt hat, um eine "'normale' Erscheinung" handelt. Und der Vergleich zeigt ferner, daß die Popularität von Militärparaden und Uniformen ein zeittypisches Phänomen in vielen europäischen Ländern ist. In Frankreich pflegen die Militärfeiern mit einem theatralischen Spektakel zu enden, das immer wieder das Publikum begeistert: der 'charge', einem simulierten Kavallerieangriff, bei dem die Pferde im Galopp gegen die Tribünen reiten und dann abrupt stoppen. Auch diesseits des Rheins werden die Militärfeiern - trotz des preußischen Drills - zum Anlaß von Volksfesten: "Für die Parade wird 'blau gemacht', mögen Werkführer, Polier und Meister auch sagen was sie wollen," heißt es in einem zeitgenössischen Text.

Zudem ist dieser "folkloristische Militarismus" sowohl in Deutschland als auch in Frankreich weniger gegen den äußeren Feind gerichtet als vielmehr darauf, innere Spannungen abzubauen: In Frankreich sollen die Militärfeiern den republikanischen Geist stärken, indem sie mit dem 1880 etablierten Nationalfeiertag, dem 14.Juli, dem Tag des Bastillesturms, kombiniert werden; im Deutschen Reich dient das Militär nicht zuletzt auch als Gegengewicht gegen die "Reichsfeinde", die Ultramontanen und die Sozialdemokraten. Nachzuweisen ist immerhin, daß die Armee ihre Wehrpflichtigen vornehmlich aus ländlichen Bezirken heranzieht, weil man von dort am wenigsten eine Infiltration mit sozialdemokratischem Ideengut befürchtet. Gern zitiert wird der markige Satz des Ostelbiers v.Oldenburg-Januschau, gesprochen im Reichstag am 29.Januar 1910: "Der König von Preußen und der Deutsche Kaiser muß jeden Moment imstande sein, zu einem Leutnant zu sagen: nehmen Sie zehn Mann und schließen Sie den Reichstag." Charakteristisch für das politische Klima der Wilhelminischen Zeit ist der Satz aber sicherlich nicht, denn gekennzeichnet ist diese Zeit gerade durch eine fortschreitende Parlamentarisierung, die dazu führt, daß die Sozialdemokratische Partei bald die stärkste Reichstagsfraktion stellt.

Ähnlich wie die französischen Militärfeiern am 14.Juli ist auch der deutsche 'Sedantag' vorwiegend innenpolitisch motiviert: Der Vorschlag, alljährlich den 2.September, den Tag des Sieges von Sedan, zu feiern, kommt vom 'Deutschen Protestantenverein' und vom schon genannten Pfarrer Bodelschwingh. Von vornherein ist daher weniger an eine kriegerische Siegesfeier mit antifranzösischem Affekt gedacht als an eine Friedens- und Dankfeier zur Stärkung der gerade errungenen nationalen Einheit. Bodelschwingh zitiert in seinem 'Aufruf' die Schiller-Verse: "Wir wollen sein ein einig Volk von Brüdern,/ in keiner Not uns trennen und Gefahr." Der preußisch-protestantische Akzent dieser Initiative führt allerdings dazu, daß der 'Sedantag' eher spaltend als integrierend wirkt: Die katholische Kirche spricht vom 'Satanstag', und Bischof Ketteler von Mainz verbietet 1874 das Glockenläuten an diesem Tag. Bis zur Jahrhundertwende hin verliert der 'Sedantag', der übrigens niemals staatlich gefördert wird, mehr und mehr an Bedeutung.

Selbst die 'allgemeine Wehrpflicht', die entscheidend zum militärischen Erfolg des Krieges 1870/71 beigetragen hat, wird in der folgenden Friedenszeit nicht so sehr als Mittel ständiger Kriegsbereitschaft gewertet, sondern eher als nach innen gerichteter Integrationsfaktor, der über Klassenschranken hinweg in allen Schichten des Volkes ein Gefühl nationaler Zusammengehörigkeit zu wecken vermag: "Mit dem Abschluß seiner Militärzeit fühlte man sich als Staatsbürger und als ganzer Mann," heißt es in den *Erinnerungen* des Handwerksgesellen und späteren Fabrikanten Michael Schwab. Immer wieder wird in den Debatten der 1870er Jahre das preußische System der 'allgemeinen Wehrpflicht', das 1868 auch Bayern, Baden und Württemberg übernahmen, dem französischen System entgegengesetzt, das eine Stellvertretung des Wehrpflichtigen erlaubt: In Frankreich stehe daher, wie der Altphilologe Julius Friedländer in einer Königsberger Universitätsrede vom 18.Januar 1871 erklärt, "der sozialen Gleichheit eine Ungleichheit der Pflichten gegenüber, die der demokratischen Phrase Hohn spricht," denn dort laste "noch immer die Wehrpflicht als wahre Blutsteuer auf den Armen und Gedrückten allein." In Nordamerika sei sogar "die Stellvertretung durch Neger gestattet." Dagegen sei "das preußische Heer das einzige in der Welt, in dem der Fürstensohn neben dem Proletarier, der Reichste neben dem Ärmsten, der Gelehrte neben dem Zögling der Dorfschule [...] in demselben Gliede steht." Ähnlich rühmt Theodor Mommsen in seiner 'Gedächtnisrede' auf die Gefallenen der Universität am 3.August 1875 das preußische System der Wehrpflicht, weil es "den Bürger und den Soldaten in höherem Grade identifiziert, als dies bisher einem anderen Volke gelungen ist."

In den Jahren nach 1871 ahmen alle europäischen Staaten außer England das preußische System nach. Auch Frankreich, das in der nach Sedan ausgerufenen *guerre à outrance* den Wert der Massenheere zu schätzen lernt, führt jetzt schrittweise die Wehrpflicht ohne Stellvertretung ein. Da es im Deutschen Reich mehr wehrpflichtige Kriegsteilnehmer gibt, spielen hier die überall entstehenden sogenannten 'Kriegervereine' zunächst eine größere Rolle als in Frankreich die Veteranenverbände. Ein Hort nationalistisch-militaristischer Untertanengesinnung sind auch sie nicht, denn es sind vor allem die "kleinen Leute" und gar nicht in erster Linie Kleinbürger, sondern Arbeiter und Landarbeiter, die zu ihren Mitgliedern zählen, während Angehörige der höheren Schichten sich allenfalls bereit finden, in den Vorständen zu repräsentieren. Die Erinnerung an die gemeinsam erlebte Militärzeit soll (und kann wohl auch zeitweilig) die Illusion eines Ausgleichs aller sozialen Unterschiede verschaffen, denn dem Kriegerverein, heißt es in der 'Militärzeitung' vom 14.Juni 1890, "mag der Majoratsherr wie der Tagelöhner angehören, alle seine Genossen bindet gleichmäßig das Band der Kameradschaft." Das ist sicherlich mehr Programm als Realität, und so verwundert es nicht, daß sich seit den 1890er Jahren die Kriegervereine mehr und mehr politisieren und der 1899 gegründete 'Kyffhäuserbund', ein Zusammenschluß der Landeskriegerverbände, geradezu zum Kampfbund gegen die Sozialdemokratie wird.

Weit mehr als Wehrpflicht und Kriegervereine bewirken zwei weitere typisch deutsche Institutionen, daß militärische Wertvorstellungen und Verhaltenscodices nicht nur in die bürgerliche Sphäre, sondern darüber hinaus in breite Schichten des Volkes getragen werden. Die eine Institution ist der im Volksmund sogenannte 'Zwölfender', die andere der 'Reserveoffizier'.

Der 'Zwölfender' verdankt sein Dasein einer Gesetzesnovelle vom 4.April 1874, die bestimmt, daß Unteroffiziere bereits nach zwölf Militärdienstjahren einen Anspruch auf Zivilversorgung haben. Früher standen solche Möglichkeiten meist nur Invaliden und Unteroffizieren nach sehr viel längeren Dienstzeiten zu. Jetzt, seit 1874, besetzen diese 'Militäranwärter' - so ihre offizielle Bezeichnung - nahezu alle Stellen der unteren Staats- und Kommunalverwaltung, und so beginnt schon bald der militärische Geist einer strammen, ein wenig barschen, aber zuverlässigen Pflichterfüllung das öffentliche Leben des Kaiserreichs zu beherrschen. Der energische, "pflichttreue" Eisenbahnschaffner, dem der Baltendeutsche Johannes Haller auf seiner ersten Reise ins "Reich" begegnet, ist sicherlich ein solcher 'Zwölfender' - und ebenso der "Schaffner mit dem gewaltigen Wachtmeisterschnauzbart und dem unwirsch wachsamen Blick", den Thomas Mann am Abend vor seinem *Eisenbahnunglück* auf dem Perron beobachtet:

> "Sieh, wie er die alte Frau in der fadenscheinigen schwarzen Mantille anherrscht, weil sie um ein Haar in die zweite Klasse eingestiegen wäre. Das ist der Staat, unser Vater, die Autorität und die Sicherheit. Man verkehrt nicht gern mit ihm, er ist streng, er ist wohl gar rauh, aber Verlaß, Verlaß ist auf ihn, und dein Koffer ist aufgehoben wie in Abrahams Schoß."

Die zweite Institution neben dem ausgedienten Unteroffizier ist im bürgerlichen Bereich der 'Reserveoffizier', von dem es zu Beginn des Ersten Weltkrieges immerhin 91 000 gegenüber 29 000 aktiven Offizieren gibt. Für manchen bürgerlichen Akademiker ist die Offiziersuniform im Kleiderschrank kaum etwas anderes als das sichtbare Zeichen der Zugehörigkeit zum staatstragenden Stand, also eine Art von "Ersatznobilitierung". Der kosmopolitisch gebildete Kulturschriftsteller Karl Hillebrand will im

Ein kleiner Grenadier im Fotoatelier, wahrscheinlich in den 1890er Jahren

Der 24jährige Friedrich Nietzsche in martialischer Pose als Kanonier des Naumburgischen Feldartillerie-Regiments 1868

Reserveoffizier sogar den zukünftigen Typ des "Gebildeten" sehen, der durch die geistige Ausbildung im humanistischen Gymnasium ebenso geprägt ist wie durch die nationale Erziehung in der Armee: "Ich müßte mich sehr irren, wenn dieser Bürger-Offizier nicht einmal der Typus des deutschen Gebildeten werden sollte, wie der Mann der Gentry, der Gentleman, der der englischen geworden ist," heißt es 1879 in einem der Hillebrandschen Essays.

Überhaupt werden erst jetzt - im neuen Deutschen Reich - die "Gebildeten" endgültig als der eigentliche, kulturtragende Teil der Nation erkannt. Theodor Mommsen in seiner schon erwähnten 'Gedächtnisrede' spricht erstaunlich unverblümt davon, daß die Jugend der gebildeten Stände eher befähigt sei, ein vaterländisches Bewußtsein zu entwickeln, als die Jugend aus den "niederen Bildungskreisen". Denn jene "Gebildeten", die Gefallenen der Berliner Universität, wußten "voller, sicherer, klarer [...], wofür sie starben und daß ihr Blut nicht umsonst floß." Zu dieser Äußerung eines geradezu dünkelhaften bildungsbürgerlichen Selbstbewußtseins paßt die Vorstellung, daß der gebildete Teil der Nation zugleich der wertvollste und sein Verlust infolge des Krieges daher besonders schmerzlich sei: "Wenn eine Nation, wie die unsrige es tut, den hochgebildeten Teil ihrer Jugend der Kriegsgefahr in dem gleichen [...] Maße aussetzt als den minder gebildeten [...], so liegt allerdings in der ungeheuren Höhe dieses Einsatzes eine Warnung vor dem Kriegsspiel selbst."

In der "Bildung der Deutschen", gewachsen auf dem Boden des Protestantismus, sieht der protestantische Theologe Martin Kähler "die starken Wurzeln unserer Kraft", - so der Titel seines Buches von 1872. Die Bildung lehre, "das äußere Behagen für geistige Ziele zu opfern", sei die Grundlage der "Pflicht" und somit auch die Ursache der militärischen Erfolge im Krieg 1870/71. Kähler spricht dabei ausdrücklich von der "Disciplin der Armee", sieht darin allerdings nicht eine genuin militärische Tugend, sondern "nur die Folge der Disciplin in der Familie und Gesellschaft." Angesichts solcher Äußerungen kann man, wie mit Recht festgestellt wurde, "ermessen, was der Protestantismus für den Staat bedeutete: es ist das Pathos des Gehorsams. Von Verfassung und Freiheit ist hier gar nicht die Rede."

Das alles erinnert noch ein wenig an Wilhelm Heinrich Riehl. In der Kulturdebatte des Kaiserreichs ist dann aber mehr und mehr die Rede von spezifisch militärischen Tugenden und vom erzieherischen Wert des Militärs. Selbst der gesundheitlich zarte, frühverstorbene Philosoph Heinrich von Stein, der letzte Nietzsche-Jünger, der 1878/79 seinen einjährigen Militärdienst leistet, äußert sich, wie einer seiner Schüler bezeugt, durchaus positiv: "Stein, der selbst Reserveoffizier war, als welchen wir ihn uns nur schwer vorstellen konnten, sagte, das wahrhaft Gute dabei sei, daß man [im Militärdienst] einmal das Gefühl einer großen Gemeinschaft erlebe, das man sonst nirgends im modernen Leben empfinde." Der Altphilologe Ulrich von Wilamowitz-Moellendorff, der Schwiegersohn Mommsens, singt in einer Rede zur Feier der Jahrhundertwende in der Berliner Universität am 13.Januar 1900 ein Loblied auf das preußische Heer. Der "gebildete Mensch" - gern gesehen als Äquivalent des englischen Gentleman - bedarf, wie er meint, der Ergänzung durch eine Institution, die eine Erziehung bietet, "wie sie jedem nottut, durch Gehorsam zur Selbständigkeit, durch Dienst zur Freiheit: das preußische Heer."

Wilamowitzens Rede ist Zeugnis für einen Prozeß, der schon in der Jahrhundertmitte einsetzt: die fortschreitende "Vermännlichung" der Kultur, zuvor unter dem Einfluß der Vorstellungswelt des Kaufmanns und seiner "männlichen Arbeit", jetzt unter dem des Militärs. Und da das Militär eine staatliche Institution ist, wird jetzt auch der "Staat" endgültig zu einem Bestandteil der nationalen Kultur. Selbst den Begriff der "Bildung" will Wilamowitz neu definieren:

"Unseres Heeres können wir nimmer entraten, damit wir ein Volk von Männern werden [...]. Daß der Nacken so gerade, die Brust so frei und der Blick so klar ist, das verdankt der deutsche Mann dem Gefühle der Mannesehre, das ihm die Erziehung des Heeres eingepflanzt hat. Das ist die wahre und wirklich befreiende allgemeine Bildung des Volkes. Sie ihm aufgezwungen zu haben, bleibt ein Ruhmestitel des Staates."

Daß allerdings von Haus aus der Deutsche kein Verhältnis zum "Staat" habe, konstatiert 1874 der Staatsrechtler Johann Kaspar Bluntschli: Der Deutsche sei "eher ein Familienmensch und ein Genossenschaftsmensch als ein Staatsmensch." Allein die Geschichte Preußens und dann die Ereignisse 1870/71 haben "bewiesen, daß die deutsche Nation zum Staate herangebildet werden kann." Derselben Auffassung scheint Gustav Rümelin zu sein, wenn er in seinem Vortrag 'Ueber den Begriff des Volkes' 1872 erklärt: "Ein Volk im ächten wahren Sinn des Wortes [...] sind wir erst durch die neuesten Ereignisse geworden." Denn das, was die volkstümelnden Theoretiker seit jeher schätzen, zählt Rümelin eher zum ethnographisch-anthropologischen Bereich der Stammeskunde, während die "idealen Güter" wie Recht, Sitte und Religion sich aus einer "Gleichgestimmtheit der Geister" entwickeln, aus dem "individuellen Trieb" des Menschen, "einen festen Halt zu suchen in der Zustimmung derer, die mit uns leben und vor uns gelebt haben." Und in diesem Sinn ist es erst "die Institution des Staates [...], in welcher sich ein Volk zum lebendigen, denkenden und wollenden Einzelwesen zu entwickeln vermag."

Bluntschlis und Rümelins Optimismus ist nicht unbegründet. Denn in mancher Hinsicht ist die Reichsverfassung von 1871 - in der Rückschau wird dies leicht vergessen - durchaus fortschrittlich: nicht nur, wie schon gesagt, hinsichtlich der allgemeinen Wehrpflicht, sondern auch hinsichtlich des allgemeinen Wahlrechts. Während noch die Frankfurter Nationalversammlung 1849 nur den männlichen Selbständigen über 25 Jahre das Wahlrecht verleihen wollte, also Fabrikarbeiter, Handwerksgesellen und Tagelöhner ausschloß, wird 1871 das allgemeine, gleiche, geheime Wahlrecht für alle männlichen Deutschen über 25 Jahre eingeführt, die genannte Beschränkung also fallengelassen. Bluntschli lobt geradezu pathetisch die Modernität des reichsdeutschen Wahlrechts, da es "dem demokratischen Zuge unserer Zeit" folge:

"Keine frühere Periode der Weltgeschichte war der Erhebung der unteren Volksclassen so günstig wie unser Zeitalter. Die Ausbreitung der bürgerlichen und der politischen Rechte und Freiheiten auf alle Classen der Bevölkerung, welche ein Kennzeichen des modernen Staates ist, und die Erhebung der vormals rechtlosen Arbeiter zu vollberechtigtem und menschenwürdigem Dasein lassen sich an tief greifender Wirkung höchstens mit der anfänglichen Ausbreitung der christlichen Religion vergleichen, welche den Armen, den Leidenden, den Niedergedrückten das Gefühl erweckte, daß sie ebenso wie die Reichen, die Glücklichen und die Herrschenden Kinder Gottes und der Erlösung theilhaft seien."

Die starke Zunahme der stimmberechtigten Staatsbürger ist für Bluntschli freilich auch ein Anlaß zu der besorgten Frage, wie zumal die "niederen Bildungskreise" (um Mommsens Ausdruck zu verwenden) in das neue Staatswesen zu integrieren seien. Ebenso wie Wilamowitz lobt er "die militärische Erziehung der jungen Männer", denn "die Dienstpflicht im Heere wirkt wie eine hohe Staatsschule." Und doch meint er, daß "diese Art der Erziehung zum Staate [...] der friedlichen und bürgerlichen Ergänzung" bedürfe. In Analogie zum kirchlichen Konfirmandenunterricht und zur Konfirmation schlägt er daher einen staatsbürgerlichen Unterricht und zu dessen Abschluß eine "Bürgerweihe" vor, mit der die jungen Männer "in die Gemeinschaft des Staatsbürgerthums" aufgenommen werden sollen.

In der Beschränkung des Stimmmrechts auf Männer entspricht übrigens die Reichsverfassung durchaus dem damaligen internationalen Standard: Erst 1906 wird in Finnland, 1907 in Norwegen das Frauenstimmrecht eingeführt, gegen Ende des Ersten Weltkrieges in mehreren anderen Staaten, 1919 in Deutschland, 1920 in den USA und erst 1928 in Großbritannien, wo die Suffragetten am frühesten und am heftigsten dafür gekämpft hatten.

So ist denn auch in Bluntschlis Vorschlag zur "Bürgerweihe" ausschließlich von "Männern" die Rede. Das allgemeine Wahlrecht stärkt also - ebenso wie die allgemeine Wehrpflicht - die schon bestehende Tendenz zur "Vermännlichung" des öffentlichen Lebens. Nicht zufällig ist gerade in den 'Kriegervereinen' die Frauenemanzipation ein Objekt der Polemik, weil man darin eine Bedrohung von Staat und Familie sieht:

"Statt mit allen Kräften dafür zu sorgen," heißt es 1910 im 'Badischen Militärvereinsblatt', "daß das weibliche Geschlecht bis in die untersten Schichten seine ihm von der Natur gewiesenen Pflichten im Hause und am Herde in vollem Maße zu erfüllen vermag, werden Bestrebungen auf Gleichstellung des weiblichen mit dem männlichen Geschlecht gefördert, deren letztes Ergebnis nur die Minderung des Einflusses der Männlichkeit und Mannhaftigkeit im öffentlichen Leben sein kann, während die Aufgaben, die der echten Weiblichkeit gestellt sind, darunter vernachlässigt werden müssen."

Der Propagierung "männlich"-militärischer Prinzipien wie Disziplin, Ordnung, Führung und Gehorsam ist die Zeit nach der Reichsgründung besonders günstig. "In den deutschen Staaten," schreibt der Philosoph Georg Simmel, "war bis zum Jahre 70 ein ungeheures Maß von wirtschaftlichen Spannkräften aufgehäuft, die keine rechte Entladung finden konnten [...]. Wir alle wissen, wie die Reichsgründung diesen Bann löste; 1870 bedeutete für die Freilegung dieser deutschen Kräfte etwa, was 1789 für die des 'tiers Etat' bedeutete." Simmel meint daher, die frühen 1870er Jahre, die sogenannten "Gründerjahre", in denen man meist nur Unsolidität und Materialismus sehen will, in der Rückschau vom Beginn des Ersten Weltkrieges aus "historisch etwas gerechter" beurteilen zu können: "Die Entfaltung der wirtschaftlichen Dynamik war das prinzipiell N e u e , das uns das Reich brachte, und dies war der Grund, weshalb die Betonung des öffentlichen Interesses zunächst nach dieser Seite fiel, 'materialistisch' wurde."

Die wirtschaftliche Dynamik der 1870er Jahre führt dazu, daß sich jetzt eine Vorstellung herauszubilden beginnt, die dann mehr und mehr zum Versatzstück der völkischen Ideologie wird: die Vorstellung, daß das "Faustische" ein spezieller Wesenszug des germanisch-deutschen Menschen sei. Herman Grimm nennt in seiner Berliner Goethe-Vorlesung 1874/75 das *Faust*-Drama "das Evangelium der Erlösung des Menschen durch Tätigkeit". Und kurz darauf erklärt der Berliner Germanist Wilhelm Scherer, im *Faust* beuge sich Goethe vor dem "thätigen Leben [...]. Zur gemeinnützigen, praktischen Thätigkeit, die Faust erst nach langen Umwegen ergreift, sind heute viele Deutsche von vornherein gestimmt, und günstige Winde schwellen ihre Segel [...]."

17. Elsässer, Dänen und Polen im neuen Reichsverband

Das 1871 gegründete Reich - verstanden als deutscher "Nationalstaat" - ist von allem Anfang an belastet durch Bevölkerungsteile, die nichtdeutschen Ursprungs sind oder doch zumindest dem neuen Reichsverband nicht angehören wollen: im westlichen Grenzgebiet die Elsässer und Lothringer, in Nordschleswig die Dänen und in den Ostprovinzen die Polen.

Die Einverleibung Elsaß-Lothringens ins Deutsche Reich gilt der Mehrzahl der modernen Historiker als einer der schwersten Fehler der Bismarckschen Politik: Die fortdauernde Feindschaft Frankreichs bis hin zum Ersten Weltkrieg soll vornehmlich hierin ihren Grund haben. Mehr Gewicht hat demgegenüber die Aussage eines Zeitgenossen, des Liberalen und intimen Frankreich-Kenners Ludwig Bamberger, aus den 1890er Jahren: "Meine eigene Überzeugung ist, daß der Haß gegen das siegreiche Deutschland und die Begierde nach Revanche ganz ebenso groß gewesen und geblieben wären, selbst wenn man keinen Zollbreit Land abgerissen hätte." Ähnlich äußert sich Karl Hillebrand - auch er ein intimer Frankreich-Kenner - in seinem 'Frankreich'-Buch 1874: "Hätte die Nation, die uns Sadowa nicht verziehen, uns je Sedan vergeben, selbst wenn wir ihre Grenzen unberührt gelassen? [...] Man sage doch ja nicht, die Eroberung habe die eitle Nation gereizt und gedemütigt; die Niederlage allein war es."

Zugunsten einer Annexion spricht zunächst einmal - heute kaum noch beachtet - das Sicherheitsbedürfnis der südwestdeutschen Bevölkerung, die sich im Sommer 1870 der Gefahr einer Invasion durch die französischen Truppen ausgesetzt sieht. Denn die Franzosen verfügten im Grenzbereich über zwei Festungen und hatten nur offenes Land vor sich. Aus militärischen Gründen schien daher eine Änderung dieser prekären Situation, also eine Verschiebung der deutschen Grenze bis an die Vogesen, dringend erforderlich. Die Vorstellung eines Selbstbestimmungsrechtes der betreffenden Bevölkerung ist, nebenbei gesagt, zu dieser Zeit noch keineswegs allgemein durchgesetzt und gerade kurz zuvor von den Franzosen selbst durch die Annexion Savoyens und Nizzas (der Heimat Garibaldis!) mißachtet. Der Verzicht auf eine Annexion Elsaß-Lothringens wäre daher in der deutschen Öffentlichkeit auf völliges Unverständnis gestoßen. Noch aus Theodor Mommsens vorhin zitierter Gedächtnisrede vom 3.August 1875 spricht der Stolz auf die Gründung der deutschen Reichsuniversität im "neugewonnenen frisch erblühten Straßburg". Nur wenigen Deutschen - wie etwa Ludwig Bamberger und Hans Delbrück, dem Herausgeber der 'Preußischen Jahrbücher' - ist bewußt, daß die Elsaß-Lothringer trotz ihrer deutschen Sprache in den Jahrzehnten vor 1870 recht gute Franzosen geworden waren. Diese Anhänglichkeit hat ihren wesentlichen Grund darin, daß dem linksrheinischen Bürgertum mittlerweile einige Errungenschaften der Französischen Revolution zuteil geworden waren, darunter Geschworenengerichte mit Öffentlichkeit und Mündlichkeit der Verhandlungen, wie sie die deutschen Liberalen rechts des Rheins bisher vergeblich gefordert hatten.

Schon 1813/15 spricht sich trotz der Niederlage Frankreichs kaum eine elsässische Stimme für eine Rückkehr zu Deutschland aus. Eigensinnig versichern allerdings die deutschen Nationalromantiker, daß die Elsässer Deutsche seien, - so Ernst Moritz Arndt 1814 in seiner Schrift *Der Rhein, Teutschlands Strom, nicht Teutschlands Gränze*, und im selben Jahr Jacob Grimm: die Elsässer seien deutsch, auch wenn sie es nicht wollten und auch gar nicht wüßten! Ganz ähnlich konstatiert dann Treitschke im September 1870, die Deutschen wüßten besser, was den Elsässern frommt als diese selbst, und sie glaubten deshalb nicht an die Aussagekraft einer Volksabstimmung: "Der Geist eines Volkes umfaßt nicht bloß die nebeneinander, sondern auch die nacheinander lebenden Geschlechter. Wir berufen uns wider den mißleiteten Willen derer, die da leben, auf den Willen derer, die da waren." Empört registriert man beim Einmarsch der deutschen Truppen die profranzösische Gesinnung der Elsässer: "Der verbissenste Gallier kann sich nicht feindseliger benehmen als diese verlorenen, entarteten Söhne der Mutter Germania," heißt es in einem Bericht der *Badischen Landeszeitung* vom 7.August 1870 über die Haltung der Weißenburger Bevölkerung.

Überraschend illusionslos ist die Einstellung Theodor Fontanes, der als Kriegsberichterstatter 1870 ja durchaus ein Kenner der Verhältnisse ist: Er akzeptiert zwar, daß die Elsaß-Lothringer Franzosen bleiben wollen und wünscht sich daher auch Rücksichtnahme und Einfühlungsvermögen gegenüber den neuen Reichsbürgern, beharrt aber auf dem Recht der militärischen Eroberung und wirft dabei zugleich noch ein altes Ingredienz der romantisch-völkischen Germanen-Ideologie über Bord:

"In jener furchtbaren Stunde, als die Garde, ihren Sturm auf St.Privat unterbrechend, deckungslos auf freiem Felde lag und nichts hörte als das Zischen der Kugeln und das Klopfen des eigenen Herzens, das in bangen und doch so tapferen Schlägen an die lothringische Erde pochte, da wurde Elsaß-Lothringen unser. Die Zucht Friedrich Wilhelms I. und der kategorische Imperativ Kants, *die* waren es, die uns Metz und Straßburg wiedererobert haben. Die Phrase hätt' es nimmer getan. Wir wollen [...], sie möge sich bescheiden und das Lied von dem deutschen Treumut und der welschen Tücke auf sich beruhen lassen. Wir *haben* nun Elsaß und Lothringen und können ohne sonderliche Einbuße *eines* dafür aufgeben: unsere alte Weltstellung als Generalpächter der Sittlichkeit."

Ganz und gar realpolitisch beurteilt schließlich auch Bismarck die elsässische Frage: "Die Betonung des Deutschgewesenseins und des Deutschredens der Elsässer" nennt er eine "Professorenidee" und fördert allein aus sicherheitsstrategischen Gründen die öffentliche Meinung, die eine Annexion wünscht. Spätere Zweifel an der Richtigkeit dieser Entscheidung beziehen sich fast ausnahmslos auf die Annexion der Festung Metz und der französisch sprechenden Teile Lothringens.

Der Kampf der Franzosen um die Rückgewinnung Elsaß-Lothringens gewinnt nationale Emotionen nebenbei noch aus dem zufälligen Umstand, daß Domrémy, der Geburtsort der Jungfrau von Orléans, in der Nähe der Grenze zum annektierten Lothringen liegt. Erst nach 1871 steigt die Jeanne-d'Arc-Verehrung sprunghaft an: Domrémy wird zum Zentrum einer Pilgermassenbewegung, zahlreiche Jeanne-Statuen werden in den 1890er Jahren entlang der neuen Grenze mit dem Blick auf die *ligne bleue des Vosges* errichtet und auf der Place des Pyramides in Paris wird Frémiets Jeanne-Statue 1875 - übrigens im gleichen Jahr wie das deutsche Hermannsdenkmal - eingeweiht.

Wie wenig erfolgreich die Integration der Elsaß-Lothringer in den Reichsverband bleibt, zeigt sich darin, daß über 400 000 Menschen, also mehr als ein Drittel der gesamten Einwohnerschaft, zwischen 1871 und 1910 das annektierte Land trotz des wirtschaftlichen Aufschwungs verlassen.

In Nordschleswig - oder wie die Dänen sagen: in 'Südjütland' (Sønderjylland) - bemüht sich die preußische Regierung während der 1870er Jahre zunächst um eine sehr maßvolle Politik. Da im Norddeutschen Bund das allgemeine und gleiche Wahlrecht gilt, können die Dänischgesinnten schon bei der Wahl 1867 ihre Stärke demonstrieren, profitieren also von der "großzügigen Praktizierung der auf Gleichberechtigung aller Staatsbürger beruhenden preußischen Staatsidee." Nordschleswigsche Dänen, die nach Artikel 19 des Wiener Friedens von 1864 für Dänemark optieren, können sich dem dreijährigen Militärdienst entziehen und trotzdem als dänische Staatsbürger in Schleswig wohnen bleiben. Verständlicherweise ruft dies in der deutschen Bevölkerung Erbitterung hervor, zumal bei den kleinen Handel- und Gewerbetreibenden, die in der wirtschaftlichen Konkurrenz stark benachteiligt werden, - ein ähnliches Ärgernis übrigens wie hinsichtlich der polnischen Juden in den preußischen Ostprovinzen - , und so kommt es zu Ausweisungen, die allerdings schon bald wieder zurückgenommen werden. Auch in der Schulpolitik verhält man sich zunächst vorsichtig und führt 'Deutsch' nur als Schulfach mit 6 Wochenstunden ein, während der Unterricht in allen anderen Fächern dänisch bleibt. Aber selbst gegen diese moderate Regelung meinen die Dänen protestieren zu müssen, weil sie darin ein Indiz sehen, daß die preußische Regierung eine Volksabstimmung nach Art.5 des Prager Friedens von 1866 vermeiden will. Tatsächlich wird der Artikel - trotz der berechtigten Empörung der Dänen - 1879 sang- und klanglos aufgehoben, und so wird endlich 1888 'Deutsch' als allgemeine Unterrichtssprache obligatorisch, die dänische Sprache dagegen auf einen vierstündigen Religionsunterricht beschränkt.

Die Sprachverordnung von 1888 stärkt die dänische Abwehrfront. Aber erst in den Jahren 1897 bis 1901, in der Amtszeit des schleswig-holsteinischen Oberpräsidenten Ernst Matthias von Köller, in der eigens danach benannten "Köllerzeit", spitzt sich dann die Situation dramatisch zu. Es kommt zu Massenausweisungen nach dem Prinzip der "solidarischen Haftung" für dänische Agitatoren und Optanten, die ihre Kinder in Dänemark erziehen lassen. Hans Delbrück schreibt daraufhin im Dezember 1898 den schärfsten Artikel, den er jemals gegen die preußische Verwaltungspraxis in seinen 'Preußischen Jahrbüchern' veröffentlicht hat:

"Die jüngsten Ausweisungen in Schleswig schreien zum Himmel. Wenn man in der Darstellung der deutschen Geschichte zum schleswig-holsteinischen Kriege kommt und die Unthaten der Dänen an dem verrathenen Bruderstamm schildern möchte, dann stockt die Stimme und das Wort erstirbt auf der Zunge, denn die peinliche Wahrheit legt sich dazwischen: es war Alles Kinderspiel, was die Dänen damals gethan haben und was den sittlichen Zorn des damaligen deutschen Volkes erregte, gegen die Gewaltsamkeit, mit der wir heute selber jene Landschaft regieren. Und noch schlimmer als die Brutalität, die uns zum Abscheu der gebildeten Welt macht, ist die Verblendung, die da glaubt, mit solchen Mitteln im Kampf der Nationalitäten dauernde Erfolge erzielen zu können."

Mehr und mehr stellt sich heraus, daß die deutsch-dänischen Auseinandersetzungen mit ungleichen Wafffen ausgefochten werden und daß die preußische Verwaltung dabei den Kürzeren zieht: Denn die Preußen vertreten - gemäß den Prinzipien ihres Staates - einen etatistisch-übernationalen Standpunkt und sind daher weniger an vaterländischer Gesinnung interessiert als an staatsbürgerlichem Wohlverhalten. Die Dänen aber mobilisieren nicht nur die nationalistischen, sondern auch die demokratischen Emotionen, machen ausgiebigen Gebrauch von der Pressefreiheit und entwickeln ein reges Vereinsleben. Und alles das nimmt auf beiden Seiten allein schon deshalb so erbitterte Formen an, weil einerseits die Sønderjylland-Frage das einzige nationale Problem Dänemarks ist und andererseits der Gedanke der Einigung aller deutschen Stämme sich vor allem am Kampf um Schleswig-Holstein entzündet.

Eine Beruhigung kehrt erst ein mit dem sogenannten Optantenvertrag von 1907, in dem Dänemark die Nordgrenze des Deutschen Reiches akzeptiert, während sich Preußen verpflichtet, den staatenlosen Optantenkindern die preußische Staatsangehörigkeit und damit auch das Wahlrecht zu geben. Die dänische Volksgruppe in Nordschleswig gewinnt dadurch etwa 3000 neue Wähler. So wächst der Stimmenanteil der Dänischgesinnten stetig, bis sie bei der Wahl 1920, die zur "Wiedervereinigung" Nordschleswig mit Dänemark führt, drei Viertel der etwa hunderttausend Stimmen auf sich vereinigen können.

Ähnlich wie in Nordschleswig ist die Konstellation in den preußischen Ostprovinzen. Auch hier scheint der etatistisch-übernational orientierte preußische "Obrigkeitsstaat" die fremdnationale, polnische - und auch jüdische - Bevölkerung zunächst amalgamieren zu können. So ist es noch in den Jahrzehnten nach 1830 möglich, daß Graf Athanasius Raczyński zum preußischen Gesandten in Kopenhagen, dann in Lissabon und in Madrid ernannt wird. Raczyński fühlt sich durch und durch als Pole, aber er kann gleichzeitig erklären, daß "das königliche Haus und Preußen" für ihn das einzige Symbol seiner "politischen Grundsätze" seien, und er spricht in diesem Zusammenhang von der "mir angeborenen Neigung zur Ordnung und Gewissenhaftigkeit, welche mit einigen Ausnahmen sich immer noch einigermaßen in Preußen erhalten" habe. Als Standort seiner ansehnlichen Gemäldegalerie wählt er 1836 nicht Posen, sondern Berlin. Es ist dies wohl nicht zuletzt auch eine Reaktion auf den Aufstand in Russisch-Polen 1830, den er bezeichnenderweise mehr als soziale denn als nationale Revolution versteht.

Durch den Aufstand von 1830 erleidet die gemäßigte Politik gegenüber den Polen einen ersten, allerdings nur zeitweiligen Rückschlag. So muß Fürst Anton Radziwill - ein Pole, der mit einer preußischen Prinzessin verheiratet ist, der sein Berliner Haus zu einem Treffpunkt der künstlerischen und literarischen Welt macht und Kompositionen zu Goethes *Faust* verfaßt - seinen Posten als preußischer Statthalter im Großherzogtum Posen verlassen, weil er inhaftierten und flüchtigen Aufständischen hilft. Aber Friedrich Wilhelm IV. versucht nach seiner Thronbesteigung 1840, Mißstimmungen zu beseitigen, indem er den Streit mit der katholischen Kirche beilegt: Er entläßt nicht nur die Erzbischöfe von Köln und Posen aus ihrer Haft, sondern er richtet zudem noch - mit Rücksicht auf die polnische Bevölkerung - eine katholische Abteilung im Berliner Kultusministerium ein. In ihr arbeitet übrigens der Dichter Joseph von Eichendorff, der 1841 als Gutachter den "Gebrauch der polnischen Sprache in den Gymnasien und Elementarschulen des Großherzogtums Posen" wohlwollend befürwortet.

Trotz alledem bleibt eine große Schwierigkeit im Zusammenleben von Polen und Deutschen die Religion. Dem Preußenkönig wird sein Entgegenkommen insofern wenig gedankt, als der katholische Klerus die jetzt gebotene Möglichkeit, auf das Volksschulwesen einzuwirken, im Sinne der polnischen Sache nutzt. Für die Menge des polnischen Volkes "fiel deutsch und ketzerisch zusammen," schreibt Ulrich von Wilamowitz-Moellendorff, dessen elterliches Gut Markowitz in der Provinz Posen liegt, der also die Verhältnisse aus eigener Anschauung kennt. Erhöht wird die Schwierigkeit noch dadurch, daß deutsche Katholiken, zumal die der Westprovinzen, im Preußischen Landtag "immer die Partei der Polen nahmen". Und von den "Süddeutschen" sagt Wilamowitz, daß sie ohnehin "den Osten verachteten." Er selbst denkt noch ganz in der Tradition der preußischen Staatsidee, wenn er sich auf dem Titelblatt seiner Dissertation *Cujavus* nennt, "aus Kujawien stammend", um damit anzudeuten, daß er sich seinen "polnischen Landsleuten durch die Geburt, durch die Natur, also durch die gemeinsamen heimischen Götter verbunden fühlte."

Eine neue Situation entsteht mit der Reichsgründung 1871. Preußen bringt etwa zweieinhalb Millionen Polen in den neuen Reichsverband und macht damit die polnische Frage zu einem Problem der deutschen Politik. Ging es bisher um die administrative Integration in die preußische Staatsbürgerschaft, so geht es jetzt im nationalstaatlich orientierten Deutschen Reich um die kulturelle und sprachliche Assimilation, um die "Germanisierung" der polnischen Bevölkerung. Die Gegensätze verschärfen sich. Im August 1871 findet in Lemberg ein großer Polenkongreß statt, der die Wiederherstellung des polnischen Staates fordert. Schon kurz zuvor, im Juli

1871, wird die katholische Abteilung im preußischen Kultusministerium aufgehoben. Wie in Nordschleswig ist auch hier die Schule der Hauptkampfplatz. 1872/73 führt man die deutsche Sprache als "obligatorisches Unterrichtsmittel in allen Unterrichtsgegenständen" ein, und 1876 wird sie sogar zur einzig zulässigen Geschäfts- und Amtssprache erklärt. Das sind harte Maßnahmen, aber nicht zu Unrecht weist Wilamowitz darauf hin, daß sie den Polen durchaus auch Vorteile bringen: Die polnischen Kinder lernen Deutsch, und die Beherrschung beider Sprachen - der polnischen und der deutschen - macht die Polen im Erwerbsleben leistungsfähiger als die Deutschen, die kein Polnisch lernen.

Immerhin steigen nach der Reichsgründung Kultur und Wohlstand der Ostprovinzen. Wilamowitz erinnert sich, noch in den 1870er Jahre habe die Gefahr bestanden, daß die Polen ihre Höfe durch Mißwirtschaft verlieren. Drei Jahrzehnte später habe er dann von einem Eingesessenen gehört: "Die Polen wirtschaften so gut wie die Deutschen." Und er fügt hinzu, es habe ihn gefreut, "daß es auch diesen Preußen gut ging, die doch unsere Landsleute waren." Gegen die deutsche Siedlungspolitik wehren sich die Polen mit der Gründung von Selbsthilfeorganisationen, denen es gelingt, polnische Grundbesitzer vor dem Konkurs zu schützen oder deren aufgekauftes Land unter polnischen Siedlern aufzuteilen. Das wiederum führt auf deutscher Seite 1894 zur Gründung eines "Vereins zur Förderung des Deutschtums in den Ostmarken", dessen rigoroses Programm gerade auch unter den deutschen Grundbesitzern der Ostprovinzen stark umstritten ist. Die Mitglieder und Anhänger des Vereins, die "Hakatisten" - so benannt nach den Anfangsbuchstaben ihrer Führer Hannemann, Kennemann und Tiedemann - arbeiten an einem Gesetzentwurf, der es ermöglichen soll, preußische Staatsangehörige polnischer Nationalität zu enteignen und deren Land in deutsche Hände zu bringen. Selbst Elard v.Oldenburg-Januschau, ein führender Konservativer und westpreußischer Grundbesitzer, bekennt in seinen *Erinnerungen*, "kein Hakatist" gewesen zu sein, "weil ich der Anschauung huldigte, daß wir nun einmal im Gebiet unseres Staates Menschen hatten, die polnischer Nationalität waren. Mir genügte es, wenn die Angehörigen des polnischen Volkstums ihren Pflichten als preußische Staatsbürger ehrlich nachkamen." Ähnlich urteilt Wilamowitz, wenn er die Hakatisten, die den Polen als Feind sehen, "chauvinistisch" nennt:

> "Aber dagegen hatten sie nichts, daß die Polen in das Heer eintraten, also der Ehre gewürdigt wurden, für König und Vaterland zu streiten und zu sterben. Sie haben sich in allen Kriegen wahrlich tapfer gehalten, und es war eine Freude zu sehen, wie gern sie nach 1866 ihre Kriegsmedaillen trugen."

Trotz manchen Widerständen gelingt es den Hakatisten schließlich doch, 1908 ein Enteignungsgesetz durchzusetzen, das Wilamowitz "unbestreitbar tyrannisch und verhängnisvoll" nennt. Oldenburg-Januschau betont, es sei "lange Zeit nicht angewendet" worden; erst auf Drängen der Hakatisten habe "sich in späteren Jahren die Regierung genötigt" gesehen, doch einige Enteignungen vorzunehmen. Obwohl das Gesetz "als Ganzes ohne große Wirkung" bleibt, schafft es verständlicherweise böses Blut. Und so kann ein polnischer Graf dem Herausgeber der *Preußischen Jahrbücher*, Hans Delbrück, in aller Offenherzigkeit erklären, daß die Polen den Preußen alles verdanken: "Sie haben uns wohlhabend gemacht, sie haben uns gebildet gemacht, jetzt machen sie uns auch noch zu Patrioten."

Ein spezielles und äußerst brisantes Problem der Ostprovinzen, das bisher noch nicht zur Sprache kam, ist die ständige illegale Einwanderung von Polen und Juden aus Russisch-Polen und Rußland. Eine erste starke Einwanderungswelle gibt es schon in den 1840er Jahren, als ein Ukas die Juden im Königreich Polen, die sich bisher durch eine Rekrutensteuer vom Heeresdienst befreien konnten, militärpflichtig macht. Nach einem Bericht des Posener Polizeipräsidenten werden die Juden "in ganzen Scharen bei Tag und Nacht selbst in plombierten Kisten herübergefahren und in Säcken herübergetragen." In den 1870er Jahren steigen die Zahlen abermals und erreichen seit 1881 eine bisher nicht gekannte Höhe, als es nach dem Bombenattentat auf den Zaren Alexander II. zu zahlreichen Judenpogromen in Rußland kommt.

Während die übergelaufenen Polen bei den polnischen und deutschen Gutsbesitzern als anspruchslose Arbeitskräfte willkommen sind, gegen deren Rückweisung man daher auch immer wieder protestiert, scheint man gegen die Juden eine - meist wohl auf purem Erwerbsneid beruhende - Abneigung zu empfinden. 1874 tragen 62 Bürger von Lautenburg dem Reichskanzler Bismarck die Bitte vor, er möge sie von "diesen unheimlichen Gästen" befreien, die "hier ohne Papiere herüberkommen, zu Hause liegen und uns auslachen." Der Bitte wird nicht entsprochen, die Behörden verhalten sich zunächst gleichgültig und gelassen, und tatsächlich sind die Rückweisungen eben dadurch erheblich erschwert, daß die "Einwanderer" beim Grenzübertritt häufig ihre Namen ändern und einen falschen Geburtsort angeben, so daß ihre Staatsangehörigkeit nicht feststellbar ist.

In der deutschen Öffentlichkeit wird die Diskussion um das Ausmaß der ostjüdischen Einwanderung 1879 mit einem Paukenschlag eröffnet: mit einem Aufsatz Heinrich v.Treitschkes in den *Preußischen Jahrbüchern*. Er gipfelt in einem Satz, der zur Parole der Antisemiten wird: "Die Juden sind unser Unglück." Für Treitschke selbst geht es allerdings keineswegs um ein rassisches, sondern allein um ein nationales Problem. Von den Juden fordert er nichts anderes, als daß sie "sich schlicht und recht als Deutsche fühlen - unbeschadet ihres Glaubens und ihrer alten heiligen Erinnerungen, die uns Allen ehrwürdig sind." Er nennt Frankreich und England zwei "alte Culturvölker", in denen die Juden ein "vielfach wohlthätiges Element der bürgerlichen Gesellschaft" geworden sind. Die "Gesittung" der Deutschen dagegen ist noch "jung", es fehlt "der nationale Stil, der instinctive Stolz, die durchgebildete Eigenart", und deshalb waren "wir so lange wehrlos gegen fremdes Wesen". Zudem möchte er unterscheiden zwischen den Juden West- und Südeuropas", die "sich der abendländischen Weise immer ziemlich leicht eingefügt haben", und "jenem polnischen Judenstamme", mit dem "wir Deutschen zu thun haben." Damit ist der konkrete Anlaß des Aufsatzes benannt: "Über unsere Ostgrenze dringt Jahr für Jahr aus der unerschöpflichen polnischen Wiege eine Schaar strebsamer hosenverkaufender Jünglinge herein, deren Kinder und Kindeskinder dereinst Deutschlands Börsen und Zeitungen beherrschen sollen."

Treitschkes Aufsatz löst eine Flut von Entgegnungen aus - bekannt als 'Berliner Antisemitismus-Streit' -, am prominentesten darunter Theodor Mommsens Schrift von 1880: *Auch ein Wort über unser Judenthum*. Ebenso wie Treitschke sorgt sich Mommsen um die gerade gewonnene nationale Einheit, sieht die Gefahr aber gerade in dessen Einstellung zur Judenfrage. Er spottet, man werde "bald so weit sein, daß als vollberechtigter Bürger nur derjenige gilt", der "seine Herstammung zurückzuführen vermag auf einen der drei Söhne des Mannus" und "sich ausweise als erfahren im Pflügen und Säen". Der Spott zielt insofern ins Leere, als Treitschke durchaus kein Gegner der Völkermischung ist, - im Gegenteil: "Die eigentlichen Culturträger in Deutschland" sind für ihn die Süddeutschen, die "keltisch gemischt" sind, und die "slavisch gemischten" Norddeutschen. Es geht also nicht um historisch gewachsene Völkermischungen, sondern um die aktuelle - zu Recht oder zu Unrecht vermutete - Gefahr einer wachsenden Dominanz des jüdischen Anteils durch die unkontrollierte Einwanderung aus dem Osten. Aber gerade "die jüdische Masseneinwanderung über die Ostgrenze" hält Mommsen für "eine reine Erfindung", und er beruft sich dabei auf eine Schrift des Sanitätsrates Salomon Neumann, die dies "in schlagender Weise dargethan" habe. Die 1883 veröffentlichten Ergebnisse der Volkszählung von 1880 zeigen dann allerdings, daß "die Masseneinwanderungen von Juden aus Russisch-Polen und Galizien" eine "Thatsache" sind, "unleugbar und unbestritten", wie es in den *Grenzboten* 1884 heißt.

Erst jetzt beginnen die Behörden tätig zu werden. Bismarck äußert 1884 die Vermutung, daß die vielen im Lande befindlichen russischen Staatsangehörigen die Absicht zu verfolgen scheinen, "durch längeren Aufenthalt die Zugehörigkeit zu Deutschland infolge stillschweigender Duldung [...] gewissermaßen zu ersitzen." Im selben Jahr 1884 kommt es dann in Berlin zu kurzfristigen Ausweisungen von 82 russischen Untertanen, fast ausschließlich Juden, während etwa 500 russische und polnische Juden eine auf ein halbes oder ein ganzes Jahr befristete Ausweisungsverfügung erhalten. Insgesamt werden in der kurzen Zeit von 1884 bis 1886 etwa 30 000 Personen, darunter ein Drittel Juden, ausgewiesen.

Jahrzehntelang ist das Problem der illegalen Einwanderung im Sinne der etatistisch-übernationalen, patriarchalisch-toleranten preußischen Staatsidee lässig und duldsam gehandhabt worden. Wäre die Überwachung der Grenzgebiete immer aufmerksam durchgeführt worden, so würde man - darauf ist neuerdings mit Recht hingewiesen worden - nicht in die prekäre Situation der Jahre 1884-86 gekommen sein. Die Auswanderungswelle erregt, wie das *Berliner Tageblatt* schon am 1.August 1884 meldet, durch ihre "unerklärliche Härte in allen europäischen Staaten ein verwundertes Kopfschütteln". Stets besorgt um die Moral ihrer nördlichen Nachbarn zeigen sich die Schweizer: "Es fehlten noch die preußischen Massenausweisungen," schreibt die *Zürcher Post* am 13.September 1885, "um eine Unpopularität zu steigern, die tödlich sein müßte, hätte Deutschland nicht die besten Soldaten und Kanonen!" Einige Wochen später, am 3.Oktober 1885, heißt es im Leitartikel derselben Zeitung mit dem Titel 'Das neue Deutsche Reich': "Das ist der breiteste Schandfleck auf dem Schilde der Mächtigen." Vor allem in Frankreich, wo im Januar 1886 der Revanchist Boulanger das Kriegsministerium übernimmt, werden manche Nachrichten zu wahren Schauermärchen aufgebauscht. Die *Revue des Deux Mondes* vom September 1885 fühlt sich angesichts der Ausweisungen "um mehrere Jahrhunderte bis in die Zeit der Vertreibung der Mauren zurückversetzt."

18. Das Wiedererstarken des völkischen Denkens im neuen Kaiserreich: Die Anfänge der "Volk-ohne-Raum"-Ideologie in Felix Dahns Romanen.

Der Krieg 1870/71 schafft, wie schon gesagt, eine gänzlich neue Situation. Der Entstehung des Zweiten Deutschen Reiches folgen - noch in den siebziger Jahren - die spektakulären wirtschaftlichen Aufschwünge und Zusammenbrüche der sogenannten "Gründerjahre", das rapide Anwachsen

"Eine Karte aus der furchtbaren Geschichte". Unmittelbar an der Grenze tritt eine polnische Frau aus dem Zug der Ausgewiesenen heraus und bittet Bismarck, er möge sie im Lande lassen: "Treib mich nicht fort, ich suche ja hier auf dieser Erde nichts als das Grab ..." Bismarcks Antwort wird in deutscher Sprache wiedergegeben: "Kein Platz - marsch." Aus: Szczutek, 20. September 1885.

der Großstädte, die Sozialistengesetze, wenig später dann - in der "Wilhelminischen" Ära - der Flottenbau, der deutsche Ausgriff in die Weltpolitik. Je mehr sich das Jahrhundert seinem Ende zuneigt, um so mehr schwindet das naive Vertrauen in die veredelnde, sittigende und damit auch sozial beschwichtigende Wirkung der "Bildung", um so mehr meint man die bedrohlichen, destruktiven Möglichkeiten eines kritisch analysierenden Intellektualismus zu erkennen, und an die Stelle des an "Bildung" und "Fortschritt" orientierten Kulturbewußtseins rücken jetzt mehr und mehr wieder Elemente eines völkisch-organologischen Denkens, wie es die "deutschtümelnden" Romantiker vertraten.

Zweierlei kommt hier offenbar zusammen: Zum einen fördert die nationalstaatliche Einigung mit ihrem neuen politischen Selbstbewußtsein von vornherein die Neigung, sich mehr als bisher den vitalen, naturhaften Seiten des Volkslebens zuzuwenden und Anschauungen zu huldigen, die man unter dem Etikett des sogenannten "Sozialdarwinismus" zusammenfaßt. Zum andern führt die Verstädterung, Rationalisierung und Mechanisierung des Lebens zu einer Zivilisationsmüdigkeit, zu einer Sehnsucht nach ursprünglichen, gesunden Daseinsverhältnissen, die sich auf dem politischen Feld als Unbehagen an den Formen der modernen Industriegesellschaft artikuliert und damit - bewußt oder unbewußt - als Furcht vor den Ansprüchen des großstädtischen Arbeiterproletariats. Alles das ruft das Interesse an einer Ideologie wach, die sich auf die naturgegebenen Lebensgesetze und Lebensrechte eines völkischen Organismus beruft.

Sicherlich wäre es falsch, diese völkische Ideologie sogleich wieder und ausschließlich als Etablierung und Verschleierung von Herrschaftsmechanismen zu interpretieren und dabei die allgemeinen zivilisationsfeindlichen Modeströmungen dieser Jahrzehnte außer Acht zu lassen. Nicht verkennen läßt sich aber, daß die völkische Ideologie durchaus auch und in zunehmendem Maße die Funktion hat, politisch integrierend zu wirken: zunächst gegenüber dem Ultramontanismus während des Kulturkampfes und in der Auseinandersetzung mit der Zentrumspartei und danach dann vor allem gegenüber der Sozialdemokratischen Partei. Beide Kräfte repräsentieren sich in der demokratischen Institution des Reiches: im Reichstag. Und das wiederum hat zur Folge, daß sich in der völkischen Ideologie mehr und mehr der Unwille gegen das demokratische Parteienwesen überhaupt und gegen ihre angeblich zersetzenden, weil internationalistischen Tendenzen manifestiert, besonders der Unwille gegen die immer mächtiger werdende Sozialdemokratische Partei, - bis hin zu den Augusttagen des Jahres 1914, die eine trügerische und kurzlebige Versöhnung bringen und damit das ins Leben rufen, was man "die Ideen von 1914" nennt.

Der Popularität der völkischen Ideologie im Zweiten Deutschen Reich kommt zugute, daß ihr gleich zu Beginn eine breite stoffliche Grundlage geschaffen wird, genauer gesagt: daß Stoffe in das bildungsbedürftige bürgerliche Publikum getragen werden, die das Interesse am altgermanischen, vermeintlich nationalen Kulturerbe erneut zu erwecken vermögen. Zwei Namen sind in diesem Zusammenhang zu nennen: Richard Wagner und Felix Dahn.

Natürlich weiß man, daß Wagner - trotz seiner altnordischen Studien, trotz seiner Lektüre der *Völsungensaga* und trotz seiner Beschäftigung mit Grimms *Deutscher Mythologie* - den *Ring des Nibelungen* nicht eigentlich als Wiederbelebung des germanischen Altertums versteht, sondern als Veranschaulichung seiner sozialutopisch-philosophischen Ideen, daß also im Grunde mehr Proudhon, Bakunin, Feuerbach und Schopenhauer darin steckt als *Völuspá* und *Völsungensaga*. Gleichwohl ist festzuhalten, daß sich die *Ring*-Dichtung sowohl inhaltlich als auch formal - wie Thomas Mann sagt - von der "Bildungswelt des deutschen Klassizismus und Humanismus [...] lossagt" und eine ganz andere Welt an ihre Stelle setzt. So rückt jetzt im Bewußtsein des Bildungsbürgers eine neue mythische Szenerie neben die altgewohnte antike und verhilft selbst der Alltagssprache zu einer neuen Metaphorik: man spricht von Walküren statt von Amazonen, von Nornen statt von Parzen, von Brünhilde statt von Juno. Es mag sich da - soweit es die völkische Ideologie betrifft - um Äußerlichkeiten handeln, aber sie schaffen der Theorie die stofflichen Voraussetzungen, die anschaubaren Details, damit sie im Publikum zur Wirkung kommen kann. Seit Wagner ist der "Germane" im Gespräch: Noch Alfred Rosenberg, der Chef-Ideologe der NSDAP, erzählt die "nordisch-germanischen Mythen" nicht nach den altnordischen Quellen, sondern - ihm selbst sicherlich unbewußt - in der Version Wagners.

Im Jahre 1876 wird zum ersten Male der *Ring des Nibelungen* im neuen Festspielhaus in Bayreuth aufgeführt, und in ebendiesem Jahr beginnt ein großer dreibändiger Roman zu erscheinen, der in einem trivialeren Sinne, aber doch in gleich reichem Maße das Bildungsbewußtsein des Bürgertums mit germanischen Stoffen bereichert: Felix Dahns *Ein Kampf um Rom*, die Geschichte vom Untergang der Ostgoten in Italien, ein imposantes Beispiel literarischer Historienmalerei, über das literaturgeschichtlich nicht viele Worte zu verlieren wären, wenn es nicht mindestens ein halbes Jahrhundert hindurch eines der meistgelesenen Bücher in Deutschland gewesen wäre. Noch 1922 rühmt eine Dissertation, Felix Dahn habe im Bewußtsein der Deutschen dem spartanischen Leonidas den Gotenkönig Teja an die Seite gestellt.

Mit der Aufmerksamkeit des Publikums kann Dahns *Kampf um Rom* von Anfang an rechnen, denn kurz vor 1876 erreicht der "Kulturkampf", die Auseinandersetzung mit dem Ultramontanismus, mit der römischen Kurie und mit der Zentrumspartei, gerade seinen Höhepunkt. Für Dahn ist der Kampf gegen die Römer zugleich ein Kampf gegen die römisch-katholische Kirche, die volks- und staatsfeindlich ist, weil sie sich an einem unbewiesenen Jenseits orientiert und auf Erden allein den allgemeinen Begriff der "Menschheit" kennt:

"Wo ist denn die Menschheit, von der du schwärmst?", fragt der Gote Totila den christlichen Römer Julius, "Ich sehe sie nicht. Ich sehe nur Goten, Römer, Byzantiner! [...] Ich diene der Menschheit, indem ich meinem Volk lebe. Ich kann gar nicht anders! Gotisch denk' ich, in gotischen Worten [...]. Und wie ich nur gotisch denke, kann ich nur gotisch fühlen."

In Dahns Romanen zeigt sich, daß völkisches Denken immer so etwas wie Religionsersatz ist. Das Volk ist für die Dahnschen Germanen der höchste und einzig sichere Wert, und sie selbst sind nichts weiter als seine Produkte. "Mein Volk ist mir das Höchste und alles, alles andere dagegen nichts, ihm will ich opfern was ich bin und habe," - an solchen volltönenden Phrasen, wie sie der alte Hildebrand spricht, ist in Dahns Buch kein Mangel. Dahn stellt die Goten, die arianische Christen waren, so dar, als seien sie Heiden. Ihre Religion ist der Dienst am eigenen Volk. Der Begriff des Ewigen, Überpersönlichen wird sozusagen aus dem christlichen Jenseits ins Diesseits herübergeholt. Und da das "Volk" eben ein rein diesseitiger Wert ist, tritt es auch zunächst als biologische Substanz in Erscheinung, - das heißt: als ein lebendiger, in sich geschlossener Organismus, und das wiederum heißt: als eine natürliche, gewachsene Hierarchie von Autoritäten, die sich in ihrer bloßen Existenz legitimieren.

Das zeigt sich im Verhältnis der Stände zueinander: Die Gemeinfreien sind stolz auf ihre Freiheit, stark und tapfer, treuherzig und ein wenig schwerfällig. Sie trotzen gelegentlich dem Übermut der Edelinge, aber sie müssen sogleich erkennen, daß sie, wenn Gefahr von auswärts droht, allein von den Edelingen gerettet werden können, und so fügen sie sich wieder ihrer zwar nicht rechtlich kodifizierten, aber natürlichen Autorität. Diese Dahnsche Adelsfreundlichkeit ist insofern der Freytagschen Bürgerfreundlichkeit verwandt, als jetzt die oberen Schichten als die kulturtragenden und kulturfördernden gelten: Das Derbe, Biedere, Schwerfällige ist nicht mehr gefragt. Trotzdem ist selbstverständlich ein solches in die naturhafte Ordnung eingebundenes Volk ein Volk von Bauern. "Es gibt keine besseren

Postkarte aus den 1880er Jahren

Ackerbauern als die Germanen", heißt es bei Dahn klipp und klar.

Die Keimzelle dieses Volksorganismus ist die Familie. Hier bewährt sich eine andere Tugend, die dem Germanen neben Treue, Ehrlichkeit und Heldenmut zu eigen ist: die Keuschheit. Dahn verbindet dieses ethische Element mit einem biologischen, mit dem Gedanken der Fruchtbarkeit, der Gebärfreudigkeit des Volkes: "Mit etwa 30 Jahren berührt der Jüngling zuerst sein Weib; darum ist sie unerschöpflich, die keusch gesparte Jugendkraft." Und auch die Frau weiß, was sie der naturgegebenen Ordnung schuldig ist: "Bah, warum hat das Weib gegriffen in das Amt der Männer", sagt Rauthgundis über die politisch engagierte Königin Amalaswintha, "Sie muß nie einen Mann geliebt haben und seinen Wert und seine Art begriffen. Sie könnte sonst nicht die Männer ersetzen wollen." Das ist drei Jahre vor Ibsens *Nora* geschrieben!

Aber das Volk ist nicht nur ein naturhafter Organismus, es ist zugleich auch eine geschichtliche Schicksalsgemeinschaft. Indem Dahn den Untergang des Gotenvolkes schildert, trägt er schon durch die Wahl des Stoffes dazu bei, eine Vorstellung geläufig zu machen, die dann im Zeitalter der beiden Weltkriege zum gängigen Vokabular wird: die Vorstellung, daß es vornehmlich die germanischen Völker seien, denen die Geschichte ein ruhiges Ausleben ihres Volkstums mißgönnt, daß Feinde ringsum den Germanen Wohlstand und Lebensraum neiden und daß die Germanen - schuldlos oder durch schicksalhafte Notwendigkeit in tragische Schuld verstrickt - eine besondere Affinität zum heroischen Untergang haben. Die "Volk-ohne-Raum"-Ideologie, der Weltkriegs-Slogan, man sei "umgeben von einer Welt von Feinden": - zur Popularisierung dieser Vorstellung hat Dahns *Kampf um Rom* zu seinem Teil erheblich beigetragen. Aus Anlaß der Gründung des "Schulvereins" schreibt Dahn die Verse:

> "An unsrer Treue bricht die Flut rings feindlicher Umtosung:
> ‚Sein Volk des Mannes höchstes Gut!' ist unsre stolze Losung!"

19. Korporativ gebundene Freiheit gegen individualistischen Liberalismus: Otto von Gierke und die Vorarbeiten zum *Bürgerlichen Gesetzbuch*.

Dahn ist zu der Zeit, als er den *Kampf um Rom* schreibt, Professor der Rechtsgeschichte in Königsberg, und es ist daher nicht verwunderlich, daß seine Anschauungen im starken Maße geprägt sind von der romantischen Rechtswissenschaft, der "historischen Schule" Savignys und Grimms. Der starke Anteil, den die historisch orientierte Rechtswissenschaft auch in den folgenden Jahrzehnten an der Entwicklung des völkisch-organologischen Denkens hat, ergibt sich zunächst aus einem aktuellen Anlaß: aus der Notwendigkeit, dem neuen Deutschen Reich ein einheitliches Gesetzbuch zu schaffen. Der starke Einfluß des Römischen Rechts im ersten Entwurf zum *Bürgerlichen Gesetzbuch* ruft in den 1880er Jahren eine Opposition auf den Plan, die für den neuen Nationalstaat auch ein nationales Recht fordert und eine stärkere Berücksichtigung germanisch-deutscher Rechtstraditionen.

Prominentester Fürsprecher des Römischen Rechts ist Rudolf Jhering, der der Lehre Savignys von der unbewußt wirkenden, gewohnheitlichen Rechtsfortbildung den Satz entgegenstellt: "Der Zweck ist der Schöpfer des ganzen Rechts," - das Motto seines zweibändigen Werkes *Der Zweck im Recht* (1877, 1884). Von diesem Standpunkt aus lobt er die Römer, daß es ihnen gelungen sei, "aus dem Recht einen Mechanismus zu machen, den Jeder handhaben kann, der die Konstruktion desselben kennt." Gerade dieses hier formulierte römisch-rechtliche Prinzip der "Rechtssicherheit" dient den Vertretern der deutsch-rechtlichen Richtung als ideologisches Argument für die Seelenlosigkeit des Römischen Rechts. In diesem Sinne polemisiert Julius Langbehn gegen das römische Rechtsinstitut der Verjährung, indem er den Bauernspruch zu Hilfe holt, daß "hundert Jahre Unrecht noch keine Stunde Recht machen", und daraus den Schluß zieht, daß "das deutsche Recht [...] nur auf deutsche Treue gebaut sein" dürfe. Er übersieht dabei, daß das Prinzip der "Rechtssicherheit", das eine willkürfreie, gerade nicht auf Generalklauseln wie "Treu und Glauben" basierende Rechtsanwendung garantiert, eben auch eine - und zwar eine praktikablere - Form der Gerechtigkeit darstellt.

Auch auf die immer wieder erhobene Forderung, echte Kultur könne sich nur aus den völkischen Ursprüngen und ohne Einfluß von außen entwickeln, gibt schon Jhering die rechte - zuzugebenermaßen ein wenig schnoddrige, aber den Sachverhalt treffende - Antwort, die Langbehn mit äußerstem Mißfallen zitiert: "Die Entwickelung von innen beginnt erst bei der Leiche."

Wortführer der deutsch-rechtlichen Opposition ist Otto (von) Gierke, der von den Vorarbeiten zum *BGB* ausgeschlossen war. "Preußisch-deutsch bis in die Knochen," nennt ihn Ulrich Stutz in seinem Nekrolog. In der konstitutionellen Monarchie sieht Gierke die eigentliche Leistung der Germanen: Die Verbindung von Königsherrschaft und Volksfreiheit, dazu das Prinzip, daß es keine Rechte ohne Pflichten gebe, mache den deutschen Staat zu einem "obersten Treuverband". Ähnlich wie Treitschke will Gierke

Volk und Staat wieder zusammenführen, - nur daß bei ihm der Akzent nicht, wie bei Treitschke, auf dem "Staat" liegt, sondern auf dem "Volk". In seiner Kritik am *BGB*-Entwurf beruft er sich - als Schüler Georg Beselers - auf die genossenschaftlichen Elemente des älteren germanischen Rechts, auf die zahlreichen Instanzen feudal-patrimonialer und korporativer Art, die das Gemeinwesen organisch gliedern und zwischen Einzelperson und Gesamtheit vermitteln. Während noch Gervinus germanisches Genossenschaftsdenken und modernen Individualismus unter dem Begriff der Freiheit, also als gemeinsame Instanzen gegen den reinen Obrigkeitsstaat, zusammenfassen konnte, stellt Gierke die patrimonial und korporativ gebundene Freiheit des germanischen Denkens dem ungebundenen, individualistisch-egoistischen Liberalismus des romanischen Denkens scharf gegenüber.

Diesen individualistischen Liberalismus des Römischen Rechts und der Französischen Revolution findet Gierke im ersten Entwurf zum *BGB* wieder. Einerseits moniert er, daß der *BGB*-Entwurf "den Arbeiter dem Kapitalisten wehrlos in die Hand" gebe und daß das Gesinderecht vernachlässigt sei, da "die schutzwürdige und schutzbedürftige Personenklasse" hier lediglich im Dienstvertrag berücksichtigt werde. Andererseits erkennt er auch die Mängel in der Behandlung "privatrechtlicher Herrschaftsverbände": Sie erscheinen, wie er - weit vorausschauend - erklärt, "in der Form des geschäftlichen Unternehmens heute als die eigentlichen Träger unseres wirthschaftlichen Lebens", werden im *BGB*-Entwurf aber nur "als eine Summe obligationenrechtlicher Einzelbeziehungen" erfaßt.

Es ist bemerkenswert, daß sich Gierkes deutsch-rechtliche Kritik in grundsätzlichen Zügen mit der Kritik trifft, die zur gleichen Zeit aus dem sozialistischen Lager kommt. Dabei wiederholt sich hier eine schon früher gemachte Feststellung: Das völkische Denken kann, indem es den individuellen Egoismus an das größere Ganze zu binden sucht und stärker den vegetativ-beharrenden als den rational-fortschrittlichen Kräften zuneigt, durchaus dem Interesse der unteren Volksschichten dienen, insofern diese tatsächlich noch beharrende, weil geistig nicht emanzipierte Schichten sind. Diese Koalition aber geht in die Brüche, sobald die unterprivilegierten Schichten sich nicht mehr an die patriarchalische Fürsorge binden lassen wollen, ein eigenständiges, allgemeines, internationalistisches Klassenbewußtsein entwickeln und die Forderung nach gleichen Rechten stellen. Beide, der Deutschrechtler Gierke und der Sozialist Anton Menger, sind sich einig in der Abwehr des kapitalistischen Liberalismus und möchten die freie Eigentumsverfügbarkeit und die Vertrags- und Testierfreiheit eingeschränkt sehen durch die Ansprüche der Gesamtheit. Während aber für den

Sozialisten diese Gesamtheit eine rational begründete, rechtlich gesicherte und damit eben doch individualistische Gesellschaft ist, sieht der Deutschrechtler in ihr eine hierarchisch vielfach gestufte, organische Gemeinschaft, die jedes Glied an den ihm zukommenden Platz bindet und in der daher der individuelle Unternehmergeist als ebenso störend empfunden werden muß wie die international orientierten Gewerkschaften, weil beide die bestehenden Verhältnisse willkürlich durcheinanderbringen.

Nicht zu übersehen ist allerdings, daß in Gierkes Lehre noch allerlei individualistische Züge stecken. Denn neben dem vielzitierten "Tropfen sozialistischen Öls" im Privatrecht wünscht sich Gierke im öffentlichen Recht durchaus noch einen "Hauch des naturrechtlichen Freiheitsraumes": Der Staatsverband absorbiere "nur einen Theil der Persönlichkeit", der andere sei das "unantastbare Reich der Individualfreiheit". Die Körperschaft der mittelalterlichen deutschen Städte sieht Gierke zwar in der Nachfolge der germanischen Genossenschaft, definiert sie dann aber als sogenannte "freie Einung", in der nach dem Mehrheitsprinzip - durch "Debatte und Abstimmung" - aus den Einzelwillen ein Gesamtwille gewonnen werde. Daher findet er in der Stadtverordnetenversammlung der Steinschen Städteordnung "die Merkmale des ersten modernen Parlaments".

Insgesamt ist das politische Klima des neuen Kaiserreichs den Gierkeschen Theorien nicht günstig, denn das Interesse richtet sich jetzt auf den "von oben" geschaffenen Staat. Paul Laband, der führende Staatsrechtslehrer des Kaiserreichs, kennt das Volk nur als Objekt der Herrschaft, und der Historiker Georg von Below - seit den 1890er Jahren der eigentliche Gegner Gierkes - macht es sich zur Aufgabe, schon im Mittelalter einen "deutschen Staat" nachzuweisen, die Entstehung der Landesherrschaft nicht aus dem Grundbesitz und der patrimonialen Gerichtsbarkeit, sondern aus dem Grafenamt und der "öffentlichen" Gerichtsbarkeit zu erklären, um damit "ein vermeintliches deutsches Defizit an früher Staatlichkeit im europäischen Vergleich möglichst gering erscheinen zu lassen." Währenddessen glaubt Gierke selbst noch in der Bismarckschen Reichsgründung die Idee eines deutschen "Volksstaates" verwirklicht zu sehen.

Das ist - wie auch sonst nicht selten in Gierkes Lehre - mehr Theorie und Illusion als Realität. Zweifellos ein Verdienst Gierkes ist aber der Versuch, mit der Theorie der germanischen Genossenschaft das Auftreten der Arbeiterkoalitionen, der "Gewerkvereine", historisch zu legitimieren, selbst wenn er später die sozialdemokratisch orientierte Gewerkschaftsbewegung ablehnt. Und verdienstlich ist es auch, energisch auf die Sozialbindung des Eigentums hinzuweisen, - immerhin hatte es im *BGB*-Entwurf noch geheißen, "der Eigentümer einer Sache" dürfe "nach Willkür" mit ihr "verfahren"! Die Annahme eines individuellen "naturrechtlichen Freiheitsraumes" - wohl weniger eine politisch-liberale als eine bildungsbürgerliche Idee - bringt allerdings in Gierkes Lehre eine Inkonsequenz, die sich in der zwiespältigen Rezeption Gierkes bemerkbar macht: Einerseits wird Gierke gelegentlich als Vorläufer nationalsozialistischer Gemeinschaftsideologien reklamiert, andererseits von dem NS-Staatsrechtler Reinhard Höhn scharf attackiert: Mit Gierkes individualistischem Organismusbegriff habe "unsere Zeit nichts mehr zu tun [...]. Wenn wir vom Einzelnen sprechen, so meinen wir den Volksgenossen, der in einer konkreten Gemeinschaft steht."

Kaum noch zeitgemäß im Kaiserreich, aber kennzeichnend für Gierkes Volksbegriff, ist nicht zuletzt auch die starke Betonung des voluntaristischen Elements. Ein jeglicher Verband sei, heißt es in Gierkes Berliner Rektoratsrede von 1902, ein "gesellschaftliches Lebewesen" und entstehe nicht eigentlich durch einen Vertrag, sondern durch einen "schöpferischen Gesamtakt". Selbst die Gründung des neuen Deutschen Reiches will er voluntaristisch erklären, obwohl sie doch in Wahrheit auf einer mühsam zustandegebrachten vertraglichen Vereinbarung einzelner Regierungen und Fürstenhäuser untereinander basiert. Um sie als einen organologisch notwendigen Akt begreifen zu können, sieht Gierke sie allerdings nicht von oben, sondern von unten, vom Volke her, und er sucht sie aus dem gemeinsamen Erlebnis des Deutsch-Französischen Krieges zu motivieren: "Es gibt Stunden, in denen sich uns der Gemeinschaftsgeist mit elementarer Kraft in fast sinnenfälliger Gestalt offenbart und unser Inneres so erfüllt und überwältigt, daß wir unser Einzeldasein kaum noch als solches empfinden. Eine geweihte Stunde solcher Art durchlebte ich hier in Berlin unter den Linden am 15. Juli des Jahres 1870."

Wie später in den "Ideen von 1914" äußert sich schon hier das völkisch-organologische Denken im Erlebnis des Kriegsausbruchs, in dem ein ganzes Volk geschlossen gegen den äußeren Feind aufzustehen scheint. Auf diese Weise wird der tatsächlich bestehende Verfassungszustand verdeckt und diejenigen Instanzen, die auf eine rationale Erkenntnis der Verhältnisse möglicherweise hätten hinarbeiten können - der Reichstag und die Parteien - , von vornherein diskreditiert. Gerade deshalb aber ist die voluntaristische Interpretation für das Selbstverständnis des neuen Reiches so außerordentlich wichtig.

20. Die Anfänge des "Blut-und Boden"-Kultes: Hans Grimm, Adolf Bartels, August Sauer und Josef Nadler.

Derjenige Stand, dem das völkische Denken am stärksten zuneigt, ist nach wie vor der bäuerliche. Auch Gierke fordert "die dauernde Erhaltung des deutschen Bauernstandes", den er "das stärkste Bollwerk gegen äußeren Ansturm und inneren Umsturz" nennt. Selbstverständlich ist das, was am bäuerlichen Leben reizt, jetzt nicht mehr das Rückständig-Grobschlächtige, das Biedersinnige im Gegensatz zum Höfisch-Zierlichen, zum französischen Geschmack, sondern die Naturgebundenheit, die biologische Gesundheit im Gegensatz zum großstädtischen Intellektualismus: Bildthemen wie Leopold von Kalckreuths schwangere Schnitterin (1890) oder Fritz Mackensens stillende Mutter auf dem Torfkarren, die sogenannte "Worpsweder Madonna" (1892), weisen bereits auf den Blut-und-Boden-Kult späterer Jahrzehnte hin.

Dabei tat es der Idealisierung des Bauerntums keinen Abbruch, daß gerade in der Mitte der siebziger Jahre eine agrarwirtschaftliche Krise einsetzt, die - bedingt vor allem durch die Konkurrenz des amerikanischen Weizens - bis zur Jahrhundertwende anhält, und daß seit etwa 1870 große Bevölkerungsmassen aus den agrarischen Gebieten Ostdeutschlands abwandern, zum einen Teil in das westdeutsche Industriegebiet, zum andern Teil auch - jedenfalls bis 1893 - nach Amerika: 1871 wohnen noch zwei Drittel der deutschen Gesamtbevölkerung auf dem Lande, kurz vor dem Ersten Weltkrieg hat sich das Verhältnis bereits umgekehrt, und zwei Drittel der Bevölkerung sind Städter. Und auch darunter leidet die Bauernromantik nicht, daß die ostelbischen Großagrarier bei aller Schwerfälligkeit im Einzelnen, so etwa dem durchaus nicht marktgerechten Beharren auf dem Roggen- und Kartoffelanbau, längst zu rationell wirtschaftenden Unternehmern geworden sind und in der Agitation für eine protektionistische Schutzzollpolitik während der achtziger Jahre Seite an Seite mit den westdeutschen Industriellen stehen. Als der Nachfolger Bismarcks, der Reichskanzler Caprivi, 1891/93 die Schutzzollpolitik abzubauen sucht und damit eine Senkung der Getreide- und Grundbesitzpreise bewirkt, entwickelt sich sogar eine recht handfeste politische Vertretung, an der auch das mittelständische Bauerntum beteiligt ist: Der 1893 gegründete "Bund der Landwirte" unter der Leitung Diederich Hahns, der übrigens kein Ostelbier ist, sondern aus dem nördlichen Niedersachsen stammt, ist "vor 1914 die modernst aufgezogene Parteiorganisation im Reich" neben der Sozialdemokratie.

Alle diese Vorgänge beeinflussen die herkömmliche Vorstellung vom bäuerlichen Leben kaum. Tatsächlich bleibt die ländliche Bevölkerung trotz des allgemeinen (Dreiklassen-)Wahlrechts ein Hort des Konservativismus, und das mag teilweise darauf zurückzuführen sein, daß die Sozialdemokratie ihre Agitation erst sehr spät auch auf die Landarbeiterschaft ausdehnt. Wesentlich ist aber wohl, daß man das Bauerntum als einen urtümlichen, naturgegebenen "Stand" empfindet und von vornherein nicht als eine rechtfordernde, aufsteigende "Klasse". Allein schon deshalb bedarf die ohnehin bestehende feudal-agrarische Struktur des neuen Reiches kaum einer Rechtfertigung, obwohl sie eigentlich ein Anachronismus ist und dem Gedanken eines modernen nationalen, militärisch und wirtschaftlich potenten Machtstaates widerspricht.

Aus der Idealisierung des Bauernstandes entwickelt sich dann bald auch wieder eine ähnliche Polarisierung von Kaufmannstum und Bauerntum, wie man sie schon von der Romantik her kennt: Der Lobpreis des Bauern verbindet sich mit der Abwertung des Kaufmanns, des Händlers. Diese Polarisierung deutet sich bereits an in der Polemik gegen die Handelspolitik des Reichskanzlers Caprivi, "des Kanzlers ohne Ar und Halm". Und sie setzt sich fort in der von agrarischen Kreisen geförderten, durchaus auch volkstümlichen (wenngleich von der Regierung nicht unterstützten) Parteinahme für die südafrikanischen Buren im Burenkrieg 1899 bis 1902, der als der Aufstand eines germanischen Bauernvolkes gegen das englische Finanz- und Händlerimperium gedeutet wird. Die Assoziation Burentum-Bauerntum-Germanentum ist schon vorbereitet durch Langbehns *Rembrandt*-Buch, das den Holländer als Prototyp des Germanen feiert. Wie stark diese Assoziation noch während des Ersten Weltkrieges empfunden wird, gibt sich darin zu erkennen, daß Hans Grimm seine südafrikanischen Erzählungen im Stil der altisländischen Saga zu schreiben sucht.

Hans Grimms *Olewagen-Saga* von 1918 steht dabei in der Tradition der Heimat- und Stammesdichtung, die zur Zeit der Jahrhundertwende von Adolf Bartels, Gustav Frenssen und Hermann Löns populär gemacht wird. Es ist eine Dichtung, die den Einzelnen nur als Glied "einer Sippe, einer Landschaft, eines Gaus" sieht: - das Ende des Hermanus Olewagen wird zum "Gericht über den, der sich vereinzelt hat." Und es ist eine Dichtung, in der niemals gedacht, sondern immer nur sinniert und gegrübelt wird: Görge Friebott in Grimms *Volk ohne Raum* (1926) "sinnt über das, [...] was mehr war als er selber, über Herkunft und Volk", und sein Sohn Cornelius lernt dabei "fühlen [...] und spüren, daß man die Dinge also andächtig zusammensehen müsse und nicht vorwitzig auseinanderreißen dürfe."

Fritz Mackensen, Stillende Mutter auf dem Torfkarren, 1892, angeblich - im Sinne einer Sakralisierung der Mutterschaft - im Volksmund "Die Worpsweder Madonna" genannt.

Daß die theoretischen Grundlagen dieser Dichtung, die den Menschen nicht soziologisch, sondern biologisch determiniert, in den Randzonen des deutschen Sprachgebietes entwickelt werden, ist wohl kaum ein Zufall. Der Dithmarscher Adolf Bartels führt um die Jahrhundertwende den rassischen Gesichtspunkt in die Literaturgeschichtsschreibung ein und eröffnet die Jagd auf jüdische Literaten; er macht in diesem Zusammenhang die Begriffe "Feuilletonismus" und "Dekadenz" populär und definiert den letzteren als eine "Erkrankung des Volkstums, die individuelle abnorme Entwicklungen hervorruft". Als der Prager Germanist August Sauer seine Literaturgeschichte kritisch rezensiert, macht Bartels auch ihn kurzerhand zum Juden.

Dabei stehen sich beide Kontrahenten in gewisser Hinsicht gar nicht einmal so fern, denn gerade zu dieser Zeit entwirft Sauer - engagiert in deutsch-böhmischer Volkstumsarbeit - das Programm einer zwar nicht rassisch, aber doch biologisch-stammeskundlich orientierten Literaturgeschichte. In seiner berühmten Prager Rektoratsrede von 1907, *Literaturgeschichte und Volkskunde*, erklärt er, "im Grunde" sei "der Mensch, wie weit sich seine spätere Entwicklung auch in ferne Regionen erstrecken möge, ein Produkt des Bodens, dem er entsprossen ist, ein Angehöriger des Volksstammes, der ihn hervorgebracht hat, ein Glied der Familien, aus deren Verbindung er entsprungen ist".

Vier Jahre später beginnt ein Schüler Sauers, der aus dem Sudetenland stammende Josef Nadler, dieses Programm in die Tat umzusetzen. Seine vierbändige *Literaturgeschichte der deutschen Stämme und Landschaften* (1911-1927) stellt dann schon die unmittelbare Verbindung zum nationalsozialistischen Blut-und-Boden-Kult her, wenn auch Nadler selbst lieber von Blut und Erde spricht, von den "Kräften des Blutes und der mütterlichen Erde". Nicht das Individuum, sondern die kollektive, über Jahrhunderte hin unveränderliche Stammesseele ist für Nadler, wie ein Kritiker formuliert, "der wahre Träger des literaturgeschichtlichen Prozesses", - "die Stammesseele, die sich im Genie wie im Dilettanten offenbart".

21. Das typisch deutsche Problem der "Gebildeten"-Kultur. Der Kampf gegen das humanistische Gymnasium und der "Deutsche Germanistenverband": Rudolf Hildebrand und Klaudius Bojunga.

Alle ebenzitierten Außerungen sind Bestandteil einer Bewegung, die in den Jahren vor dem Ersten Weltkrieg immer mehr an Boden gewinnt: einer Bewegung, die sich wiederum - wie einst schon Jacob Grimm - bemüht, zu einem völkisch-organologischen Kulturbegriff zu gelangen und damit die Spaltung des Volkes in "gebildete" und "ungebildete" Schichten zu überwinden. Ausdrücklich fordert August Sauer in seiner Prager Rektoratsrede, daß der Betrachtung "von oben" eine solche "von unten, von den volkstümlichen Elementen aus mit besonderer Berücksichtigung der Dialektpoesie" an die Seite treten müsse. War es zu Jacob Grimms Zeiten die Nachahmung der französischen Kultur, Sprache und Literatur, gegen die man vom völkischen Standpunkt aus zu Felde zog, so ist es jetzt vornehmlich der durch die Weimarer Klassik wiederbelebte Humanismus und speziell die humanistische Gymnasialbildung, die man als lebens- und volksfremd empfindet. In Adolf Bartels' Roman *Die Dithmarscher* (1895) ist Karsten Holm, der "Landesverräter", früherer Schüler einer städtischen Lateinschule: Der "Gebildete" steht in Gefahr, die natürlichen Bindungen zu seinem eigenen Volk zu verlieren.

Der Streit um das deutsche Gymnasium reicht weit zurück ins 19. Jahrhundert. Der Gedanke der klassisch-humanistischen Bildung und die Einrichtung des gymnasialen Schultyps sind ein Produkt der preußischen Reformzeit, der Ära Hardenberg-Humboldt-Altenstein. Fortschrittlich-liberal ist diese Schulpolitik insofern, als sie nicht auf eine ständisch gebundene Erziehung und exklusive Berufsausbildung zielt, sondern auf eine allgemeine, von allen gesellschaftlichen Bedingungen und Bedürfnissen absehende Menschenbildung. Die "Reaktion" der 1850er Jahre setzte es dann durch, daß dem Gymnasium die sogenannte "Realschule", also eine Schulform, die stärker an der praktisch verwendbaren Berufsausbildung orientiert ist, partiell gleichberechtigt an die Seite gestellt wird, indem sie zwar nicht als Vorbereitung zum Universitätsstudium, wohl aber zum technischen Studium anerkannt wird. Wirkliche Aktualität gewinnt der Streit erst nach der Reichsgründung durch den naturwissenschaftlichen und technischen Fortschritt.

Wilhelm Scherer, ein Exponent der neuen reichsdeutschen Germanistik - 1872 an die neugegründete Reichsuniversität Straßburg berufen, 1877 an die Universität Berlin -, kann noch die bürgerlich-liberale Tradition der klassischen Bildung mit dem national-völkischen Optimismus und Fortschrittsgeist seiner Gegenwart verbinden: "Die wahre Deutschheit besteht nicht im erneuerten Germanenthum, nicht in stabreimender Faselei, nicht in der Beschwörung alter Heidengötter, sondern in der treuen Bewahrung, ja in der möglichsten Steigerung der classischen Bildung."

Kräftigen Nachdruck erhält die Polemik gegen das Gymnasium erst in den neunziger Jahren durch Kaiser Wilhelm II. Er bekennt sich bereits zu einem entschieden national-völkischen Kulturgedanken: "Wir sollen nationale Deutsche erziehen und nicht junge Griechen und Römer." Daneben machen sich aber auch politische Interessen sehr deutlich bemerkbar, wenn er vor einer "Überproduktion der Gebildeten" warnt: durch sie werde die Nation gefährdet, weil sich aus den Gymnasialabsolventen "die sämmtlichen sogen[annten] Hungerkandidaten, namentlich die Herren Journalisten," rekrutieren. Auf der Schulkonferenz von 1900 kommt es dann zur völligen Gleichstellung von Gymnasium und Realschule, durch die den aufstiegswilligen Schülern, die nicht zur Schicht des Besitz- und Bildungsbürgertums gehören, der Zugang zu akademischen Berufen eröffnet wird.

Hand in Hand mit der Polemik gegen das humanistische Gymnasium geht das Bemühen um eine stärkere Berücksichtigung des Deutschunterrichts in den höheren Schulen. Seine theoretische Begründung erhält dies Bemühen schon in dem 1867 erscheinenden Buch des Germanisten Rudolf Hildebrand *Vom deutschen Sprachunterricht in der Schule*. Hildebrand will die Kluft zwischen oberen und unteren Ständen abbauen, indem er das Hochdeutsch nicht "wie ein anderes Latein" gelehrt wissen will, "sondern im engsten Anschluß an die in der Klasse vorfindliche Volkssprache". Überhaupt will er das stärkere Gewicht im deutschen Unterricht "auf die gesprochene und gehörte Sprache" legen und "nicht auf die geschriebene und gesehene". In der Unterrichtspraxis geht es ihm weniger um die Erziehung zum selbständigen Denken als um die Integration des Einzelnen in die Gemeinschaft, weniger um die Ausbildung kritischer Fähigkeiten als um das Gefühl der Zusammengehörigkeit. Eine seiner nachgelassenen Notizen hält den Verlauf einer Diskussionsstunde fest, in der eine grundsätzliche Abneigung gegen "Kritik" zum Ausdruck kommt: Es sei unter den Hörern "ein echter kritischer Kampfhahn" gewesen, "der dann möglichst nach unten oder auseinander zog, was zusammen gebracht war (das heißt so ein Alleindenker [...]) - aber auch er ward überwunden und ging mit", und schon bald sei "der Geist des Zusammen in uns alle eingezogen."

Kein Wunder, daß auch Hildebrand mit vielen seiner Zeitgenossen die Abneigung gegen das parlamentarische Parteienwesen teilt, das - namentlich dann, wenn es sich mit internationalistischen Tendenzen verbindet - den Volksorganismus zu zersetzen droht: Er spricht von "Franzosenaffen" und "Päpstlern" und meint damit die Sozialisten und die ultramontanen Zentrumsanhänger.

1885 ist Hildebrand maßgeblich beteiligt an der Gründung des "Deutschen Sprachvereins", der sich dem Kampf gegen das Fremdwort widmet, bald darauf, 1887, an der Gründung der *Zeitschrift für den deutschen Unterricht*, - beides wichtige Stationen auf dem Wege, der dann schließlich

1912, fast zwei Jahrzehnte nach Hildebrands Tod, zur Gründung des "Deutschen Germanisten-Verbandes" führt. Der Verband setzt sich zum Ziel, nicht nur das Schulfach "Deutsch" in den Mittelpunkt zu stellen, sondern den gesamten Unterricht zu einem eigentümlich "deutschen" Unterricht werden zu lassen: deutsche Geschichte, deutsche Religion, deutsche Geographie zu lehren. "Unsere führenden Kreise" sollen, wie einer der Gründer, Klaudius Bojunga, schreibt, "wieder bewußter zu dem Nährboden" hingeführt werden, "dem wir alle entwachsen sind: unserem Volkstum, [...] auf daß Gelehrtenhochmut und Wissensdünkel unser Volk nicht zerreiße und die sogenannten ‚Gebildeten' loslöse vom großen Ganzen". Um das "Humanismus"-Problem entsteht in den folgenden Jahren eine lebhafte Diskussion: der Pädagoge Eduard Spranger, der Germanist Konrad Burdach, der Philosoph und Religionshistoriker Ernst Troeltsch sind an ihr beteiligt.

Und nicht nur im engeren Bereich der Germanistik, sondern auch in den benachbarten Wissenschaften glaubt man durch eine allgemeine Selbstbesinnung auf deutsches Wesen die zentrifugalen, internationalistischen Tendenzen binden zu sollen, indem man die Vorstellung propagiert, das "Volk der Dichter und Denker" habe im selbstlos-tumben Eifer allem Fremden seine Liebe zugewendet und darüber sein eigenes Volkstum vernachlässigt:

> "In Rom, Athen und bei den Lappen,
> da späh'n wir jeden Winkel aus,
> derweil wir wie die Blinden tappen,
> daheim im eigenen Vaterhaus."

Der Reimer dieses Vierzeilers, Gustaf Kossinna, leistet der Germanistik Sukkurs, indem er die "Wissenschaft des Spatens", die archäologische Erforschung des germanisch-deutschen Altertums, als "eine hervorragend nationale Wissenschaft" entdeckt, - so der Untertitel seines 1912 erscheinenden Buches über *Die deutsche Vorgeschichte*.

22. "Der Deutsche der Zukunft": Der Professor und der Offizier als Vorbildfiguren in Alfred Lichtwarks wilhelminischer Kulturkonzeption.

Grundsätzlicher noch und zugleich auch charakteristischer für den Geist der Wilhelminischen Zeit sind die Bemühungen, die von der Kunst und Kunsterziehung ausgehen. Sie sind verknüpft mit dem Namen Alfred Lichtwarks, des Direktors der Hamburger Kunsthalle von 1886 bis 1914. Als Autodidakt, der sich aus engen bäuerlich-kleinbürgerlichen Verhältnissen über Lehrerseminar und Volksschullehrerberuf zum akademischen Studium emporgearbeitet hat, steht er nicht nur der humanistisch-klassischen Bildung, sondern auch jeglichem exklusiven und weltfremden Intellektualismus fremd gegenüber. Schon in jungen Jahren fällt er den Leipziger Fachkollegen durch seine eigene Note auf: "Er war nicht in Italien gewesen, er schätzte dieses Wissen der anderen nicht einmal hoch, aber er erzog sie auf Ausflügen, auf Friedhöfen, in Kirchen zum Sehen, und lehrte sie, daß ihnen bislang Auge, Urteil, Geschmack, Kunstempfindung gefehlt habe." Es ist dieser volkserzieherische, lebensreformerische Impetus, der ihn - neben der Verehrung Rembrandts - mit Julius Langbehn verbindet, obwohl ihm dessen überspannter Dilettantismus völlig abgeht. Wenn Lichtwark gegen den Materialismus und Intellektualismus der modernen Zeit polemisiert, so tut er dies nicht, weil er sich zurücksehnt zur Einfachheit und Bedürfnislosigkeit einer völkischen Frühzeit. Vor einer Bundesgenossenschaft mit den zivilisationsfeindlichen Sekten der Zeit, den Lichtfreunden, Roggenbrot-Enthusiasten und Antisemiten, bewahrt ihn sein ausgeprägter Pragmatismus, sein Sinn für Zweckmäßigkeit: "Es werden in der nächsten Generation wohl viele in Schleswig-Holstein überschnappen", heißt es prophetisch - im Hinblick auf Julius Langbehn und dessen Anhänger - in einem Brief vom Jahre 1902.

Als Hamburger ist Lichtwark Bürger einer modernen Großstadt und steht unter dem Eindruck der Möglichkeiten, die das neugegründete Deutsche Reich der Weltpolitik und dem Welthandel bietet. Er akzeptiert die modernen technischen und industriellen Errungenschaften, ja er betrachtet sie - in durchaus unromantischem Sinne - geradezu als Voraussetzung für den Bestand des Volkstums: "Wir sind mit gutem Rechte stolz auf die Taten unserer Techniker, Industriellen und Kaufleute, und wir sehen in der wirtschaftlichen Macht, die sie uns im Laufe eines Menschenalters zurückgewonnen haben, eine der Sicherungen für den Bestand unseres Volkstums."

Alfred Lichtwark. Gemälde von Leopold Graf von Kalckreuth 1911 (Kunsthalle Hamburg). Ganz im Sinne seiner Vorstellung vom 'Deutschen der Zukunft' läßt Lichtwark sich in eleganter Kleidung und in weltmännisch-lässiger Haltung darstellen.

Lichtwark meint aber, daß die Entwicklung der geistig-ästhetischen Bildung, des Geschmacks, der Lebenskultur, der Umgangsformen, mit dem naturwissenschaftlichen Fortschritt und dem materiellen Aufstieg der Bourgeoisie nicht Schritt gehalten habe. Und gerade hier sieht er die große Aufgabe seines eigenen Fachs, der Kunstpflege und Kunsterziehung. Er interessiert sich für Großstadtarchitektur, für Stadtparkplanung, für Innenausstattung und sogar für Kleidermode. Ein Brief an die Frau des Kunsthistorikers Gustav Pauli, seines späteren Nachfolgers in Hamburg, gerät ihm zu einer kleinen Abhandlung über die farbige Krawatte, die sich damals - zu Anfang des Jahrhunderts - in der deutschen Herrenmode durchzusetzen beginnt. Lichtwark will einen neuen Typus des Deutschen schaffen, der die politische und wirtschaftliche Weltmachtstellung des neuen Reiches würdig zu vertreten weiß: "Der Deutsche der Zukunft" heißt der Titel seines bekannten Vortrages, den er 1901 auf dem ersten deutschen Kunsterziehungstag hält. Er entwickelt darin das Programm einer lebensnahen und nationalen Form der Bildung, die imstande sein soll, die allenthalben sich isolierenden, in Materialismus und Intellektualismus befangenen Kräfte wieder zu binden und die Zersplitterung des Volksorganismus in Stände und Kasten zu überwinden.

Das "Streben nach neuer Bildung" im Sinne "einer sittlichen Erneuerung unseres Lebens", glaubt Lichtwark - den eigenen Lebensgang vor Augen - gerade in den bisher unterprivilegierten Teilen der Gesellschaft zu finden: "Es ist einer der Grundzüge der Erhebung des vierten Standes, es bewegt die Frauenwelt und hat bisher nur die oberen Schichten des Bürgertums noch kaum berührt." Von den klassenkämpferischen Zügen in der "Erhebung des vierten Standes" spricht Lichtwark allerdings nicht; er scheint sich - wie viele seiner Zeitgenossen - mit der Vorstellung beschwichtigen zu wollen, daß es sich hier um eine verzeihliche Verirrung und Richtungslosigkeit handle, erklärbar aus der Tatsache, daß die "organisierten Lebensmächte" verkümmert oder verschwunden seien, die "einen Einfluß auf die Ausgestaltung unseres Volkstums" haben könnten: Kirche und Hof haben ihre Wirkungsmöglichkeiten verloren, die Zünfte sind aufgelöst. Diejenige Macht aber, auf der die neue Gesellschaft ruht, das Bürgertum, ist noch nicht in der Lage, dem Volkstum ein kulturelles Leitbild zu geben: "Das gesellige Leben hat dieser neue Reichtum auf eine rein materielle Basis gestellt [...]. Es hat wohl bisher noch nie eine gesellschaftliche Oberschicht so ohne Kulturbedeutung gegeben wie die deutsche der Gegenwart."

Hier, im gehobenen Bürgertum und zunächst in der Kaufmannschaft seiner Stadt, setzt Lichtwarks Erziehungsarbeit ein. Denn so wenig sich

Ludwig Knaus, Familienbild Bethel Henry Strousberg, 1870. Strousberg ist der Prototyp eines 'Gründerzeit'-Magnaten, reich geworden durch den Eisenbahnbau. Der Konkurs des Unternehmens, der sich schon 1871 ankündigt, tritt 1875 ein. In der Familienzeitschrift *Daheim* wird er 1869 noch begeistert als ein "tüchtiges Stück Menschenleben und Menschenarbeit" beschrieben. Er läßt sich mit seiner Familie auf der Terrasse seiner Wohnung in der Berliner Wilhelmstraße porträtieren. Während den Eltern, wie Angelika Lorenz in ihrer Arbeit über das deutsche Familienbild schreibt, "noch etwas Bodenständig-Kraftvolles anhaftet", wirkt der Sohn rechts "wie eine Synthese aus Herrenreiter und englischem Gentleman".

Lichtwark die kastenmäßige Absonderung einer Bevölkerungsschicht aus dem Volksorganismus wünscht, so sehr ist doch sein Kulturbegriff orientiert an der Vorstellung einer "Oberschicht" als Trägerin einer das jeweilige Volkstum repräsentierenden und daher für alle Volksschichten vorbildlichen Lebensform.

In einer Arbeit über den Dilettantismus wendet Lichtwark sich gegen die künstliche Wiederbelebung der sogenannten "Volkskunst" und bemerkt dazu: "Es ist verlorene Liebesmüh, neue Bildung von unten aufbauen zu wollen. Aller Fortschritt besteht darin, daß einzelne einen höheren Typus vorleben und die Massen ihnen nachstreben." Derbheit und Grobheit als Ausdruck der Volkstümlichkeit sind endgültig nicht mehr erwünscht, - im Gegenteil: "Noch heute läuft," wie es im Vortrag über den *Deutschen der Zukunft* heißt, "ein Mann, der ästhetische Ansprüche an seine Umgebung und Erscheinung stellt, Gefahr, nicht nur für leichtsinnig, sondern sogar für unaufrichtig und unzuverlässig zu gelten. Wer den Deutschen betrügen will, muß die Maske der Ungeschlachtheit, Derbheit und Ungepflegtheit annehmen." Auch das "Turnen" steht bei Lichtwark offenbar im Verdacht altdeutscher Kraftmeierei. Er scheint die körperliche Ertüchtigung mehr im Sinne einer ästhetischen und gesellschaftlichen Bildung, mehr im modern modischen Sinne des englischen Begriffs vom "Sport" zu schätzen und vermerkt anerkennend: "Ein Berliner Professor konnte einen Preis im Lawn-Tennis gewinnen,ohne daß man es ihm als einen Makel anrechnet."

Überhaupt sieht Lichtwark in den englischen Verhältnissen - wie es sich für den Bürger einer Hansestadt gehört - das Ideal einer nationalen Kultur verwirklicht: Dort gibt es als verbindliches Vorbild, als national geprägten Typus - "den einzigen, den das ganze Volk anerkennt" - den Gentleman. In Deutschland aber fehlt ein solcher durch Überlieferung gewachsener und gefestigter Typus: "Auch der Reichtum braucht Überlieferung um sich auszudrücken, und Überlieferung gab es in Deutschland nicht. Wir hatten keinen über das ganze Land verteilten Stand mit ererbtem Reichtum und überliefertem Kulturleben, dem der neue Reichtum hätte nachstreben können."

Kaum etwas verrät nun eindrucksvoller die Befangenheit Lichtwarks im wilhelminischen Denken als seine Idee, den Offizier, den Professor und den Lehrer zu Leitbildern einer neuen deutschen Gesellschaft zu machen. Er begründet dies damit, daß die Vertreter dieser Berufe - in ihrer typisch deutschen Ausprägung - "festgeschlossene Stände mit eigener Überlieferung und eigenem Standesideal" bilden und durch Heer, Universität und Schule "nicht nur auf Kreise und Teile, sondern auf alle Stände" des Volkes zu wirken vermögen. Es ist wohl kaum ein Zufall, daß es sich um Berufe handelt, die auf uneigennützige Ideale - "Haltung", Disziplin, wissenschaftliche Arbeit - bezogen und, da unselbständig, beamtet und dem Staat auf Lebenszeit verbunden, von vornherein zur politischen Loyalität verpflichtet sind. Denn charakteristisch für Lichtwark (wie für den wilhelminischen Bildungsbürger überhaupt) ist das geringe Interesse an politischen Problemen, genauer gesagt: die Abneigung gegen die Beteiligung am politischen, parteipolitischen Geschäft. Der Name Bebels taucht in Lichtwarks *Reisebriefen* ebensowenig auf wie derjenige Bülows.

Und gerade in dieser Beschränktheit - so verständlich sie auch sein mag - zeigt sich die Schwäche des Lichtwarkschen Kulturprogramms. Hier kommt zum Vorschein, daß die eigentliche politisch-soziale Schwierigkeit des neuen Deutschen Reiches nicht zu überwinden ist: der zeitliche Zusammenfall von nationaler Einigung und industriellem Aufstieg und die daraus resultierende Konstellation, daß sowohl die wirtschaftlichen Privatinteressen als auch die parteipolitische Beschäftigung mit den sozialen Problemen der Industrialisierung in einen Gegensatz zum Gedanken der nationalen Einheit geraten können. Das Fehlen einer historisch gewachsenen, politisch und wirtschaftlich verantwortungsbewußten bürgerlichen Führungsschicht, die hier hätte vermitteln können, läßt sich leider nicht wettmachen durch die Konzeption einer völkischen Kultur und Menschenbildung, die allein im Musischen, Ästhetischen und Weltmännischen ihre Harmonie zu finden sucht und dabei selbst so äußerliche Dinge wie Lawn-Tennis und farbige Krawatte einbezieht.

Diese Lichtwarksche Konzeption steht zwar - gerade auch in ihrem Bemühen, Materialismus und Intellektualismus, wirtschaftliches Privatinteresse und Parteipolitik, durch die Idee der "Bildung" zu verdrängen, - in der langen Tradition des organologischen Denkens, kann aber zugleich in ihrer Künstlichkeit und in ihrem Eklektizismus die parvenuhaften Züge nicht ganz verleugnen, die der wilhelminischen Zeit auch sonst zu eigen sind.

"Lichtwark ist," sagt Karl Scheffler (in der Einleitung der *Auswahl seiner Schriften*), "ein wichtiger Führer nicht nur geworden, weil er seiner Zeit vorauf war, sondern auch, weil er ihr nicht allzu weit vorauf war."

23. Der Volksorganismus in der Sicht wilhelminischer Historiker: Erich Marcks, Max Lenz und Otto Hintze.

Der chronologische Zufall will es, daß die völkische Bewegung, die - aus vielerlei Quellen gespeist - im Laufe der Wilhelminischen Zeit zu einem immer breiteren Strom wird, kurz vor dem Ausbruch des Ersten Weltkrieges noch die passende Gelegenheit zu einer repräsentativen Selbstbesinnung findet: 1913, in den Jahrhundertfeiern zur deutschen Erhebung von 1813. Allenthalben fühlt man den Anlaß, an das eigentümlich Deutsche zu appellieren: Die freideutsche Jugend trifft sich auf dem Hohen Meißner bei Kassel, um auf waldiger Bergeshöhe ein Bekenntnis abzulegen gegen die rationalistische Zivilisation und den politischen Parteienbetrieb der Zeit. In Leipzig wird das monströse Völkerschlachtdenkmal eingeweiht, das nicht mehr wie noch die Regensburger Walhalla den "Einzelnen" zur vaterländischen Einkehr bewegen will, sondern der "nationalen Sammlung" dienen möchte. Die "Weiheschrift des deutschen Patriotenbundes", die aus diesem Anlaß herausgegeben wird, spricht von den "vaterlandslosen Mächten" und sucht die bestehenden sozialen Gegensätze dadurch zu überspielen, daß sie die Nation zur Schicksals- und Opfergemeinschaft stilisiert.

Nicht minder repräsentativ als Massenfeiern und Nationaldenkmäler sind die Festreden wilhelminischer Historiker zum gleichen Anlaß. Auch aus ihnen spricht die Besorgnis gegenüber den "vaterlandslosen Mächten", und mag auch diese Besorgnis subjektiv begreifbar sein, so scheint es doch, daß sie hervorgeht aus einem gewissen Unverständnis gegenüber dem herrschenden Parteienwesen, das - zugegebenermaßen - in der nun einmal bestehenden historischen Situation von vornherein nicht als Möglichkeit zur kritischen Auseinandersetzung erfaßt werden kann, sondern nur als politischer Störfaktor und als Gefährdung der mühsam erreichten völkischen Einheit.

Natürlich färbt diese Einstellung die Interpretation der Ereignisse von 1813. Noch Friedrich Engels hatte 1841 in seinem vorhin zitierten Arndt-Aufsatz an die "Verwandtschaft" der Französischen Revolution mit der Volkserhebung von 1813 erinnert. Aber schon sechs Jahre später, 1847, hatte Bismarck in seiner ersten Landtagsrede dieser liberal-demokratischen Auffassung widersprochen und erklärt, die Volkserhebung sei "nicht auf irgendwelche innere Ziele ausgegangen, sondern auf die Abschüttelung der Fremdherrschaft". Auf diesen gewichtigen Zeugen kann sich der Historiker und bekannte Bismarck-Biograph Erich Marcks berufen, als er 1913 einen Vortrag im "Deutschen Verein zu Boston" hält: Nochmals läßt er es sich angelegen sein, die "vergröbernde Ansicht" einzuschränken, die Erhebung von 1813 sei "ein Kampf um die Verfassung, etwa gar [...] ein Handel mit dem Könige" gewesen; auch bei den preußischen Reformen sei es um die Schöpfung eines volkstümlicheren Staates gegangen, um "eine Verinnerlichung und tiefere seelische Begründung des deutschen Staats", nicht aber um die Durchsetzung politischer, verfassungsmäßiger Rechte.

Mehr Einsicht verrät der Historiker Otto Hintze, wenn er - ebenfalls in einem Vortrag zur Jahrhundertfeier 1913 - zugibt, daß das "Überwiegen des herrschaftlichen Prinzips über das genossenschaftliche" im neuen Reich "schwere Gefahren mit sich gebracht" habe, "eine heillose Zersplitterung und Vergiftung der Parteien". Bei anderer Gelegenheit - in einem Vortrag des gleichen Jahres 1913 - erläutert er dies dahingehend, daß die sozialdemokratische Bewegung sich deshalb vom Staatsleben abgesondert habe, weil der "uralte germanische Drang, das staatliche Gemeinwesen auf genossenschaftlicher Grundlage" aufzubauen, in der neuen Reichsverfassung nicht berücksichtigt worden sei. Wie man sieht, verwendet Hintze hier die Terminologie Gierkes. Das aber bedeutet: Er versucht - bei aller grundsätzlichen Einsicht in die Mängel der Verfassung - einen Vorgang des demokratischen Parteienstaates zu definieren mit Hilfe einer Terminologie, die eigentlich dem Begriff der korporativ gegliederten Volksgemeinschaft zukommt.

Die Kehrseite dieses Unverständnisses gegenüber dem herrschenden Parteienwesen ist die Loyalität des Bildungsbürgers gegenüber der preußisch-deutschen Staatsbürokratie und ihrem in die Zeit der Hardenbergschen Reformen zurückreichenden Ethos. Der Berliner Germanist Gustav Roethe, ein ebenso prominenter wie typischer Bildungsbürger der wilhelminischen Zeit, drückt dies 1919 rückblickend in dem heute fast naiv wirkenden Eingeständnis aus, "daß wir in dem vortrefflichen preußischen Beamtenstaat uns das Mitreden ersparen konnten." Und angesichts der "häßlichen politischen Sünd- und Schlammflut", die die "Novemberrevolution" ans Ufer gespült habe, fügt er den Wunsch hinzu, man möge zu "jenem rühmlichen Staate des Vertrauens" zurückfinden, den die Hohenzollern ihren Preußen geschenkt hätten.

Allerdings ist der Organismusgedanke, dem solches "Vertrauen" entwächst, am Vorabend des Ersten Weltkrieges schon nicht mehr durchweg der alte romantische Volkstumsgedanke. Der Wunsch nach militärischer und industrieller Effizienz des neuen Reiches und demgegenüber die Sorge, daß die internationalistischen Tendenzen des Ultramontanismus und besonders des Sozialismus die völkische Einheit zersetzen könnten, führen zwar dazu, daß man den völkischen Gedanken um so dringlicher betont, aber man veräußerlicht ihn zugleich, indem man ihn forciert. Der Historiker Max Lenz hält zur Kaisergeburtstagsfeier 1894 einen Vortrag über "Luthers Lehre von der Obrigkeit" und vergleicht darin die Agitation der Sozialdemokratie mit den Bauernkriegen des 16. Jahrhunderts, die er eine "ebenso gedankenarme wie unheilvolle Empörung" nennt. Angesichts solcher Auflösungserscheinungen hebt er hervor, daß die lutherische Obrigkeitslehre den protestantischen Nationen "die weltgeschichtliche Führung" gebracht habe, und er spricht in diesem Zusammenhang von der Tugend "unseres Gehorsams". Erich Marcks feiert in ähnlicher Weise den "Geist der Disziplin, der unsere Industrie groß gemacht", und die "militärische Zucht", die "unser Volksleben hundertfach befruchtet" hat.

Es ist im Grunde weniger die gewachsene, organisch gegliederte Volkseinheit, die man vor Augen hat, als vielmehr die straff organisierte, durch Disziplin, Zucht und Ordnung bestimmte und auf die monarchische Spitze ausgerichtete Volksmasse. Man hält zwar am Organismusgedanken fest, aber die Formulierungen zeigen immer wieder, daß er dem Denken des Industriezeitalters eigentlich nicht mehr angemessen ist. Marcks spricht, wenn er die sozialdemokratischen Arbeiter meint, von "unseren Massen": Er habe sich "so manches Mal bang gefragt, ob die unabweisbaren Lebensforderungen des deutschen Staates von unseren Massen anerkannt und erfüllt werden [...]."

Dann bricht der Krieg aus, und in der Reichstagssitzung vom 4. August 1914 kommt es nun zu dem erlösenden Ereignis, das alle Sorgen um die Einheit und Geschlossenheit des Volkes mit einem Schlage zu zerstreuen scheint: Die sozialdemokratische Fraktion, die noch wenige Monate zuvor beim sogenannten "Kaiserhoch" demonstrativ sitzengeblieben war, stimmt der Bewilligung der Kriegskredite zu, - eine Entscheidung aus nüchterner Einsicht in das Unvermeidliche, bei der wohl ein wenig auch die Furcht vor dem Verlust von Wählerstimmen wie bei den sogenannten "Hottentottenwahlen" von 1907 mitspielt und die sicherlich dadurch erleichtert wird, daß Rußland, die Vormacht der europäischen Reaktion, zu den Kriegsgegnern gehört. Man kann sich heute kaum noch eine Vorstellung von der Wirkung machen, die dieses Solidaritätsvotum der - seit 1912 immerhin stärksten - Reichstagspartei in den Kreisen des konservativen Bürgertums hat: "Mit tiefem, befreiendem Jubel haben wir es gehört - nicht nur des Krieges halber," heißt es bei Erich Marcks. Und sogleich ist man geneigt, sich überschwänglichen Illusionen hinzugeben und sich vorzutäuschen, daß das eigentlich nie gewesen sei, was nicht hätte sein dürfen: "Der schlimme Klassengegensatz, der das deutsche Volk mehr scheinbar als in Wirklichkeit trennte," sei - schreibt Otto Hintze - "durch die Verschmelzung aller Klassen zu einheitlichem Volksbewußtsein zerstört worden."

Im Vergleich mit dem feindlichen Ausland ist dieses deutsche "Augustwunder" allerdings wenig spektakulär. Denn in fast allen kriegführenden Ländern und keineswegs nur in Deutschland bewilligen die Sozialisten die Kriegskredite. Und das Kaiserwort vom 4. August "Ich kenne keine Parteien

"Zwei Deutsche": Bismarck und der 1913 verstorbene sozialdemokratische Parteiführer August Bebel auf dem Titelblatt des *Simplicissimus* vom 25. August 1914: "Na, Bebel, jetzt lernen wir uns doch noch richtig kennen!"

mehr, ich kenne nur Deutsche" hat seine genaue Entsprechung schon in der Erklärung des französischen Präsidenten Raymond Poincaré vom 1.August: "In dieser Stunde gibt es keine Parteien mehr, sondern nur ein ewiges Frankreich." Verständlich ist die Begeisterung im deutschen Bürgertum allein vor dem Hintergrund der Auseinandersetzungen um die sogenannten "Reichsfeinde" während der vorhergehenden Jahrzehnte.

Und sogleich erscheinen auch die verfälschenden Interpretationen wieder, die das ganz Andersartige in die vertrauten Kategorien zu zwängen suchen: Ernst Troeltsch bezeichnet die etablierten sozialistischen Organisationsformen der Arbeiterschaft als bloße "Ersatzbildungen", die zu einer Zeit sich entwickelten, als der Gedanke des organischen Volksganzen verlorengegangen war. Überhaupt soll der Kriegsausbruch als das große befreiende Erlebnis gelten, das alles Getrennte wieder zur lebendigen Einheit verschmolzen habe. Abermals taucht das alte Problem der Spaltung des Volkes in "Gebildete" und "Ungebildete" auf: Troeltsch - von Haus aus kaum ein Vertreter organologischer Theorien - erklärt das Erlebnis des August 1914 als die große Synthese aller Lebensäußerungen des Volkes, als "Erlösung von dem tiefen, so oft nur eingebildeten und künstlich vorgetäuschten Gegensatz zwischen unserem gesunden, tüchtigen, fleißigen Volke und dem Treiben der sogenannten Intellektuellen mit all seinen Pessimismen, Sophismen und Blasiertheiten." Das "Volk", das hier ein wenig gönnerhaft apostrophiert wird, meint offenbar die "ungebildeten", unteren Schichten, kurz darauf als "die Massen" bezeichnet: "[...] Das war zugleich der größte Gegensatz gegen die Massen, die als ländliche in alten Lebensformen organisch gebunden lebten oder als Arbeiter mit starkem und grobem Zukunftsglauben sich selber organisierten. Da kam der Krieg und mit ihm zusammen die Offenbarung dessen, was allen gemeinsam war."

Bemerkenswert ist übrigens, daß Troeltsch den Organismusgedanken nicht etwa - wie Otto von Gierke - im germanischen Genossenschaftsgeist begründet sein läßt, sondern in der lutherischen Reformation, in der "alten Gewöhnung kirchlich-religiösen Gemeingefühls und religiöser persönlicher Selbsthingabe", und dazu in "unserer großen klassischen Philosophie". Beide Erklärungen sind gleichermaßen realitätsfremd und mögen allenfalls für die "Gebildeten" gelten, keineswegs aber für das "Volk". In noch höherem Maße wird dies zutreffen für die pathetische Gebildetenprosa des Altphilologen Ulrich von Wilamowitz-Moellendorff, der "aus der tiefsten germanischen Volksseele" spricht, wenn er erklärt, daß "ernste Männer sich mit dem Gedanken versöhnt hätten, daß es zum Kriege kommen müsse nicht um des Sieges willen, nach dem wir nicht verlangen, sondern wegen der Not, welche die Herzen reinigen und stählen wird."

24. "Ich kenne keine Parteien mehr, ich kenne nur Deutsche": Die Fichte-Renaissance und die "Ideen von 1914" als Ausdruck germanischen Gemeinschaftsdenkens.

Schon bald findet man eine Formel, die alle Facetten dieses "Augustwunders" zusammenfassen soll: "die Ideen von 1914", - eine Formel, die dadurch ihr Gewicht erhält, daß sie 1914 zum großen Symboljahr macht, das sich gegen das andere große Symboljahr der neueren Geschichte richtet, gegen 1789. Aufgebracht wird sie von dem Nationalökonomen Johann Plenge, bekannt aber wird sie durch den schwedischen Staatsrechtler Rudolf Kjellén, dessen Schriften während des Ersten Weltkrieges und danach große Verbreitung in Deutschland finden und dessen Eintreten für die deutsche Sache wohl zu einem nicht geringen Teil motiviert ist in dem traditionellen schwedischen Rußlandhaß. Kjellén macht die Formel zum Titel eines Buches, in dem er 1789 und 1914 als die große weltgeschichtliche Antithese gegeneinanderstellt: Die "Ideen von 1789" seien "echte und rechte Händlerideale,[...] die nichts anderes bezwecken, als den Individuen bestimmte Vorteile zu verschaffen", Dividende vonseiten des Daseins, die ökonomischen Gewinn und sinnliche Lust bringen; die "erste Idee von 1914" dagegen sei die "Ordnung", das heißt: "Zusammengehörigkeit, Selbstzucht, Disziplin, voraussehende Berechnung, gebührende Autorität". Man sieht: Kjellén bringt das in ein System, was sich in den ebenzitierten Reden der Historiker schon andeutete.

In den Zusammenhang solcher Vorstellungen gehört auch die merkwürdige Popularität der Fichteschen Philosophie zu Beginn und während des Ersten Weltkrieges. Es mag sein, daß die patriotische Emotion der *Reden an die deutsche Nation* den ersten Anstoß zu dieser Fichte-Renaissance gibt. Im Aufruf der "Fichte-Gesellschaft", die das Gründungsjahr 1914 ausdrücklich in ihrem Namen führt, heißt es jedenfalls: "Die Fichte-Gesellschaft von 1914 will die völkische Kraft und Einmütigkeit, wie sie sich in den Augusttagen von 1914 offenbarte, wachhalten und fördern [...]. Sie erstrebt die Deutschwerdung der öffentlichen Werkzeuge einer völkischen Volkserziehung: Schule,Bühne, Presse, Kunstvermittlung, Buch- und Vortragswesen." Das eigentliche Interesse richtet sich dann aber sehr bald auf ein konkretes Detail der Fichteschen Philosophie: auf die Theorie vom "geschlossenen Handelsstaat", die man in Verbindung setzt zu den aktuellen Problemen der deutschen Kriegswirtschaft. Obwohl diese Theorie von Haus aus eine naturrechtliche, aufklärerisch-rationalistische Konstruktion ist, trifft sie sich mit der organologischen Lehre doch zumindest in dem Gedanken des

Bezogenseins aller Teile auf das Ganze und des Abschlusses nach außen. Und sie wird nun um so mehr zu einem Bestandteil der völkischen Ideologie, als man meint, die deutsche Wirtschaftsverfassung werde auch künftighin, also auch nach dem Kriege, stärker in Richtung auf nationale Geschlossenheit und Autarkie hin organisiert werden müssen.

Die Berechtigung zu solchen Ideen schöpft man aus dem Glauben, daß die deutsche Sozialdemokratie ihren internationalen, klassenkämpferischen Idealen abgeschworen und sich zu einer nationalen Haltung bekannt habe, daß sie - wie es in einer Schrift von 1916 heißt - Marx durch Fichte ersetzt habe. Der Nationalökonom Johann Plenge erklärt, aus den Erfahrungen des Krieges werde "das erste wirtschaftliche Zeitalter der Volksgenossenschaft" hervorgehen, und der Philosoph Richard Kroner bemüht sich, den "Fichteschen Sozialismus" vom internationalen Sozialismus der Sozialdemokratie zu trennen:

"Der Fichtesche Sozialismus ist also, weil er die Sozialisierung nicht von einer proletarischen Verbrüderung, sondern von der Anwendung staatlicher Zwangsmittel erwartet, alles andere als international im Sinne des Marxismus, er ist aber auch alles andere als kosmopolitisch im Sinne des kapitalistischen Individualismus, da er die Handelsfreiheit im Innern beschränkt und nach außen völlig aufhebt. Der soziale Gedanke vermag sich daher, weil er im Staate und durch den Staat verwirklicht werden soll, ungezwungen mit dem nationalen zu verbinden."

Solche Außerungen zeigen, daß die völkische Ideologie zu dieser Zeit nicht eigentlich mehr das Bild eines organisch gewachsenen, korporativ gegliederten Gemeinwesens vor Augen hat, sondern weit eher das Bild einer auf strenges Zusammenspiel der einzelnen Kräfte bedachten staatlichen Organisation, also eben das, was Kjellén als "Zusammengehörigkeit, Selbstzucht, Disziplin, voraussehende Berechnung, gebührende Autoritat" beschreibt. "Wir waren ein Volk der Dichter und Denker," erklärt Johann Plenge, "wir sind ein Volk der neuen Arbeitspraxis geworden. Praktisch dichten und denken heißt: organisieren."

Mit Kjelléns Buch über *Die Ideen von 1914* ist das chronologische Ziel, das sich die vorliegende Arbeit setzte, erreicht. Es zeigte sich, daß der völkisch-organologische Gedanke zumindest in seiner kontinuierlichen Verwendung und in seiner weiten Popularität ein typisch deutsches Phänomen ist, - und zwar insofern, als er sich immer wieder gegen Gesellschaftsgruppen wendet, die sich durch ihre internationalistischen Tendenzen, besonders durch ihren Anschluß an die westlichen Nachbarn, suspekt machen: Höfische Kultur, humanistische Bildung, großstädtischer Intellektualismus, demokratisches und sozialistisches Ideengut, - alles das hat (tatsächlich oder angeblich) seinen Ursprung im benachbarten römisch-romanisch-westeuropäischen Bereich.

Während aber am Anfang - in der Agitation gegen die "verwelschten" Fürstenhöfe - noch der Anschluß an die aufklärerisch-humanitäre Tradition des 18. Jahrhunderts möglich ist und die Französische Revolution noch als Ausdruck eines typisch germanischen Freiheitsstrebens gedeutet werden kann, steht am Ende - in der Agitation gegen Sozialismus und parlamentarische Demokratie - die völlige Entfremdung von den westeuropäischen Völkern und die Deutung der Französischen Revolution als Ausdruck eines durch und durch ungermanischen, gleichmacherischen Demokratie-Begriffs.

Es wäre nun durchaus reizvoll, einige der hier gezeichneten Linien bis in die nationalsozialistische Ära hinein auszuziehen. So lenkt etwa die Straffung des Volkstumsgedankens durch Begriffe wie Zucht, Ordnung und Disziplin, von der eben die Rede war, den Blick hinüber zu Oswald Spenglers Germanen, den Träger der "faustischen Willenskultur", den "Tatsachenmenschen großen Stils", und schließlich zur strengen Politisierung des Volksbegriffs während des Dritten Reiches: "Volk und Staat finden sich in der Politik, die gemacht wird", heißt es 1937 bei dem nationalsozialistischen Philosophen Alfred Baeumler. Es verbirgt sich dahinter die allgemeine Tendenz, das vegetativ-beharrende Element des Volksbegriffes zurückzudrängen, den wikingerhaft schweifenden Irrationalismus als "faustischen Drang" zu interpretieren und über diesen Umweg dann zu einem straffen, wirklichkeitsbezogenen Leistungsdenken zu gelangen.

Gerade dieses eine Beispiel zeigt aber, daß schon 1914 der völkisch-organologische Gedanke der dreißiger Jahre in einigen wesentlichen Zügen ausgebildet ist. Nach der Machtergreifung der Nationalsozialisten 1933 versucht jedenfalls Johann Plenge zu beweisen, daß seine "Ideen von 1914" eine - wie er wörtlich sagt - "unzweideutig klare Vorwegnahme der nationalsozialistischen Idee mit allen ihren Grundforderungen" gewesen seien. Trotz solcher Anpassungsbereitschaft sollte man sich hüten, diese "Ideen" schlechtweg als "präfaschistisch" abzuqualifizieren, denn der Weg in den Nationalsozialismus ist durch sie keineswegs zwingend vorgezeichnet. So bemüht sich derselbe Plenge (übrigens der "Doktorvater" des späteren SPD-Vorsitzenden Kurt Schumacher) 1916 noch, die "hohe Entsprechung" der "Ideen von 1914" mit dem Christentum und seiner Überwindung des Individualismus herauszustellen.

Nicht zu leugnen ist gleichwohl, daß beim Kriegsausbruch 1914 zum ersten Mal zum Vorschein kommt, was dann auch die Weimarer Republik nicht mehr rückgängig machen kann: Die deutsche Kultur hat sich während des vorausliegenden Jahrhunderts mehr und mehr von den geistigen Traditionen des Abendlandes isoliert, und die sogenannten "Ideen von 1914" sind nur die letzte Artikulierung dieses allmählichen Entfremdungs- und Einkapselungsprozesses. Deshalb können die Bemühungen des Selbstverständnisses, die in der Propagierung dieser "Ideen" ihren Ausdruck finden, das Unverständnis im neutralen Ausland nur erhöhen, während die Gegner Deutschlands nichts weiter zu tun brauchen, als sich mit den naturrechtlich-aufklärerischen Demokratie-Definitionen zu identifizieren, die andernorts längst Allgemeingut geworden sind: mit den "Ideen von 1789".

ANMERKUNGEN

Allgemeine Literatur zum Thema wird schon zitiert in meiner ,Deutschen Germanen-Ideologie', 1970. Danach erschien H. Gollwitzer, Zum politischen Germanismus des 19. Jhs., in: Festschrift für Hermann Heimpel, 1. Bd.,1971, S. 282- 356. Der außerordentlich instruktive und faktenreiche, sich gelegentlich allerdings in Details und Randerscheinungen verlierende Aufsatz ist offenbar als eine Art Bestandsaufnahme gedacht. Daß er sich gleichwohl an kaum einer Stelle mit meiner ,Germanen-Ideologie' und der vorliegenden Arbeit berührt, spricht für die Unermeßlichkeit des Themas. Einen Hinweis verdient (da in meiner Arbeit ausgeklammert) die Behandlung der "außenpolitischen Figurationen": des Skandinavismus, des angelsächsischen Teutonismus, der WASP-Bewegung in Nordamerika, des Flamingantismus usw. (S.320ff.). Von allgemeiner Wichtigkeit ist ferner H. Plessner, Die verspätete Nation, 1959, suhrkamp taschenbuch wissenschaft 66, 1974. Der Grundgedanke des Buches ist, daß die westeuropäischen Völker ihre nationalstaatliche Basis bereits im 16./17. Jh. fanden und daß sich daher dort der nationale Gedanke mit den Mächten der Aufklärung verbinden konnte, während in Deutschland die Bismarcksche Reichsgründung "unseligerweise in die Epoche der beschleunigten Industrialisierung fiel" und der Mangel an nationalstaatlicher Tradition ("das versäumte 17. Jahrhundert") zum Anschluß an die romantische Bewegung führte (S.14f., 62f. usw.).

S. 11

Menenius Agrippa: Vgl. W. Nestle, Die Fabel des Menenius Agrippa, in: Klio 21, 1927, S.350—360. Nestle sucht den Ursprung dieser von Livius (11,32) und anderen überlieferten Fabel in den innenpolitischen Wirren der griechischen Polis während des ausgehenden 5.Jhs.: "Damals wurde die Mahnung zum 'Gemeinsinn' (homónoia) immer lauter und lauter einerseits gegenüber einem auf die Spitze getriebenen Individualismus, wie ihn gewisse Richtungen der Sophistik [...] proklamierten, andererseits gegenüber der Spaltung der Bürgerschaften in eine Partei der Demokraten und Oligarchen [...]" (S. 353). P. Barié, Die 'mores maiorum' in einer vaterlosen Gesellschaft. Ideologiekritische Aspekte literarischer Texte, aufgezeigt am Beispiel des altsprachlichen Unterrichts, 1973, S. 110-126, interpretiert die Fabel ausdrücklich als "Modellfall einer primitiven Herschaftsideologie".

S. 12f.

Der Einfluß Burkes und die romantische Volksgeist-Lehre: Zum Einfluß Burkes vgl. U. Vogel, Konservative Kritik an der bürgerlichen Revolution. August Wilhelm Rehberg (Politica Bd.35), 1972, C. Haase, Ernst Brandes 1758-1810, 1. Bd., 1973. - Zur Volksgeist-Lehre G. Rexius, Studien zur Staatslehre der Historischen Schule, in: Hist.Zs. 107, 1911, S.496-539, H. Kantorowicz, Volksgeist und historische Rechtsschule, in: Hist.Zs. 108, 1912, S. 295-325. E. Rothacker, Savigny, Grimm, Ranke. Ein Beitrag zur Frage nach dem Zusammenhang der Historischen Schule, in: Hist.Zs. 128,1923, S. 415-445, E. Wohlhaupter, Nikolaus Falck und die historische Rechtsschule, in: Hist.Jb. 59, 1939, S. 388-411. Zur Verwendung und Trivialisierung der Schellingschen Organismuslehre durch Savigny schreibt Kantorowicz S. 316 ff.: "Statt daß 'Entwicklung' ein Werden mit einem bestimmten *Ziel*, Telos (Herders 'Humanität', Hegels 'Freiheit') oder ein Werden von einer bestimmten organischen, dialektischen oder sonstigen Eigenart bedeutet, heißt 'Entwicklung' bei Savigny und seiner Schule einfach Werden schlechthin und empfängt keine anderen Prädikate als die jedem Werden zukommende stetige Veränderung bei beharrender Substanz" (S. 316). Zu der "eigentümlich deterministischen Auffassung" Savignys, die jeglichen Eingriff in die Rechtsentwicklung durch Gesetzgebung ausschließt, bemerkt Wohlhaupter S. 403 ff.: "Man kann diese Lehre organisch nennen, wenn man darunter versteht, das Recht solle sich selbst überlassen werden, wie es gerade wachse. Wenn man aber, was wohl richtiger wäre, eine Rechtsschau dann als organisch bezeichnet, wenn sie vom sozialen Organismus, seinem Leben und seinen Funktionen ausgeht, so muß die historische Rechtsschule mit ihrem evolutionistischen Element weitgehend auf dieses Prädikat des Organischen verzichten" (S. 405). Wohlhaupter weist auch darauf hin, daß Savigny "mit seiner humanistisch gefärbten Bewunderung des römischen Rechts" die Tatsache der Rezeption ziemlich problemlos hingenommen, mit dem romantischen Gedanken "echter Keimkraft aus der eigenen Wesensart" also nicht Ernst gemacht habe (S. 405, 407).

S. 12f.

Die Organismuslehre in der französiscben Aristokratie des 18. Jhs.: P.R.Rohden, Deutscher und französischer Konservativismus, in: Die Dioskuren 3, 1924, S. 90-138, bes. S.119f.

S. 17

Antihöfische Literatur im 18. Jh.: Vom "feurigen Enthusiasmus der Westfranken" spricht Theophil Fr. Ehrmann, Der Weltbürger, Germanien 1791f., Bd. I/3, S. 295. Den Beleg verdanke ich der anregenden Materialsammlung H.-W. Jägers, Politische Kategorien in Poetik und Rhetorik der 2. Hälfte des 18. Jhs. (Texte Metzler 10), 1970, S.48. Sein Versuch, von der Kennzeichnung politischer Ereignisse durch poetologische Begriffe auf politische Implikationen der Dichtung zu schließen, hat mich allerdings nicht durchgängig überzeugt, da die genannte Metaphorik doch wohl zunächst eher auf gewisse poetische Implikationen der politischen Anschauungen schließen läßt. Daß "das Spiel mit volltönenden Freiheitsreden [...] ein Erbe der guten klassischen Bildung" war, bemerkt G. Roethe, Dt.Dichter des 18. und 19. Jhs. und ihre Politik, 1919, S. 12, wohl mit Recht. Man schwärmte für Hermann ebenso wie für Brutus und Timoleon (vgl.Fr.L. von Stolberg, "Die Freiheit"). Dazu auch A. Kelletat, Der Göttinger Hain, 1967, S. 423. - Zu Klopstocks "Etats Généraux" G. Kaiser, Klopstock als Patriot, in: Nationalismus in Germanistik und Dichtung. Dokumentation des Germanistentages in München 1966, 1967, S. 145-169, bes.S.163f. - Wenn deutsche Zeitgenossen der Französischen Revolution geltend machen, daß die "wahre Duldung" eigentlich von Deutschland ausgegangen sei, so berufen sie sich übrigens nicht nur auf Arminius, sondern auch auf Luther (z.B. das "Trinklied für Freie" von J.H. Voß, Str.10) und vor allem auf den aufgeklärten Absolutismus Friedrichs des Großen und Josephs II. Dazu R. Stadelmann, Deutschland und die westeuropäischen Revolutionen, in: R.St., Deutschland und Westeuropa, 1948, S. 1-33, der darauf aufmerksam macht, daß in Deutschland ein Revolutionsmythos fehle, und diese Tatsache darauf zurückführen möchte, daß hier die entsprechende "bodenständige politische Errungenschaft" der "aufgeklärte Absolutismus" sei (S.47, 22). Hinzuzufügen wäre seinen Belegen Georg Forster, Ansichten vom Niederrhein, in: Forsters Werke, 2.Bd., 1968, S.156, 223ff.,313, 407.

S. 18ff.

Daß der *Volks- und Nationalbegriff der Romantik* aus dem aufklärerisch-rationalistischen Weltbürgertum des 18. Jhs. hervorgewachsen ist, wurde erstmals eindringlich von Fr. Meinecke, Weltbürgertum und Nationalstaat, 1907, nachgewiesen. Vgl.auch Carl Schmitt, Politische Romantik, 1919, 3.Aufl.1968, S.153 ff. - Die literaturgeschichtliche Romantik-Forschung war lange Zeit wenig geneigt, das von Meinecke gezeichnete Romantik-Bild zu akzeptieren, und betonte lieber das völlig Neue, die Begründung einer typisch deutschen Weltanschauung, so etwa E.Ruprecht, Der Aufbruch der romantischen Bewegung, 1948, S.18ff. Gegen Meinecke polemisierte bereits M. Wundt, Fichte und Klopstock. Zur Frage der Entstehung des völkischen Gedankens bei Fichte, in: Beitr. zur Philosophie des Dt.Idealismus 2, 1921, S. 40-42.

S. 18ff.

J.G. Fichte, *Der geschloßne Handelsstaat*, in: J.G.F., Ausgewählte Werke in 6 Bänden, hg. von F. Medicus, 3.Bd.,1962, S.417-543, das Zitat S.539. Vgl. R. Hönigswald, Über J.G.Fichtes Idee eines geschlossenen Handelsstaats, in: Beiträge zur Philosophie des Deutschen Idealismus 2. Bd.,1.Heft, 1921, S. 19-29. Zur Renaissance dieser Idee am Beginn des Ersten Weltkrieges s.oben S. 171ff.

S. 19f.

J.G. Fichte, Reden an die deutsche Nation, in: J.G.F., Ausgew.Werke, hg. von F. Medicus, 5. Bd.,1962, S. 365-610. - Zitate S. 511, 547f., 608 ("Menschengeschlecht", "Menschheit"), 470 ("Urvolk"), 423 (Skandinavier), 425 (nicht "Reinheit der Abstammung"), 430 (Sprache), 438 ("gcnialisches Spiel"), 387ff., 448 ("gebildete Stände"), 438 ("Geist" und "Gemüt"), 466 f.,504, 606 (der Bürger und seine Tugenden), 577 (Berufung auf den "geschloßnen Handelsstaat"), 387ff., 516 (zu Fichtes beiden Volksbegriffen *vulgus in populo* und *populus*). — Vgl. dazu W. Windelband, Fichte's Idee des deutschen Staates. Rede zur Feier des Geburtstages S.M. des Kaisers, 1890, 2.Aufl.1921, R. Kroner, Der soziale und nationale Gedanke bei Fichte, Vortrag in der Fichte-Hochschulgemeinde zu Freiburg i.Br.,1920, D.Bergner, Neue Bemerkungen zu J.G. Fichte. F's Stellungnahme zur nationalen Frage, 1957, M.Buhr, Revolution und Philosophie. Die ursprüngliche Philosophie J.G. Fichtes und die Französische Revolution, 1965, B. Willms, Die totale Freiheit. Fichtes politische Philosophie (Staat und Philosophie Bd. 10), 1967, Zwi Batscha, Gesellschaft und Staat in der politischen Philosophie Fichtes (Kritische Studien zur Politikwissenschaft), 1970, S.17f.

S. 20

Ernst Moritz Arndt: Das Urteil über die Franzosen in E.M.A., Reisen durch einen Teil Deutschlands, Ungarns, Italiens und Frankreichs in den Jahren 1798 und 1799 (erschienen 1801/03), dazu F. Hertz, Das Problem des Nationalcharakters bei E. M. Arndt, in: Forschungen zur Völkerpsychologie und Soziologie 3, 1927, S. 46-72, bes.S.48f. - Zitat aus "Geist der Zeit" in: E.M.A., Geist der Zeit IV, 5, hg. von H. Meisner, o. J., S.158f. - Zitate aus "Über Volkshaß" in: E.M.A., Ueber Volkshaß und den Gebrauch einer fremden Sprache, 1813, S.11f.,20,17. - Zu den rationalistischen Zügen in Arndts Staatsbegriff vgl.unten S. 179.

S. 21ff.

Friedrich Ludwig Jahn, Deutsches Volkstum, o.J., S.25 ("Der Menschen Stammvater"), 31 ("von Außenwirkung frei"), 64 ("Hermann und Luther"), 82 ("Wiederhersteller des Urchristentums"), 83 (Kindlichkeit-Verderbtheit), 84 ("morgenländische Bildung"), 138 ("Ungleichheit"), 143ff. (Geschlechtsadel-Verdienstadel), 162ff. (Volksgefühl, Volksfeste), 172 (Freiheit, Aufklärung, Vernunft), 203 ("Nachmittagsschlummer"). - Zu Jahns Beeinflussung durch den Rationalismus und die Französische Revolution vgl. M. Antonowytsch, Fr.L. Jahn. Ein Beitrag zur Geschichte der Anfänge des deutschen Nationalismus (Historische Studien H. 230), 1933, S. 17ff., 40f. - "Die Einungskraft", "das unnennbare Etwas", das den Einzelnen an das Ganze bindet, ist nach A. Baeumlers Meinung die beste bisher gefundene Definition für "Volkstum": vgl. Fr. Eckardt, Fr.L. Jahn. Seine politische Würdigung im Dritten Reich, 1937, S. 16f. - Vom "Turnerpatriotismus" spricht Börne in: Menzel der Franzosenfresser, hg. und eingel. von W. Hinderer (sammlung insel 45), 1969, S.143. — Ablehnend gegenüber dem Jahnschen Turnwesen äußert sich G.G. Gervinus in seiner Autobiographie: "Es war dies die Zeit, wo der teutonische Schwindel von der Universität aus auch in die Schulen eindrang [...]. Vorübergehend wurde das Turnen bei dem Gymnasium eingeführt [...]. Die wichtigthuende Befehlshaberei und die affectirte Gespreiztheit der Vorturner stieß mich schon damals ab, besonders aber war mir für meine überfreien Neigungen der Zwang, die Methodik, das Handwerk auch in dieser Kunst zuwider, die der Knabe doch eben nur als ein Spiel ansah" (G. G. Gervinus. Von ihm selbst. 1860, hg.von J.K(...), 1893, S. 20f.

S. 23f.

Arndts und Jahns "antiwelscber" Affekt: Arndt, Geist der Zeit IV, 5, hg. von H. Meisner, S. 170 f.(Karl XI.), Jahn, Deutsches Volkstum, S.121ff., bes. S.132. Neben Arndt und Jahn ist der Historiker Heinrich Luden zu nennen, der sein patriotisches Engagement ähnlich wie Arndt mit dem aufklärerisch-humanitären Ideengut verbindet, indem er von der Spaltung des Menschengeschlechts in einzelne Völker spricht und die Einheit eines Volkes nicht aus der biologischen

Substanz, sondern aus der räumlichen Absonderung und der gemeinsamen geschichtlichen Erfahrung erklärt. In seiner Vorlesung "Einige Worte über das Studium der vaterländischen Geschichte", 1810, Neudruck 1955, S.14 f., schreibt Luden: "Die Natur will unleugbar mehrere Völker nebeneinander auf der gemeinsamen Erde: Die unendliche Fülle des Geistes, die sich im Leben entfalten soll, kann sich nur entfalten in vielen und verschiedenen Weisen und Eigentümlichkeiten. Darum sondern Höhen und Tiefen, Meere und Gebirge Menschen von Menschen und geben eben damit Veranlassung zur Vereinigung von Menschen mit Menschen [...]."

S. 25

Gutachten der preußischen Oberpräsidenten 1817: Vgl. Moderne dt.Sozialgesch., hg. von H.-U. Wehler, (Neue Wiss.Bibl. 10), 1970, S. 64, 476. - *Preußen als abstrakt-rationalistisches und nicht-"völkisches" Staatsgebilde* wird noch 1849 wegen eben dieser Eigenart als Basis eines deutschen Einheitsstaates empfohlen von dem Breslauer Rechtsprofessor Ernst Theodor Gaupp, Das deutsche Volksthum in den Stammländern der preußischen Monarchie. Einige besonders dem südlichen und südwestlichen Deutschland zur Beherzigung empfohlene Worte, 1849, S.33ff.: "Es ist wohl auch sonst schon darauf hingewiesen worden, daß sich in manchen inneren Schöpfungen des preußischen Staats eine auffallende Richtung zum Abstrakten und Allgemeinen kund gebe, bei welcher die Rücksicht auf eine besondere Nationalität, überhaupt auf ein individuelles Dasein ganz in den Hintergrund trete, und man sich nur noch in dem weiten Gebiete des unbeschränkt Menschlichen zu bewegen scheine. Nirgends springt dieß wohl mehr in die Augen als in vielen Theilen des allgemeinen preußischen Landrechts, in welchem an keiner Stelle von Preußens Staat und König, von den eigentümlichen grade hier durch die Geschichte gegebenen Verhältnissen die Rede ist, sondern immer nur von einem Staate überhaupt und einem Staatsoberhaupte, welchem gewisse Rechte beigelegt werden, damit es ihm möglich sei, die Regierung dieses abstrakten Staats zu führen". Es könne daher "nicht befremden", im preußischen Staat "gewissen Bestrebungen und Neigungen zu begegnen, welche mehr durch einen abstrakten Humanismus, als durch die Rücksicht auf eine besondere Volksthümlichkeit bestimmt zu werden scheinen" (S.34). Wenn nun, fährt Gaupp fort, "die politische Zersplitterung Deutschlands eben durch die Vielseitigkeit der Stamm- und Gebietsinteressen [...] hervorgerufen worden ist: wo läßt sich eine größere und dauerndere Gewährschaft gegen diese auflösenden Tendenzen gewinnen als bei Preußen? Seine Entstehung und seine geschichtliche Entwickelung haben es so mit sich gebracht, daß hier die Staatsverbindung als solche zu allen Zeiten höher stand als irgend eine Stammgenossenschaft" (S.37).

S. 25ff.

Adam Müller: Die Zitate aus A.M., Die Elemente der Staatskunst. Mit einer Einführung von J.Baxa (Die Herdflamme, hg. von O.Spann, 1.Bd.), 1922. - 1. Halbbd.,S.374, vgl. 312f.,356 (Adam Smith), 291 (Privatisierung), 257ff. (Römisches Recht), 129, 147 (Vertragstheorie), 169 (Grundeigentum), 280 ("römischer

Tod"), 184 (Fideicommisse usw.), 467 (Anerkennung des Krieges), ferner A. M., Theologische Grundlegung [...], 1819, S. 55. - Dazu A.von Martin, Die politische Ideenwelt Adam Müllers, in: Kultur- und Universalgeschichte (Walter-Goetz-Festschrift), 1927, S. 305-327, R.Aris, Die Staatslehre Adam Müllers in ihrem Verhältnis zur deutschen Romantik, 1929, K. Wolff, Staat und Individuum bei Adam Müller, in: Hist.Vierteljahrsschrift 30, 1935, S. 59-107, G. Polter, Adam Müllers Kritik am Liberalismus, Frankf.Diss. 1936, ferner Carl Schmitt, Politische Romantik, 1919, 3.Aufl.1968, der seine Vorwürfe besonders gegen Friedrich Schlegel und Adam Müller richtet: 1. die "politische Romantik" befleißige sich einer "occasionellen Haltung", d.h. wechsele ihre Auffassungen auf Grund wechselnder Abhängigkeiten, 2. sie stelle den Volks- und Staatsbegriff in den Dienst des romantischen Subjekts; das "Volk" habe die Aufgabe, "die Quelle unerschöpfter Möglichkeiten" zu sein, und "in praxi die Pflicht, sich von der Aufklärung fernzuhalten, weil Lesen und Schreiben und der ganze Bildungsschwindel das große Unbewußte vernichten würde" (S.101). Rühmend äußert sich dagegen Ernst Robert Curtius über Müller: "Wir haben dem großen Kritiker, dem weitblickenden und vornehmen Denker, dem meisterhaften Schriftsteller, den wir in Adam Müller besitzen, noch nicht den gebührenden Platz in unserer Tradition angewiesen. Viel würden wir gewinnen, wenn wir das Versäumte gutmachen und gerade heute uns der Deutung deutschen Wesens erschlössen, die er in einer Zeit tiefer nationaler Bedrängnis verkündete" (Zivilisation und Germanismus [1924], in: E.R.C., Französischer Geist im neuen Europa, 1925, S.274). Der eigentliche Wiederentdecker Adam Müllers ist Othmar Spann.

S. 29ff.

Brüder Grimm: L.L. Hammerich, Jacob Grimm und sein Werk, in: Brüder Grimm Gedenken 1963. Gedenkschrift zur 100. Wiederkehr des Todestages von Jacob Grimm, 1963, S. 1-21, Zitat S. 5. H.Kolb, Karl Marx und Jacob Grimm, in: Archiv f.d.Stud.d.neueren Spr.u.Lit. 121.Jg., 206.Bd.,1970, S. 96-114.

S. 30f.

Der Begriff "Volk": K.G.Jochmann, Reliquien. Gesammelt von H.Zschokke, Bd.1, 1836, S.7. J.Görres, Die teutschen Volksbücher, in: J.G.,Gesammelte Schriften, Bd.3, 1926, S.167-293, Zitate 173f.,178,182. - H.Luden, Die Schlacht von Jena, in: H.L.,Rückblicke in mein Leben, 1847, S. 133-192, Zitate 157ff., Johanna Schopenhauer, Brief vom 18./19.Oktober 1806, in: J.Sch.,Im Wechsel der Zeiten, im Gedränge der Welt, hg.von R.Weber, 1986, S.316-342, Zitate 335, 340. - Heinrich Meyer meint, man habe in den Freiheitskriegen die bis dahin "aus der untersten Volksschicht genommene" Truppe "durch eine aus den Gebildeten stammende Freiwilligenschar vermehrt" und auf diese Weise "den neuen *Volksbegriff* geschaffen": H.M., Volk - Von der Aufklärung zur Romantik, in: Dichtung und Deutung. Gedächtnisschrift für Hans M.Wolff, 1961, S.83-95, Zitat 88. Die auf eigenen Erinnerungen beruhende, sehr kritische Schrift von J.F.G.Eiselen, Geschichte des Lützowschen Freicorps, 1841, zeigt aber, daß sich selbst hier, wo man am ehesten die Idee des "Volkskrieges" erwarten kann, eine tiefe Kluft zwischen Anspruch und Realität zeigt. Das Lützowsche Freikorps bestand "zum Theil aus dem ärgsten Gesindel" (S.22), zum anderen Teil aus "gebildeten jungen Männern" (S.28). So hörte man einerseits fortwährend "Zoten, Blasphemien, die schmutzigsten Lieder" (S.27), andererseits "hätte ein fremder Beobachter glauben mögen, er sei auf eine zu wissenschaftlichen Zwecken ausgerüstete, unter einer bewaffneten Bedeckung wandernde Expedition gestoßen" (S.42). Der militärische Nutzen des Freikorps war dementsprechend äußerst gering. Das Treffen bei Gadebusch, der Überfall auf einen französischen Warentransport, nennt Eiselen einen Akt der Wegelagerei (S.128ff.). Berühmt geworden ist es dadurch, daß Theodor Körner hier seinen militärisch überflüssigen Heldentod fand. Und Körners Lieder sind es dann, die wesentlich dazu beigetragen haben, das Lützowsche Freikorps "als eine poetische Erscheinung aufzufassen" (S.131).

S. 31f.

Ernst Moritz Arndt, Versuch einer Geschichte der Leibeigenschaft, in: E.M.A., Ein Vermächtnis an uns, hg. von H.Gerstenberg, 1925, S. 57f.

S. 32f.

Georg Forster: Forsters Werke, 2. Bd.,1968, S.138, 135f.,364 (vgl.dazu auch über Lüttich S.148), 386, ferner 27, 137, 313.

S. 33

E.G. Geijer: Zu den schweizerischen Einflüssen vgl. Fr.Böök, Esaias Tegnér, 1. Bd.,1917, S. 212ff. Das besondere Interesse an der Schweiz ist letztlich darauf zurückzuführen, daß man schon seit dem Humanismus auf Grund der Etymologie *Suicia* = *Suecia* meinte, die Schweizer seien aus Schweden ausgewandert (zu dieser Auswanderer-Theorie vgl. K.von See, Germanen-Ideologie, 1970, S.24).

S. 33ff.

Barthold Georg Niebuhr: G.Kuentzel, Niebuhrs Römische Geschichte und ihr zeitgenössischer politischer Gehalt, in: Festgabe für F.C.Ebrard, 1920, S. 175-190, D. Gerhard, Die Grundlagen der historisch-politischen Gedankenwelt B. G. Niebuhrs, 1.Teil: Die Voraussetzungen, Berliner Diss. 1923 (Weiteres nicht erschienen), S. Rytkönen, B. G. Niebuhr als Politiker und Historiker (Annales Academiae Scientiarum Fennicae Ser.B.,Tom.156), Helsinki 1968, K.Christ, Von Gibbon zu Rostovtzeff, 1972, S. 26ff., Chr.Degn, Der junge B.G.N. als Sozialkritiker, in: Geschichte und Gegenwart. Festschr.f.K.D.Erdmann, 1980, S.577-593, G.Walther, Niebuhrs Forschung, Frankfurter Diss.1991 (= Frankfurter Hist.Abhh. 35, 1993). - Die Zitate aus: Nachgelassene Schriften B.G.N.s nichtphilologischen Inhalts, 1842, S.255 ("Um die liederlichen Dirnen [...]"), Niebuhr-Nachlaß, Dt Akad.d.Wiss. Berlin, Gesch.d.Röm.Staatsländereien, S. 155, zit. bei Rytkönen S.134 ("eine freie Verfassung"), Dore Hensler, Lebensnachrichten über B.G.N. aus Briefen desselben und aus Erinnerungen einiger seiner nächsten Freunde, 2.Bd.,1838, S.44, zit.bei Christ, S.31 ("Kein Edelmann [...]"), Niebuhr-Nachlaß (s.o.), S.142, zit. bei Rytkönen S.73 ("Dieser stete Wechsel [...]"), B.G.N.,Röm.Gesch.,Bd.1, 1811, S.378f. ("Nicht mit Unrecht [...]"), Bd.2, S.341f. ("dass beyde Stände [...]"), Vorrede zur Röm. Gesch.,Bd. 1, 3.Aufl.1828,

S. XIII ("Von den Grundsätzen [...]"). - Übrigens ist Niebuhrs abschätziges Urteil über die Stadt sicherlich auch beeinflußt von antiken Zeugnissen, z.B. Cicero, De re publica II 4, 7-8.

S. 36ff.

Friedrich Christoph Dahlmann: F.Chr.D., Ein Wort über Verfassung' zuerst erschienen in: Kieler Blätter 1, 1815, wiederabgedr. in: F.Chr.D., Kleine Schriften und Reden, hg. von C. Varrentrapp, 1886, S. 12-67. - S. 18f. ("Zwei Kammern"), 21, vgl. 41 ("öffentliche Meinung"), 21 (Freiheitskriege), 27f. ("kräftige Volksvertretung"), 34 (Sachsen), 58 (Ditmarsen), 48 (Zweikammersystem), 49 (Lübeck), 58 (Bauerngerichte), Rede 1846 in: Kleine Schriften S. 366, Rede 1849 ebdt. S. 460. - Über D. am gründlichsten H. Christern, F.Chr.D's politische Entwicklung bis 1848. Ein Beitrag zur Geschichte des deutschen Liberalismus, 1921 (zugleich in: Zs.d.Ges.f.Schlesw.-Holst.Gesch. 50, 1921), ferner O. Scheel, Der junge D. (Veröff.d.Schlesw.-Holst.Universitätsgesellschaft Nr. 4), 1926, der in D's Denken "noch einiges vom Kosmopolitismus des 18.Jahrhunderts entdekken" zu können meint, indem er u.a. darauf hinweist, daß D. 1811 die dänische Staatsangehörigkeit erwirbt, um Dozent an der Universität Kopenhagen werden zu können (S. 27, 62). E.R.Huber, F.Chr.D. und die deutsche Verfassungsbewegung, 1937, zeigt ein zeitbedingtes Interesse daran, D. vor dem "Verdacht" zu schützen, er sei mit seiner Forderung einer gewählten Volksvertretung "ein Vorkämpfer des französischen Demokratismus oder des angelsächsischen Parlamentarismus gewesen" (S. 27). Richtig ist daran wohl, daß D. - wie A. Scharff, F.Chr.D's Leistung und Bedeutung für Universität und Land, in: Zs.d.Ges.f.Schlesw.-Holst.Gesch. 90, 1965, S. 83-100, bes. S.98, bemerkt - im Gefolge Montesquieus England als konstitutionelle Monarchie definiert und seiner Entwicklung zur parlamentarischen Monarchie nicht gerecht wird.

Neben Dahlmann stehen in dessen schleswig-holsteinischer Zeit (1813 bis 1829) zwei Männer, die wenigstens an dieser Stelle eine Erwähnung verdienen: Graf Adam Moltke und Nikolaus Falck. Adam Moltke, ein Verehrer Rousseaus und der Französischen Revolution, versucht, "ritterschaftlich-ständische und modernkonstitutionelle Ideen" zu verknüpfen, indem er die adligen Privilegien aus der rationalistischen Vertragstheorie begründet und als Basis einer künftigen landständischen, auch den dritten Stand einbeziehenden Verfassung betrachtet. Ebenso wünscht sich Falck die volle Gleichberechtigung des Bürgertums und vor allem des Bauerntums mit dem Adel, begründet diese aber nicht aus den Ideen der Revolution, sondern aus dem altgermanischen Volksrecht, wobei er den adligen Privilegien distanzierter gegenübersteht als Dahlmann und Moltke. Zum Verhältnis der drei Männer untereinander vgl. O.Brandt, Geistesleben und Politik in Schleswig-Holstein um die Wende des 18. Jhs., 1925, S. 365ff., und C. Petersen, Nicolaus Falck und die Entstehung des schleswig-holsteinischen Gedankens, in: Veröff. der Schlesw.-Holst.Universitätsgesellschaft Nr. 10, Jahrbuch 1926, S. 1-111, über Moltke speziell S. 19ff., ferner C.Petersen, Nikolaus Falcks politische Wandlung in den Jahren der Reaktion (1819-1834), in: Zs.d.Ges.f.Schlesw.-Holst.Gesch. 67,

1939, S. 243-288, und Wohlhaupters schon zitierter Aufsatz (oben S.176), wenig ergiebig A.Pontoppidan, Adam G.D. Greve Moltke, 1939, speziell S.124ff.

S. 41

R. Stadelmann, Deutschland und die westeuropäischen Revolutionen, in: R. St., Deutschland und Westeuropa, 1948, S. 11-33, Zitat S.19.

S. 41f.

Saul Ascher, Die Germanomanie, 1815. Zitate S. 38, 43 und 44. - G.Hubmann, Saul Ascher - ein früher Kritiker des deutschen Nationalismus, in: Diskussion Deutsch 114, 1990; ders., Ethische Überzeugung und politisches Handeln. J.Fr. Fries und die deutsche Tradition der Gesinnungsethik, 1997.

S. 43f.

Ernst Moritz Arndt, Ueber künftige ständische Verfassungen in Teutschland, 1814, Arndts Werke 11.Teil, hg. von W.Steffens, o.J., S.83-130, Zitate S.95 (Französische Revolution), 101 (Burke), 109ff. (Majorate usw.), 106f. ("Alle Staaten [...]"), Geist der Zeit, IV.Teil, 1818, Arndts Werke 9.Teil, hg. von W.Steffens, S.49ff. (Polemik gegen Haller). - Die rationalistischen, auf der Vertragstheorie basierenden Züge in Arndts Staatsbegriff geben sich beispielsweise darin zu erkennen, daß A. in seiner Schrift "Germanien und Europa" (1800) den Staat noch ganz im Sinne Rousseaus aus dem Bedürfnis nach Besitzschutz entstanden sein läßt (hg.von E.Anrich, o.J., S.269ff.). Ein demokratisches Moment kommt darin zum Vorschein, daß A. 1814 ein Denkmal für das Leipziger Schlachtfeld vorschlägt, das ausdrücklich nicht dem Gedenken an die Fürsten und Feldherrn gewidmet sein soll, sondern dem Gedenken an das Volk und seine Gefallenen, ein Denkmal also, das das Volk als Träger des geschichtlichen Ereignisses feiert (dazu Th. Nipperdey, in: Hist.Zs. 206, 1968, S.559f.).

S. 44ff.

Brüder Grimm: R. Feldmann, Jacob Grimm und die Politik, Frankf.Diss. 1969. - Zitate: J.Grimm über seine Entlassung, in: J.G., Reden und Aufsätze, hg. von W. Schoof, 1966, S.41, dazu W.Grimm an J.Müller, 30. Dezember 1837, in: E. Stengel, Private und amtl. Beziehungen der Brüder Grimm zu Hessen, Bd.2, 1895, S.291f., J.Grimm, Brief vom 26.März 1814, in: Briefwechsel zwischen Jacob und Wilhelm Grimm aus der Jugendzeit, 2.Aufl.1963, S. 287, J.Grimm, Brief vom 18. Juli 1814, in: Joseph von Görres, Gesammelte Briefe, hg.von F.Binder, Bd. 2, 1874, S. 420ff., Rheinischer Merkur vom 2. Januar 1815 in: J. Grimm, Kleinere Schriften, Bd. 8, 1890, S.406, W.Grimm, Brief vom 3.September 1831, in: Brüder Grimm Gedenken 1963, S. 168, J. Grimm, Brief vom 18. Juni 1817, in: Görres, Ges. Briefe, Bd. 2, S. 535, J. Grimm, Brief vom 19. Januar 1816, in: Briefe der Brüder Grimm, hg. von Gürtler und A. Leitzmann, 1923, S. 134. - Jacob Grimm und das Selbstbestimmungsrecht der Völker: K.von See, Die Göttinger Sieben. Kritik einer Legende, 1997, 3.Aufl.2000, speziell S.80ff. mit Zitatnachweisen. Zum Entwurf eines Artikels zu den "Grundrechten" ebdt. S.82, 97.

S. 49f.

Karl Follen: W. Grab, Von Mainz nach Hambach. Zur Kontinuität revolutionärer

Bewegungen und ihrer Repression 1792-1832, in: Deutschland in der Weltpolitik des 19. und 20. Jahrhunderts (Fritz-Fischer-Festschrift), hg. von I.Geiss und B.J. Wendt, 1973, S. 50-69, bes. S.59ff.

S. 50ff.

Ludwig Börne, Sämtliche Schriften, neu bearb.u.hg.von I.und P.Rippmann, 5 Bde, 1964-68. - Zitate: "Kleine Gedanken", 1818, in Bd. 1, 984-989, bes. S.985f., 988, Kritik der "Nouvelles lettres", 1825, in Bd. 2, S.403-416, bes.S. 409, Artikel "Aristokratismus", 1823, in Bd.2, S.387-392, bes.S.390, Kritik der "Staatsnationalbildung" (1822?), in Bd. 2, S. 642-661, bes. S.644, 660, "Nouvelles lettres", Bd. 2, S. 410, Brief aus Mainz 1819 in Bd. 4, S. 217, "Nouvelles lettres", Bd. 2, S. 409 ("Dieses fortdauernde Stellvertreten [...]").

S. 53

Luden über Niebuhr in H.L., Rückblicke in mein Leben, 1847, S. 233f.

S. 53ff.

Ludolf Wienbarg, Ästhetische Feldzüge, hg.von W.Dietze, 1964 (mit ausführlicher Einleitung des Hg.), L.W.,Wanderungen durch den Thierkreis, 1835 (Faksimilenachdruck = Athenäum Reprints "Das Junge Deutschland", hg.von A.Estermann, 1973), L. W., Geschichtliche Vorträge über altdeutsche Sprache und Literatur, 1838. - Zitate: Feldzüge S.3, 10f. ("Gefühl des Schönen"), Vorträge S. 121 ("Poesie einer gewissen Classe"), Feldzüge S. 18, 23 (Leiden am Mittelalter), 24 (Ablehnung der Historischen Schule), Wanderungen S. 250ff. (Ablehnung historischer Romane), Feldzüge S. 24 (Luther), Vorträge S. 73, 113 (unnationale und daher standesgebundene "Bildung"), Wanderungen S. 37f. ("Grobheiten des Volkes"), Vorträge S. 7 (Nibelungenlied), 3 ("kein Deutschthümler"), 6 ("Mittelpunct"), 6ff.,126ff. (Nibelungenlied), 119ff. (Natur- und Kunstpoesie), Wanderungen S. 106 ("französisches Sirenenlied"), 40f. ("Aristokrasie des Reichthums"), Vorträge S. 77, 108f. (Italienpolitik der Kaiser), Wanderungen S. 34ff., bes.S.36, 45 (eines jungen Norwegers Tagebuch), 120ff. (Ausbreitung der germanischen Freiheit). - Literatur über W.: G.Burkhardt, L.W. als Ästhetiker und Kritiker. Seine Entwicklung und seine geistesgeschichtliche Stellung, Hamburger Diss. 1956, R.Kayser, L.W. und der Kampf um den Historismus, in: The German Quarterly 29, 1956, S. 71-74, J.L.Sammons, L.W. and Norway, in: Scandinavian Studies 42, 1970, S. 14—30.

Ähnliche Gedanken zur Herausbildung einer vom "Mittelstand" getragenen öffentlichen Meinung und zur engen Wechselbeziehung von Politik, Literatur und Sprache äußern schon vor Wienbargs "Feldzügen" so verschiedenartige und politisch einander fernstehende Schriftsteller wie C.G.Jochmann in seinem Buch "Über die Sprache", 1828 (in Auswahl: C.G.J., Die Rückschritte der Poesie und andere Schriften, hg.von W.Kraft, sammlung insel 26, 1967) und P.A.Pfizer im "Briefwechsel zweier Deutschen", 1831, 2.Aufl.1832.

S. 59ff.

Friedrich Christoph Dahlmann, Die Politik. Einleitung von M. Riedel (Theorie 1, hg.von H.Blumenberg u.a.), 1968. - Die Zitate: S. 207 (§237), 67 (§58), 133ff.

(§§143-145), Brief an Gervinus vom 24. Dezember 1852 in: A Springer, Fr.Chr. D., Bd.2, 1872, S.391, Politik S.242 (§259), 36 (Vorrede), 206f. (§§236f. ("gleichere Stellung gegeneinander"), 42 (§13 "Fortschritt", vgl. S. 207, §237 "gemessene Fortbildung"), 37 (§3: "Der Staat ist uranfänglich. Die Urfamilie ist Urstaat"), 75 (§66), 212 (§242 Staat, "öffentliche Meinung"). - Zur Literatur über D. s.oben Anm. zu S.36ff. - Mit der Einstellung Dahlmanns und anderer liberaler Historiker des 19. Jhs. zum Revolutionsproblem beschäftigt sich M. Neumüller, Liberalismus und Revolution, 1973, der sich gegen die "weitverbreitete Meinung" wendet, "daß im Liberalismus keine tiefere Revolutionsproblematik und folglich auch keine Revolutionslehre zu entdecken sei", und es erstaunlich findet, daß man sie "bisher am wenigsten dort suchte, wo sie doch am ehesten zu finden sein mußten: in den liberalen Revolutionsdarstellungen" (S. 40f.), u.a. also in Dahlmanns Darstellungen der englischen und der französischen Revolution.

S. 61f.

Volk, Bildung und Öffentliche Meinung: Jacob Burckhardt, Briefe, hg.von Fritz Kaphan, 1938, S.138f. - Gustav Rümelin, Reden und Aufsätze, 1875. Vgl. dazu O.Schnizer, G.R's politische Ideen (Beitr.zur Parteigeschichte 9), 1919, S.10f. - K.Th.Welcker in: Rotteck/Welcker, Staatslexikon, 1848, Bd.10, S.255f. Berthold Auerbach, Der gebildete Bürger, 1843 (darüber oben S. 82f.). Nahezu unbrauchbar zum Thema "Bildung" ist Aleida Assmann, Arbeit am nationalen Gedächtnis. Eine kurze Geschichte der deutschen Bildungsidee, 1993: abstrakt-theoretisierend und meist ohne konkrete Textbelege, über weite Strecken Zitatenkollagen aus der Sekundärliteratur und aus offenbar zufälligen Lesefrüchten.

S. 63f.

Kaffeehäuser, Lesekabinette, Zeitungen: Victor Hehn, Reisebilder aus Italien und Frankreich, hg.von Th.Schiemann, 1894, 2.Aufl.1906, S.35. Theodor Fontane, Von Zwanzig bis Dreißig. Autobiographisches. Hg.von K.Schreinert u.a., 1967, S.13.

S. 64ff.

Der Kampf um die Geschworenengerichte: J.Möser, Patriotische Phantasien LIX. - E.Landsberg, Die Gutachten der Rheinischen Immediat-Justiz-Kommission 1814-1819, 1914, S.177, 179. Verhandlungen der Germanisten zu Lübeck am 27., 28. und 30.September 1847, 1848. G.Beseler, Volksrecht und Juristenrecht, 1847. Th.Mommsen, Volksrecht und Juristenrecht [1845], in: Th.M.,Juristische Schriften, 3.Bd., 1907, S.494-500. F.G.Leue, Das deutsche Schöffen-Gericht, 1847, S.13, 148f. G.Beseler in der Frankfurter Paulskirche: Stenograph.Berichte über die Verhandl. der dt. constituierenden Nationalversammlung zu Frankfurt a.M., Bd.II, S.1390, III, S.1614, IV, S.2563. R.v.Gneist, Die Bildung der Geschworenengerichte in Deutschland, 1849, Nachdruck 1967, S.30f.,54ff., 59, 152, 154ff. K.Binding, Die drei Grundfragen der Organisation des Strafgerichts. Für Juristen und Nichtjuristen, 1876. H.Brunner, Die Entstehung der Schwurgerichte, 1872, Neudruck 1967, S.21, 27ff.,34f. - E.Schwinge, Der Kampf um die Schwurgerichte bis zur Frankfurter Nationalversammlung, Jenaer jur.Diss. 1926, besonders

S.144ff. D.Blasius, Der Kampf um die Geschworenengerichte im Vormärz, in: Sozialgeschichte heute. Festschr.f.Hans Rosenberg, 1974, S.148-161. W.Böttges, Die Laienbeteiligung an der Strafrechtspflege. Ihre Geschichte und heutige Bedeutung, Bonner jur.Diss. 1979. P.Landau, Schwurgerichte und Schöffengerichte im 19.Jahrhundert bis 1870, in: A.P.Schioppa (Hg.), The Trial Jury in England, France and Germany 1700-1900, 1987, S.241-304. B.-R.Kern, Georg Beseler. Leben und Werk, 1982, besonders S.93ff. Zur Schwurgerichtsdebatte in der Paulskirche J.-D.Kühne, Die Reichsverfassung der Paulskirche. Vorbild und Verwirklichung im späteren deutschen Rechtsleben, 1985, S.363ff. Über Beseler in der Paulskirche H. Spindler, Von der Genossenschaft zur Betriebsgemeinschaft. Kritische Darstellung der Sozialrechtslehre Otto v.Gierkes (Rechtshist.Reihe 16), 1982, S.44ff. Zum gesamten Thema neuerdings auch die von mir angeregte Frankfurter phil.Diss. von A.Kleinz, Individuum und Gemeinschaft in der juristischen Germanistik des 19. und 20. Jhs. Die Geschworenengerichte und die Vorstellung vom "gesunden Volksempfinden", 2001.

Daß das Laienrichtertum kaum mehr als eine romantische Chimäre ist und wenig Vertrauen verdient, wird auch später in zeitgenössischen Zeugnissen immer wieder bestätigt. Der Altphilologe Ulrich v.Wilamowitz-Moellendorff schreibt in seinen 'Erinnerungen 1848-1914' [1928], S.35, über die Verhältnisse in der Provinz Posen während der 2.Hälfte des 19.Jhs.: "Als die Schwurgerichte eingeführt wurden, also viele polnische Bauern und Gutsbesitzer zu Geschworenen berufen wurden, sagte ein Richter, Brandstiftung und Notzucht können wir nur selten bestrafen; da stimmt die Majorität aus Gewissensbedenken für nicht schuldig." Ähnlich urteilt der westpreußische Grundbesitzer Elard .v.Oldenburg-Januschau in einer Reichtagsrede 1904, zitiert in seinen 'Erinnerungen', 1936, S.79: "Ich bin jetzt seit 21 Jahren Geschworener und ich muß Ihnen sagen, meine Herren, daß in dieser Tätigkeit mir sehr viele Urteile vorgekommen sind, von denen ich nicht den Eindruck gewonnen habe, daß sie human und gerecht waren."

S. 71ff.

Karl Ludwig von Haller: Fr.Meinecke, Weltbürgertum und Nationalstaat, 1907, 4.Aufl.1917, S. 223ff., A. von Martin, Weltanschauliche Motive im altkonservativen Denken, in: Deutscher Staat und deutsche Parteien. Friedrich Meinecke zum 60. Geburtstag dargebr., hg.von P.Wentzke, 1922, S. 342-384, das Gerlach-Zitat ebdt. S. 354. Dahlmann über Haller in F.Chr.D., Die Politik S. 205 (§236). - H.R.Liedke, The German Romanticists and Karl Ludwig von Haller's Doctrines of European Restoration, in: Journal of Engl.and Germ.Philology 57, 1958, S. 371-393, versucht, Fr.Meineckes Urteil über den "gewaltigen Einfluß" Hallers auf die Romantiker zu differenzieren, indem er neben der begeisterten Zustimmung Adam Müllers, der Brüder Gerlach und der Berliner Konservativen die mehr oder weniger ablehnenden Kritiken Savignys, Arnims, Steffens', Friedrich Schlegels und Görres' hervorhebt.

S. 73ff.

Heinrich Leo: H.L., Zu einer Naturlehre des Staates. Eingeleitet und mit einer

Bibliographie versehen von K. Mautz (Civitas gentium, hg. von M.Graf zu Solms), 1948. — Die Zitate: S.46 (sechs Elemente), 59f. (organische Ordnung), 39 (religiöses Engagement, vgl. auch S.175 Anm.), 43, 58, 84 (das Natürliche), 40 (Polemik gegen die Aufklärung), 108ff. (gegen "Humanität"), 105f., 110f. (gegen Subjektivität, "sentimentale Ehe" usw.), 120 (gegen freien Dienstvertrag)' 126ff. (über Grundeigentum), 109 Anm., 174 Anm. (Polemik gegen die "Gebildeten"). - Über Leo vgl. P.Krägelin, H.L., Teil I (Beitr.zur Kultur- und Universalgesch., hg.von K.Lamprecht, 7.H.), 1908, G.von Below, Zur Beurteilung H. L's, in: Archiv f.Kulturgesch. 9, 1911, S. 199-210, G.Masur, H.L., in: Mitteldeutsche Lebensbilder, Bd.3, 1928, S. 293-413, und die zitierte Einleitung von K. Mautz' S.5-33, ferner H.-J.Schoeps, Das andere Preußen. Konservative Gestalten und Probleme im Zeitalter Friedrich Wilhelms IV., 4.unveränd.Aufl.,1974, S.43, 181ff.,211.

S. 76f.

Liberalisierung von Handel und Gewerbe: Vgl.R.Stadelmann, Soziale Ursachen der Revolution von 1848, in: Moderne deutsche Sozialgeschichte, hg. von H.U. Wehler, 1970, S. 137-155, bes.146 f.

S. 78

Ludwig Börne, Menzel der Franzosenfresser und andere Schriften. Hg. u. eingel. von W. Hinderer (sammlung insel 45), 1969. - Über Menzel: E. Jenal, W. M. als Dichter, Literaturhistoriker und Kritiker, 1937, E.Schuppe, Der Burschenschaftler W. M. Eine Quelle zum Verständnis des Nationalsozialismus, 1952.

S. 79

Georg Herwegh, "Arndts Wiedereinsetzung" in: Herweghs Werke in einem Band, hg.u.eingel.von H.-G. Werner, 1967, S.21f., die weiteren Zitate in G. H., Literatur und Politik, hg. von K. Mommsen (sammlung insel 37), 1969, S.126.

S. 80

Friedrich Engels: Der Artikel "Ernst Moritz Arndt" ist wiederabgedruckt in Marx/Engels, Gesamtausg. 1.Abt.,Bd. 2, 1930, S. 96-108. Börne über Arndt in L.B., Sämtl. Schriften Bd. 4, 1968, S. 233f.

S. 81ff.

Nationalgefühl und Weimarer Klassik: W. Bussmann, Zur Geschichte des deutschen Liberalismus im 19. Jh. (libelli 296), 1969, S.21f. (Erstdruck: Hist. Zs. 186, 1958, S. 527-557), K.L.Berghahn, Von Weimar nach Versailles. Zur Entstehung der Klassik-Legende im 19. Jh., in: Die Klassik-Legende, hg. von R. Grimm und J. Hermand, 1971, S. 50-78.

S. 85f.

Die Walhalla bei Regensburg: L. Ettlinger, Denkmal und Romantik. Bemerkungen zu Leo von Klenzes Walhalla, in: Festschr.für Herbert von Einem, 1965, S. 60-70, ferner H. Beenken, Das neunzehnte Jahrhundert in der deutschen Kunst, 1944, S. 23ff., und Th. Nipperdey, Nationalidee und Nationaldenkmal in Deutschland im 19. Jh., in: Hist.Zs. 206, 1968, S. 529-585, bes. S. 552ff. Die Bemerkung Fr. Panzers in: Zs.f.dt.Bildung 10, 1934, S. 520. Unergiebig H. Glaser in: Wallfahrtsstätten der Nation (Reihe Fischer 19), 1971, S. 69-82.

S. 87ff.

G.G.Gervinus: Zur Klassik-Legende K.L.Berghahn (s.oben Anm. zu S. 81ff). Berthold Auerbach, Der gebildete Bürger. Buch für den denkenden Mittelstand, 1843. Die Zitate S.40, 45, 66, 69, 83f.,85f.,103f. - Die Gervinus-Zitate in: G.G.G., Schriften zur Literatur, hg.von G.Erler, 1962 (mit einer Einleitung S. V—LXXIV), S. LXIX (Zitat aus G's "Selbstkritik"), 153 ("zu einem Ziele gekommen"), 305f. ("männlich", Schiller), 311 ("Quietismus der Romantik"), G. G. Gervinus Leben. Von ihm selbst. 1860, hg. von J. K[...], 1893, S. 234 (gegen Revolutionen), 20f. ("teutonischer Schwindel"), 235 (gegen "Junges Deutschland"). Ueber Börne's Briefe aus Paris, in: G.G.G., Historische Schriften 7. Bd. Neue Ausg. 1839, S. 383-410, Zitat S. 391f. ("Bildungsstufe", "Ideen der Zeit" usw.), G.G.G., Einleitung in die Geschichte des neunzehnten Jahrhunderts, hg. von W. Boehlich (sammlung insel 24/1), 1967, S. 21 ("Geist der Sonderung"), 172 ("Der Zug der Freiheit"), 41f. ("Geist des Individualismus", "Trieb"). Über Dahlmann's Politik, in: G.G.G., Hist. Schriften 7. Bd., Neue Ausg.1839, S. 593-618, Zitate S. 599 ("der Erste"), 618 ("Unvermeidliches"), 615f. (gegen Zweikammersystem). Über Börne's Briefe S. 403 ("das gleicheste Recht"). Zum Hochverratsprozeß vgl. die Sammlung der Akten in: Der Hochverratsprozeß gegen Gervinus, hg.von W. Boehlich (sammlung insel 24/2), 1967, zur Einstellung gegenüber Preußen G. Erler, a.a.O., S. XXXI und LXXII, und R.-P. Carl, Prinzipien der Literaturbetrachtung bei G.G.G. (Literatur und Wirklichkeit Bd. 4), 1969, S. 19. Zum Gervinus-Bild nach 1870/71 die scharfe Abrechnung Karl Hillebrands: G.G.G. (geschrieben im Oktober 1873), in: K.H., Zeiten, Völker und Menschen, 2.Bd.,1875, S.205-290, Zitate S.215, 256. - Vgl. ferner R. Unger, G. und die Anfänge der politischen Literaturgeschichtsschreibung in Deutschland. Eine Säkularerinnerung (1937), wiederabgedr. in: R. U., Zur Dichtungs- und Geistesgeschichte der Goethezeit, 1944, Nachdruck 1966, S. 298-324, V. Santoli, An den Anfängen der ‚nationalen Literaturgeschichte'. G.G.G. und J.Grimm, in: Festschr.zum 80. Geburtstag von Georg Lukacs, hg. von F. Benseler, 1965, S. 357-373.

S. 93ff.

Gustav Freytag: L. W. Kahn, Fortschrittsglaube und Kulturkritik im bürgerlichen Roman: G. F. und Wilhelm Raabe, in: Corona. Studies in Celebration of the Eightieth Birthday of Samuel Singer, 1941, S. 252-267, das Grenzboten-Zitat S. 255. Über den Dresdener Handwerkerverein H. Preuß, Volk und Nation im Werk G.F's, Frankfurter Diss. 1939 (Prom.-Datum 1950), S. 54, der im übrigen mit geringem Erfolg versucht, F. im völkischen Sinne zu interpretieren. - Wichtig für F's Ansichten zum hier behandelten Komplex ist die "Einleitung" zu den "Bildern aus der deutschen Vergangenheit" in G. F., Gesammelte Werke, 2.Aufl.1896-98, Bd. 17, S.1-26, Zitat S.19 (die meisten Volksbräuche "unnütz"). - Über die "Hoch- und Feingebildeten": G.F., Adelig und Bürgerlich. An Frau v.S (Grenzboten 1849, Nr.2), in: G.F., Ges.Werke 15.Bd.,S. 94-97, Zitat S. 96, zur politischen Rolle des Adels: Grenzboten 1868, Nr. 1, S. 29, zum Wert bäuerlicher Arbeit: Grenzboten 1849, Nr. 24, S. 448. Vergleich von Grundherr und Kaufmann: Grenzboten 1849, Nr. 24, S. 466. - L.v.Gerlachs "zwei moderne Stände" in: Denkwürdigkeiten aus dem Leben Leopold von Gerlachs. Nach seinen Aufzeichnungen hg. von seiner Tochter, 2. Bd., 1892, S. 752f., dagegen G. F., Die Ertheilung des Adels an Bürgerliche (Grenzboten 1868, Nr.1), in G. F., Ges. Werke 15. Bd., S. 324-334, Zitat S. 334. - Zitate aus der "Einleitung" zu den "Bildern" (s.oben): S. 23 ("Volksseele"), 24 ("das Freie, Verständige" usw.), 26 ("das ganze Menschengeschlecht"), 21 ("zu größerer Freiheit"). Über "große Männer": Alfred Dove, Ausgewählte Aufsätze und Briefe, 1925, S.270. Mit verhaltener Sympathie beschreibt Franz Mehring, ein Vertreter der materialistischen Literaturtheorie, den Briefschreiber Freytag: Einiges über Gustav Feytag [1912], in: F.M., Gesammelte Schriften Bd.11, 1961, S.69-77. Den Vorwurf des Antisemitismus scheint er für unbegründet zu halten, bringt ihn jedenfalls in Zusammenhang mit der Kampagne, der Freytag nach Erscheinen seiner Schrift über Kaiser Friedrich ausgesetzt war (S.76). Über die Frage antisemitischer Züge in Freytags 'Soll und Haben' urteilt gelegentlich allzu dogmatisch und unhistorisch W.Boehlich, Das 'deutsche' Volk bei 'seiner' Arbeit. Ein befremdeter Blick auf Gustav Freytags 'Soll und Haben', in: Der fremdgewordene Text. Festschr.für H. Brackert, 1997, S.311-319. Weshalb sollen beispielsweise die Juden des Romans nicht die Namen tragen, die sie "auch in ihrem bürgerlichen Leben" trugen? Daß diese Namen "aus Behördenwillkür" gegeben wurden, wie B. schreibt (316), kann für Freytag kaum ein Grund sein, untypische Namen zu wählen. Außerdem ist "Ehrenthal" ebenso ein "sprechender Name" im positiven Sinne wie "Wohlfart". Übrigens gibt auch Fontane, den man kaum für einen Antisemiten halten wird, im 'Stechlin' dem Baruch Hirschfeld einen typischen Namen und läßt ihn im ostjüdischen Tonfall sprechen: "Und weil ich rede von Dividende, will ich auch reden von Hypothek" (36.Kap., vgl. 17.Kap.). Die Milieutreue des Freytagschen Romans bestätigt aus eigener Anschauung U.v.Wilamowitz-Moellendorff in seinen 'Erinnerungen' [1928], S.44: "Verhältnisse, wie sie der Freiherr von Rothsattel in Soll und Haben, Axel von Rambow in [Fritz Reuters] Ut mine Stromtid erleben, gab es auch für Markowitz [in der Provinz Posen], und die braven und die infamen Juden spielten genau die gleiche Rolle."

Ein markantes Beispiel für den Gesinnungswandel führender Vertreter des Liberalismus seit 1866 ist - neben Freytag - Hermann Baumgarten, Der deutsche Liberalismus. Eine Selbstkritik, 1866, wiederabgedr.: Ullstein Buch 3034, hg.und eingel.von A.M.Birke, 1974: "Der Bürger ist geschaffen zur Arbeit, aber nicht zur Herrschaft, und des Staatsmanns wesentliche Aufgabe ist zu herrschen" (S.43). "Politik ist ein Beruf wie Jurisprudenz und Medizin, und zwar der höchste und schwierigste Beruf, dem sich der Mann widmen kann" (S.45).

S. 96

David Hansemann: D. H., Preußen und Frankreich. Staatswirtschaftlich und politisch unter vorzuglicher Berücksichtigung der Rheinprovinzen, 1833. Über H.

vgl. K.Buchheim, Dt.Kultur zwischen 1830 und 1870 (Hdb.d.Kulturgesch.), 1966, S. 78 f., J. Droz in: Moderne dt. Verfassungsgesch., hg. von E.-W. Böckenförde (Neue Wiss.Bibl. 51), 1972, S. 207ff.

S. 101ff.

Wilhelm Heinrich Riehl: Über R's Nachwirkung naiv-apologetisch V.v.Geramb, W.H.R., 1954, S. 182, Anm. 1. Über die Pfälzer E.Gothein, W.H.R., in: Preuß. Jb. 92, 1898, S.1-27, hier S.7. - Zitate aus W.H.R., Die Familie, 2.Aufl.1855, S. 93, 115 ("die Familie"), 3 ("Mann und Weib"), 46 ("Altbürgerliche Sitte"), 92 ("Nur ein Familienvater"), 48 (Stellung der Frau). - Zu R's Familienauffassung allgemein R. Stadelmann, Soziale Ursachen der Revolution von 1848, in: Moderne dt.Sozialgesch., hg. von H.-U. Wehler (Neue Wiss. Bibl. 10), 1970, S. 137-155, bes. S.144f., über Friedrich Harkort W. Conze, ebdt. S. 129f., über R. speziell I.Weber-Kellermann, Kontinuität und Familienstruktur. W.H.R. und das Problem der Geschichtlichkeit von Primärgruppen, in: Kontinuität? Geschichtlichkeit und Dauer als volkskundliches Problem, hg. von H. Bausinger und W. Brückner, 1969, S. 143-153, neuerdings auch allgemein I.Weber-Kellermann, Die deutsche Familie. Versuch einer Sozialgeschichte (suhrkamp taschenbuch 185), 1974. - W.H.R., Die Familie, S. 116, 123f. ("Autorität und Pietät").

Julian Schmidt, neben Freytag einer der Herausgeber des 'Grenzboten', bemängelt in seiner umfangreichen Riehl-Rezension 1856 die "falsche Systemsucht" in der Aufstellung und Definition der "Stände". Bemerkenswert ist vor allem, daß er Riehls Begriff des "Bürgerstandes" für eine "todte Abstraction" hält und statt dessen lieber von verschiedenen beruflich definierten "Classen" spricht, die "vorzugsweise auf der Erziehung beruhen [...]. Wenn man den Professor, den Appellationsgerichtspräsidenten, den Hofprediger, und was sonst dazu gehört, zum Bürgerstande rechnet, insofern vor ihren Namen kein 'von' steht, so läßt sich dagegen nichts sagen; nur muß man hinzufügen, daß sie mit ihren adeligen Collegen viel mehr Gemeinschaftliches haben, als mit dem Krämer, bei dem sie ihre Handschuhe kaufen, und mit dem Schneider, der ihnen den Rock anmißt. Es wäre auch ganz unbegreiflich, wie Riehl zu diesem willkürlichen Durcheinanderwerfen aller möglichen Lebensschichten käme, wenn man nicht die Beobachtung machen müßte, daß er grade den Fehler begeht, vor dem er warnt. Er möchte nämlich die sociale Stellung mit der politischen identificiren und jedem Stand eine ständische Vertretung geben" (Die Grenzboten 15.Jg.,II.Sem.,III.Bd.,1856, S.188). Daß Riehl auch den "Fabrikarbeiter" zum "Bürgerstand" zählt, beanstandet Schmidt nicht. Überhaupt kommt der "vierte Stand" als Stand der lohnabhängigen Arbeiter gar nicht in Schmidts Blickfeld, aber auch im Riehlschen Sinne - als "Proletariat" - will er ihn nicht erkennen, denn "das Proletariat ist kein Stand, sondern es ist eine Verkümmerung innerhalb der einzelnen Stände. Es gibt ein adeliges, ein bäuerliches, ein bürgerliches Proletariat" (ebdt.S.188). Erstaunlich ist übrigens auch, daß Schmidt dem Begriff der "öffentlichen Meinung" skeptisch gegenübersteht, denn er zitiert zustimmend Riehls Bemerkung: "Seit der Philister eine förmliche sociale Gruppe bildet, ist der Begriff der öffentlichen Meinung eine unpraktische Abstraction geworden. Denn wo der Philister den Ansatz zur Bildung einer Majorität wahrnimmt, da tritt er sofort gedankenlos hinzu und erweckt, da er sich überall den Massen nachdrängt, vorweg den Verdacht, daß die Stimme der Masse die Stimme der Unvernunft sei" (ebdt.S.193).

Zu R's Auffassung des "Standes": C. Jantes, R's Soziologie des vierten Standes, in: Soziale Welt 2, 1950/51, S. 238-254, Zitate S. 242, 244f. - W.H.R., Die Familie, S. 183f. (Polemik gegen das 18. Jh., "Mannheimer Fuß"), 74 (Salonkultur), 211, 216 (gegen Lockerung der Ehegesetzgebung), 224f. (für strenge Kirchenzucht), 232ff. (Ludwig Richter und Jeremias Gotthelf), 263, 286 (Polemik gegen die Literatur der Aufklärung und der Weimarer Klassik). - R's Vortrag "Die Volkskunde als Wissenschaft" in: Volkskunde. Ein Handbuch zur Geschichte ihrer Probleme, hg. von G. Lutz, 1968, S. 23-36, Zitat S. 29. - W.H.R., Die Familie, S. 115 (Staat und Gesellschaft), 220 (Historische Schule). - Zu R's Eintreten für konstitutionelle Verfassungen vgl. K. Buchheim, Deutsche Kultur zwischen 1830 und 1870 (Hdb. d.Kulturgesch.), 1966, S. 217ff. - Zu R's Nachwirkung ferner J. Dünninger, R. und das deutsche Bauerntum der Gegenwart, in: Fränkische Monatshefte 13, 1934, S. 246-249, der gemäß dem politischen Geist der damaligen Zeit besonders auf die Arbeiten Gunther Ipsens verweist: "Es wird klar, wie an die Stelle einer rein wirtschaftlichen Betrachtung des Bauerntums unter dem Gesichtspunkt der Rentabilität, die zum Begriff des Landwirts führte, wieder die Anschauung des Bauerntums als Lebensform tritt" (S. 249). - Zum Streit um die Riehl-Tradition in der deutschen Volkskunde nach 1945 vgl. Hans Moser, W.H.R. und die Volkskunde. Eine wissenschaftsgeschichtliche Korrektur, in: Jb.f.Volkskunde N.F.1, 1978, S.9-66, dann die Diskussion im Jb.f.Volkskunde N.F.2, 1979, S.73-88, und schließlich W.Brückner, Riehl und die Folgen, in: Jb.f.Volkskunde N.F.7, 1984, S.67-69. Einseitig im Sinne einer reichlich verspäteten 1968er-Ideologie F.Lövenich, Verstaatliche Sittlichkeit, in: Polit.Vierteljahresschr.7, 1986, S.378-396. Umfassend und detailliert zuletzt Jasper von Altenbockum, W.H.R. 1823-1897. Sozialwissenschaft zwischen Kulturgeschichte und Ethnographie (Münstersche Hist.Forsch.,Bd.6), 1994. Altenbockum wendet sich - wie schon der Untertitel des Buches andeutet - gegen den "Irrtum [...], Riehl sei nur von der Volkskunde her zu begreifen": Hermann Bausinger übersehe bei seiner These, Riehl habe die Volkskunde als "Bauernkunde" vorbereitet, den kulturhistorischen Ansatz bei Riehl.

Fast gleichzeitig mit W.H.Riehls Buch über die Familie legt übrigens ein anderer Vertreter des romantischen organologischen Denkens ungewollt die Grundlagen zu einer Theorie, die bald darauf die Auflösung der patriarchalisch organisierten Familie propagieren wird: Johann Jakob Bachofen. In seinem "Mutterrecht" (1861) glaubt er - im Stile romantischer Wissenschaft - aus der antiken Mythologie und Symbolik eine urzeitliche Gesellschaftsform mit geschlechtlicher Promiskuität und Eigentumslosigkeit, die sog. "hetärische Urstufe", und ein daraus hervorwachsendes Matriarchat, die sog. "demetrische Mittelstufe", erschließen zu können. Die patriarchalische Ordnung mit ihrem autoritären System rationaler Gerechtigkeit erscheint in dieser Theorie erst als dritte Stufe, als sog. "apollinische Endstufe", also nicht als naturgegebene Primärform, sondern als Produkt einer längeren historischen Entwicklung. Bachofen selbst schätzt - aller Verklärung des gütigweisen Matriarchats zum Trotz - das Patriarchat als die höhere Form der Gesittung ein, und er steht als Vertreter der Historischen Rechtsschule den Revolutionen seit 1830 ebenso ablehnend gegenüber wie Niebuhr. Um so merkwürdiger, wenn auch von der Sache her nicht eigentlich verwunderlich ist es, daß seine Mutterrechts-Theorie schon frühzeitig von sozialistischer Seite - von Friedrich Engels und von August Bebel (Die Frau und der Sozialismus, 1879) - rezipiert wird, weil hier nicht nur die bestehende, am Bild der patriarchalischen Familienstruktur orientierte Gesellschaftsform, sondern auch die Institution des Privateigentums als historisch und damit als veränderbar und überwindbar dargestellt werden (vgl.dazu allgemein: Materialien zu Bachofen 'Das Mutterrecht', hg.von H.-J.Heinrichs [suhrkamp taschenbuch 136], 1975).

S. 108ff.

Heinrich von Treitschke über Riehl: H.v.T., Die Gesellschaftswissenschaft, in: Aufsätze, Reden und Briefe, 2.Bd., 1929, S. 737-809, Zitate S. 749, 790. - Bismarcks Rede gegen die "großen Städte" in B's Gesammelten Werken 10. Bd., 1928, S. 132. — Treitschkes Essay "Die Freiheit" in: H.v.T., Aufsätze, Reden und Briefe, 2. Bd., 1929, S. 9-42, Zitate S. 14f. (statt Freiheit nur Gleichheit), 12 (germanischer Freiheitsbegriff), 32 (hessische Bäuerin), 26 (der "gebildete Gewerbetreibende"), 15 (selfgovernment), 19 (der Staat), 42 (Schlußsentenz). - Die Festrede über Königin Luise: Ausgewählte Schriften, 1.Bd.,3.Aufl. 1907, S. 276-292, Zitate 277. - R.Cramer, Über die völkische Haltung Treitschkes, in: Hist.Zs. 158, 1938, S.77-105, kann T. nur mit großen Einschränkungen im Sinne der NS-Ideologie interpretieren. - Walter Bußmann, Treitschke. Sein Welt- und Geschichtsbild, 1952, 2.unveränd.Aufl. 1981, Fr. Mordstein, Heinrich von Treitschkes Etatismus, in: Zs.f.Politik N.F.1961, S.30-53. - U.Langer, H.v.T. Politische Biographie eines deutschen Nationalisten, 1998, kritisiert Bußmann, weil dieser "die vielfachen Tiraden und Ideologeme Treitschkes nach 1871 vernachlässigt" habe, um das Bild Treitschkes als eines Nationalliberalen zu retten (S.18). Langer selbst - sorgsam um political correctness bemüht - will im Gefolge Wolfgang J.Mommsens "Elemente eines in mancher Hinsicht präfaschistischen Nationalismus" in Treitschkes Werk erkennen (S.372, vgl.S.400).

S. 112ff.

Die Ideen von 1870/71: H.-U.Wehler, Krisenherde des Kaiserreichs 1871-1918, 1970, S.17. Der englische Historiker G.Barraclough, German Unification, London 1963, wundert sich darüber, daß das 1871 geschaffene - und, wie er meint, nicht in "die geistige Landkarte Europas" passende - Reich nach 1918 nicht zerschlagen worden sei. Vgl. K.Hildebrand in: Europa und die Reichsgründung. Beiheft 6 der Hist.Zs. 1980, S.11. - Rudolf von Jhering in Briefen an seine Freunde, 1913, S.253, 258. Max Müller, Essays, Bd.4, 1876, S. 103f. Gustav Rümelin, Reden und Aufsätze, 1875, S.33, 59. - J.K.Bluntschli, Charakter und Geist der politischen Parteien, 1869. H.Grimm, Fünfzehn Essays. Dritte Folge, 1882, S.XXI. Vgl. H.Uhde-Bernays, Mittler und Meister, 1948, S.75. - K.Hoffmann, Leben und Wirken des Dr.L.F.W.Hoffmann, 2 Bde, 1878-80, vgl. K.-G.Faber in: Hist.Zs. 203, 1966, S.35fff. - Über Bodelschwingh: H.Lehmann in: Hist.Zs. 202, 1966, S.559f.

S. 115

Das englische Deutschlandbild: The Collected Papers of Frederic William Maitland III, 1911, S. 475, zitiert nach dem instruktiven Aufsatz von H.-J.Müllenbrock, Trugbilder zum Dilemma imagologischer Forschung am Beispiel des englischen Deutschlandbildes 1870-1914, in: Anglia 113, 1995, S.303-329, hier S.311, zwei weitere Zitate S.313, 325. - Die Unterhausdebatte vom 9.Februar 1871 bei E.Kolb, Der Pariser Commune-Aufstand, in: Hist.Zs. 215, 1972, S.273f. Der Brief Lord Russels bei K.Hildebrand in: Europa und die Reichsgründung, 1980, S.39f.

S. 115f.

Das französische Deutschlandbild: M.Jeismann, Das Vaterland der Feinde. Studien zum nationalen Feindbegriff und Selbstverständnis in Deutschland und Frankreich 1791-1918, 1992, S.221. - Zu *Skandinavien*: Georg Brandes, Berlin som tysk Rigshovedstad. Erindringer fra et femaarigt Ophold, 1885, S.7. J.v.Eckardt, Lebenserinnerungen, Bd.1, 1910, S.224. Verner von Heidenstam, Klassicitet och germanism [1898], in: V.v.H.,Stridsskrifter, 1912, S.79-125, hier S.81f.

S. 120f.

Der Deutsch-Französische Krieg im Urteil der Zeitgenossen: W.v.Bode, Mein Leben, 1.Bd.,1930, S.37. - A.F.Graf von Schack, Ein halbes Jahrhundert, 1.Buch: Erinnerungen, o.J.,S.330. Ähnlich wie Schack spricht der Jurist Rudolf v.Jhering beim Kriegsbeginn von dem "Gefühl der Angst, - einer, ich will es nur gestehen: ganz unsäglichen Angst - das mich erfüllte. Nach den Berichten, die ich über die Wirkungen der Mitrailleuse und der Chassepots gelesen und gehört hatte, fürchtete ich sehr, daß auch die größte Tapferkeit ihnen nicht würde standhalten können" (R.v.J. in Briefen an seine Freunde, 1913, S.252). - Victor v.Scheffel, Briefe an A.v.Werner, 1915, S.112f., zitiert nach K.H.Höfele, Sendungsglaube und Epochenbewußtsein in Deutschland 1870/71, in: Zs.f.Religions- u.Geistesgesch.15, 1963, S.265-276, hier 267.

S. 121f.

Deutschland nach der Reichsgründung: Georg Brandes, Berlin som tysk Rigshovedstad, 1885, S.195f. Über Brandes in Deutschland sehr informativ Bengt Algot Sørensen in: The Activist Critic. A symposium on the political ideas, literary methods and international reception of Georg Brandes, Copenhagen 1980, S.127ff. - Johannes Haller, Lebenserinnerungen, 1960, S.75ff. Über Haller in anderem Zusammenhang Heribert Müller, Der bewunderte Erbfeind. Johannes Haller, Frankreich und das französische Mittelalter, in: Hist.Zs. 252, 1991, S.265-317. Für den baltendeutschen Pfarrerssohn Haller stellte sich, wie Müller schreibt, "deutsche Kultur als fast ausschließlich protestantisch dar, [...] katholisch bedeutete ihm letztlich undeutsch, von Rom ferngesteuert" (S.281). - Fr.Meinecke, Erlebtes 1862-1901, 1941, S.96. Zu Heusler vgl. K.von See, Barbar-Germane-Arier, 1994, S.261ff., hier 275, 282.

Wie sehr die Abhängigkeit von vorgegebenen Theorien und der Mangel an Sachkompetenz zu realitätsfernen, törichten Behauptungen führen, zeigt der Versuch des Germanisten Hans Mayer, den Charakter einer rigiden Klassengesellschaft am Beispiel der Eisenbahnklassen zu illustrieren: Offiziere und Landräte fuhren, heißt es da, in der ersten Klasse, das gehobene Bürgertum in der zweiten, "das Kleinbürgertum saß auf den Holzbänken der dritten Klasse, Proletarier und Plebejer konnten sich nur die viehwagenähnlichen Abteile der vierten Klasse leisten" (FAZ, 26.2.1977). Der Politologe Theodor Eschenburg entgegnete darauf: "Ein aristokratischer Beamtenstaat in Reinkultur war das Kaiserreich nicht mehr [...]. Ich kann mir nicht denken, daß die preußischen Landräte auf Dienstreisen die erste Eisenbahnklasse benutzen durften. Das hätte der Finanzminister, unter dessen Sparsamkeit selbst Bismarck zu leiden hatte, nicht zugelassen [...]. Meine Eltern benutzten mit uns Kindern sehr häufig, auch in der Monarchie, die vierte Klasse [...]. Ein großer Teil der Studenten, wenn nicht sogar der größte Teil, fuhr in der vierten Klasse. Oft habe ich auf der Fahrt von Stuttgart nach Tübingen zahlreiche Professoren in der vierten Klasse getroffen" (FAZ, 9.4.1977).

Über Gustav Freytag: J.v.Eckardt, Lebenserinnerungen, 1.Bd.,1910, S.234. - W.Lübke, Lebenserinnerungen, 1893, S.148f.

S. 123ff.

Militarismus im Deutschen Kaiserreich: Jakob Vogel, Nationen im Gleichschritt. Der Kult der 'Nation in Waffen' in Deutschland und Frankreich, 1871-1914 (Kritische Studien zur Geschichtswissenschaft 118), 1997. - G.Müller, Friedrich von Bodelschwingh und das Sedanfest, in: Gesch.in Wiss.u.Unterr.14, 1963, S.77-90, H.Lehmann, Friedrich von Bodelschwingh und das Sedanfest, in: Hist.Zs. 202, 1966, S.542-573, G.Birk, Der Tag von Sedan. Intentionen, Resonanz und Widerstand (1871-1895), in: Jahrb.für Volkskunde u.Kulturgesch. 25, 1982, S.95-110, Claudia Lepp, Protestanten feiern ihre Nation - Die kulturprotestantischen Ursprünge des Sedantages, in: Hist.Jahrb. 118, 1998, S.201-222. - Stig Förster, Militär und staatsbürgerliche Partizipation. Die allgemeine Wehrpflicht im Deutschen Kaiserreich 1871-1914, in: Die Wehrpflicht, hg.von R.G.Foerster (Beiträge zur Militärgeschichte 43), 1994, S.55-70, Ute Frevert, Das jakobinische Modell: Allgemeine Wehrpflicht und Nationsbildung in Preußen-Deutschland, in: Militär und Gesellschaft im 19. und 20.Jahrhundert, 1996, S.17-47, Ute Frevert, Das Militär als "Schule der Männlichkeit". Erwartungen, Angebote, Erfahrungen im 19.Jahrhundert, ebd.S.145-173. - Hartmut John, Das Reserveoffizierkorps im Deutschen Kaiserreich 1890-1914 (Campus-Forschung 224), 1981, Th.Rohkrämer, Der Militarismus der "kleinen Leute". Die Kriegervereine im Deutschen Kaiserreich 1871-1914, 1990, Th.Rohkrämer, Das Militär als Männerbund? Kult der soldatischen Männlichkeit im Deutschen Kaiserreich, in: Westfälische Forschungen 45, 1995, S.169-187. Unergiebig im vorliegenden Zusammenhang G.R.Kaiser,

Zur Feier der Grundsteinlegung
zum National-Denkmal auf dem Niederwald.

Der Sommer hat mobil gemacht
In Flur und Garten seine Truppen,
Auf Wiesen und in Waldesnacht,
In Thälern und auf Bergeskuppen.
Als Fußvolk Astern Reih' an Reih'
Seh'n rings im Beet wir aufmarschiren;
Auch Georginen steh'n dabei,
Ein Zug von Gardegrenadieren.

Als Reiterei in bunter Pracht
Die Falter in der Luft sich tummeln;
Die Feldmusik die Grille macht
Und Bienen helfen mit und Hummeln.
Die Rebe zeigt in Blau und Gold,
Daß wohl verseh'n sie mit Patronen;
Als Bombe auf die Pfade rollt
Der Apfel aus des Baumes Kronen.

So hält der Sommer Heeresschau —
Und Heerschau hält in diesen Tagen
Ein Kaiser auch im deutschen Gau,
Dem glühend alle Herzen schlagen.
Wie heiß, wie treu, das sagt sich nicht!
Wie wir den alten Helden lieben,
Das steht in jedem Angesicht,
In jedem Herzen steht's geschrieben!

Bei Rüdesheim, da ist der Fleck!
Umrauscht von Rebenlaub und Zweigen,
Soll hier ein Riesenbildniß keck
Die deutsche Kaiserkrone zeigen.
Dort blinkt der Strom, gar oft begehrt
Vom Nachbarvolk in tollem Treiben,
Doch Antwort gab das deutsche Schwert:
Der Rhein soll ewig deutsch verbleiben!

Es war einst ein Septembertag;
Es war ein Tag vor sieben Jahren,
Da ist wie jäher Wetterschlag
Das Schwert in Welschlands Macht gefahren.
Sedan, mit hellem Jubel nennt
Dich Alt und Jung! Mit macht'gem Streiche
Ward dort gelegt das Fundament
Zum neuen, deutschen Kaiserreiche.

Der Held, der dort den Degen schwang,
Den altbewährten Zollerndegen,
Heut' schwingt er an dem Rebenhang
Den Hammer bei dem Grundsteinlegen.
Er, der erbaut der Einheit Dom,
Er weiht den Stein mit Hammerstreichen
Zum Monument am deutschen Strom,
Zu Deutschlands stolzem Ehrenzeichen!

Und wie der Kriegsherr nach dem Sieg
Vor Gott in Demuth hingetreten,
Nun auch in dieser Stunde stieg'
Zum Himmel auf ein innig Beten:
Bleib' Du, o Herr, uns allzeit nah'!
Laß' Deinen Segen niederthauen!
Die eherne Germania
Mög' rings beglückte Völker schauen!

Laß' uns noch lang den edlen Greis
Im Schmuck der Kaiserwürde sehen!
Laß' über seinem Haupte leis'
Des Friedens fromme Palmen wehen!
Ein jeder Tag ihm Palmen streu'! —
Und wir am grünen Rebenstrande,
Wir schwören's: Bis zum Tod getreu
Dem Kaiser und dem Vaterlande!

Emil Rittershaus.

Fest-Beilage zum Rheingauer Anzeiger vom 16. September 1877 anläßlich der Feier der Grundsteinlegung des Niederwalddenkmals, ein Beispiel für den naiv-folkloristischen "Militarismus" der Kaiserzeit, der selbst die Blütenpracht der Natur in militärischen Formationen aufmarschieren läßt.

Der Bildungsbürger und die normative Kraft des Faktischen. 1870/71 im Urteil der deutschen Intelligenz, in: Feindbild und Faszination. Vermittlerfiguren und Wahrnehmungsprozesse in den deutsch-französischen Kulturbeziehungen (1789-1983), hg.von H.-J.Lüsebrink / J.Riesz, 1984, S.55-74. - "Volksfest": zit.nach J.Vogel S.266. - Oldenburg-Januschau: RT. Stenograph.Ber., Bd.259, S.881f. - Hofrang-Liste: J.C.G.Röhl, Kaiser, Hof und Staat. Wilhelm II. und die deutsche Politik, 1987, S.95ff., J.Vogel S.289. - Wehrpflicht: J.Friedländer S.243, Th.Mommsen S.26. Dazu Du Bois Reymond, Über den Deutschen Krieg. Rede am 3.August 1870 in der Aula der [...] Universität zu Berlin, 1870, S.9, über das französische Stellvertretungssystem: "Hätten die Franzosen ein Volksheer wie wir, sie würden vielleicht den Krieg aus einem anderen Gesichtspunkte betrachten. Das ist freilich eine bequeme Kriegslust, bei welcher der wohlhabende Bürgerssohn Eis schlürfend im Caffee sitzt [...], während ein erkaufter Taugenichts für ihn in's Feld zieht." - Reserveoffiziere: Karl Hillebrand, Zeiten, Völker, Menschen, 6.Bd.,1879, S.72. Vgl.auch Karl Reinhardt, Vermächtnis der Antike, 1960, S. 386, über seine Erlebnisse im Lehrerkollegium des Gymnasiums in Groß-Lichterfelde. - M.Kähler 1872, vgl.dazu auch Fritz Fischer in Hist.Zs.171, 1951, S.497. - H.v.Stein, Idee und Welt, hg.von G.Ralfs, 1940, S.315f. - U.v.Wilamowitz-Moellendorff in: Deutsche Akademiereden, hg.von Fritz Strich, 1924, S. 349f.

S. 130

J.K.Bluntschli, Die Bürgerweihe als Volksfest und politisches Bildungsmittel, in: Die Gegenwart 6, 1874, S.66-67, 83-85, Zitat S.66. - G.Rümelin, 'Ueber den Begriff des Volkes', in: G.R.,Reden und Aufsätze, 1875, S.88-116, Zitate S.99f.,106,108. - Kriegervereine gegen Frauenemanzipation: Zitat nach Th.Rohkrämer 1995, S.185.

S. 132f.

Anfänge der "faustischen Ideologie": Georg Simmel, Deutschlands innere Wandlung. Rede gehalten [...] zu Straßburg am 7.11.1914, 1914, S.10. Simmel sieht die "Ideen von 1914" als Vollendung der "Ideen von 1870/71": "Von neuem gilt es, das Reich zu gewinnen, nur wie auf einer höheren Stufe [...]" (S.9). - Zur "faustischen Ideologie" speziell H.Schwerte, Faust und das Faustische. Ein Kapitel deutscher Ideologie, 1962, S.174f., und K.von See, Barbar-Germane-Arier, 1994, passim (s.Register S.412).

Zeittypisch für die 1870er Jahre ist Herman Grimms Vorstellung von der geschichtlichen Rolle großer schöpferischer Individuen, - eine Vorstellung, die Grimm allerdings nicht - wie Treitschke - aus der Politik begründet, sondern aus der bildungsbürgerlichen Tradition der Weimarer Klassik. "Gänzlich fremd ist ihm der Gedanke an ein dichtendes Volksbewußtsein", (René Strasser, H.G. Zum Problem des Klasssizismus [Zürcher Beitr.zur dt.Literatur- u.Geistesgesch.40], 1972, S.63). In den homerischen Epen sieht Grimm - anders als Gustav Freytag - nicht das Produkt des schöpferischen Volksgeistes, sondern das einer großen Künstlerpersönlichkeit: Homer stellt Grimm neben David, Dante, Raphael, Shakespeare und Goethe.

S. 133ff.
Elsässer, Dänen und Polen: L.Bamberger, Erinnerungen, 1899, S.415. Ders.,Die Französelei am Rhein [1861], in: L.B.,Gesammelte Schriften, Bd.1, 1898, S.126-191, hier 181. H.Delbrück in: Preuß.Jbb.76, 1894, S.179. K.Hillebrand, ... Th.Mommsen, Reden und Aufsätze, 1905, S.18. Zu der Behauptung, die elsässischen Bauern seien eher deutsch gesinnt als die elsässischen Honoratioren, vgl. den Passus in einem Brief Siegfried A.Kaehlers an Friedrich Meinecke vom 19.2. 1919: "Ende September hörte ein badischer Offizier in Ehrenstetten am Kaiserstuhl ein Gespräch zwischen zwei Bauern folgenden Inhalts: Ja, wären die Franzosen anno 1866 nur nicht zu Hause geblieben, sondern 'uns' zu Hilfe gekommen, dann wären die Preußen nicht ins Land gekommen, wir hätten 'das Reich' nicht gehabt und jetzt den schönsten Frieden" (S.A.K.,Briefe 1900-1963, hg.von W.Bußmann und G.Grünthal, 1993, S.156). - Gerd Krumeich, Jeanne d'Arc in der Geschichte, 1989, S. 154ff. - Fontane über Elsaß-Lothringen: Münchener Fontane-Ausgabe Bd. 22/1, S.240f. Zu Fontanes Verzicht auf die Formel "deutsche Treue - welsche Tücke" vgl. K.von See, Barbar-Germane-Arier, 1994, passim (s.Register).
S. 135ff.
Über Nordschleswig und Polen vorzüglich informierend: O. Hauser, Polen und Dänen im Deutschen Reich, in: Reichsgründung 1870/71. Tatsachen-Kontroversen-Interpretationen, hg. von Th.Schieder und E.Deuerlin, 1970, S. 291-318, und ders.,Obrigkeitsstaat und demokratisches Prinzip im Nationalitätenkampf. Preußen in Nordschleswig, in: Hist.Zs. 192, 1961, S. 318-361. - Hans Delbrück über die Ausweisungen der "Köllerzeit": Preuß.Jahrbücher 94, 1898, S.574. Annelise Thimme, Hans Delbrück als Kritiker der Wilhelminischen Epoche, 1955, bes. S.77ff. H.Rothfels, Bismarck, der Osten und das Reich, 1960, S.68ff. - U.v.Wilamowitz-Moellendorff, Erinnerungen [1928], S.14, 23-41, Zitate 24, 28, 30, 33. E.v.Oldenburg-Januschau, Erinnerungen, 1936, S.90ff.- Über Athanasius Raczyński einige informierende Aufsätze in: Sammlung Graf Raczyński, hg. von K.Kalinowski und Chr.Heilmann, 1992. - Salomon Neumann, Die Fabel von der jüdischen Masseneinwanderung, 1880, 3.Aufl.1881. [Anonym] Die jüdische Einwanderung in Deutschland, in: Die Grenzboten 43, 1884, S.278-286. - Theodor Mommsen in: Der Berliner Antisemitismusstreit, hg.von W. Boehlich, 1965, S. 210ff. - Helmut Neubach, Die Ausweisungen von Polen und Juden aus Preußen 1885/86. Ein Beitrag zu Bismarcks Polenpolitik und zur Geschichte des deutsch-polnischen Verhältnisses (Marburger Ostforschungen Bd.27), 1967, S.4ff.,39, 221ff. Brigitte Balzer, Die preußische Polenpolitik 1894-1908 und die Haltung der deutschen konservativen und liberalen Parteien (unter besonderer Berücksichtigung der Provinz Posen), 1990.
Nordschleswig (Sønderjylland) als einziges nationales Problem der Dänen: Noch in den 1950er Jahren wurde man in Kopenhagener Antiquariaten, wenn man sich nach "historischen Büchern" erkundigte, mit der Frage konfrontiert: "Sønderjylland eller almindelige historie?" ("Nordschleswig oder Weltgeschichte?"), - das waren die beiden offenbar gleichgroßen Abteilungen.

S. 145

Richard Wagner: Thomas Mann, R. W. und der 'Ring des Nibelungen', in: Th. M., Adel des Geistes, 1959, S. 408-433, Zitat S. 416, ferner Hans Mayer, Anmerkungen zu R.W. (edition suhrkamp 189), 1966. - Übrigens haben die Romantiker, allen voran Friedrich von der Hagen, Wagner selbst auf den Weg gewiesen, die Nibelungensage im sozialphilosophischen Sinne zu interpretieren, indem sie diese Sage als eine Art "Urmythos" deuteten, als eine Erzählung vom Sündenfall der ersten Menschen ähnlich der der Genesis; dazu Hermann Schneider, R. W. und das germanische Altertum, in: H. S., Kleine Schriften, 1962, S. 107-124. - Das Fontane-Zitat stammt aus "Effi Briest"' 13. Kapitel. - Alfred Rosenberg: "Die nordisch-germanischen Mythen stellten die Göttin Freya als Hüterin der ewigen Jugend und Schönheit hin. Raubte man sie den Göttern, so würden diese altern und dahinsinken. In die heutige Sprache übertragen, heißt das: in der Hand der Frau liegt die Erhaltung unserer Rasse" (A. R., Blut und Ehre, 25.Aufl. 1942, S. 221). In Wahrheit ist im altnordischen Mythos die Göttin Idunn die Hüterin der jugendspendenden Apfel; Wagner läßt ihre Rolle in derjenigen Freias aufgehen.

S. 146ff.

Felix Dahn: J. Weißer, Studien zu den germanischen Romanen F. D's, Kölner Diss., 1922. Unergiebig ist L. Wilser, F. D. und das germanische Altertum, in: Politisch-Anthropologische Revue 5, 1906/07, S. 239-244, der gegen D's Annahme, die Indogermanen seien asiatischer Herkunft, und gegen den "schwarzen Teja" vom rassekundlichen Standpunkt aus polemisiert. Vorwiegend biographisch orientiert und interessant allenfalls in der Verherrlichung typischer Lebenswerte des neuen Deutschen Reiches ist Herbert Meyer, F. D., 1913. - In die Auseinandersetzung mit dem Ultramontanismus greift D. schon durch seine erste wissenschaftliche Publikation aktiv ein: "Verteidigung der Prantl'schen Philosophie gegen einen ultramontanen anonymen Angriff", abgedr.in: F. D.,Bausteine, 2. Bd., 1880. - Leonidas-Teja bei Weißer, S. 101, Anm. 1. - Zitate aus D's Werken: Julian der Abtrünnige, S. 454 (staatsfeindlich), Ein Kampf um Rom I, S.273f. ("Menschheit"), I, S. 17 ("Mein Volk"), Attila, S. 317 ("Ackerbauern"), Julian der Abtrünnige, S. 326 (Fruchtbarkeit), Ein Kampf um Rom I, S. 183 (Rauthgundis), Gedichte, 5. Samml.,S. 594 ("Der Schulverein"). - Über das Verhältnis der Gemeinfreien zu den Edelingen: Weißer, S.123ff.

S. 148ff.

Otto von Gierke: G. greift mit seiner 592 Seiten langen Streitschrift "Der Entwurf eines bürgerlichen Gesetzbuches und das deutsche Recht", 1889, in die Auseinandersetzung um die Vorarbeiten zum BGB ein. Es heißt darin S. 14: "Ein nationaler Aufschwung ohnegleichen hat sich vollzogen. In Macht und Herrlichkeit waltet das Deutsche Reich. Stolz pflegen wir deutsche Sprache und deutsche Sitte. Wir erfreuen uns an deutscher Kunst und erfüllen die Wissenschaft mit deutschem Geist. Selbst in der Wirtschaft haben wir uns dem blassen Weltbürgertum abgekehrt und bekennen wieder deutsche Farbe. Ein günstiges Geschick fügt es, daß in diese große Zeit auch die Herstellung der deutschen Rechtseinheit durch ein

bürgerliches Gesetzbuch fällt. Was für ein Recht werden wir erhalten? Sicherlich ein durch und durch deutsches Recht? [...] Weit gefehlt! Man sinnt uns ein Gesetzbuch an, mehr römisch als deutsch, dem eigenen Volk ein mit sieben Siegeln verschlossenes Buch [...]." Vgl.auch O. Gierke, Die sociale Aufgabe des Privatrechts, 1889. In seiner Kritik an der "individualistischen, kapitalistischen, gemeinschaftswidrigen Grundanschauung" des Entwurfs (Der Entwurf [...], S. 23) trifft sich G. mit der sozialistischen Kritik Anton Mengers, Das bürgerliche Recht und die besitzlosen Volksklassen, in: Archiv für sociale Gesetzgebung und Statistik 2, 1889, S. 1ff. - Den "germanischen Begriff der sittlich und sozial gebundenen Freiheit" entwickelt G. in: Der germanische Staatsgedanke (Staat, Recht und Volk, 5. Heft), 1919, bes. S.18, die "organische Theorie" in: Das Wesen der menschlichen Verbände (Rektoratsrede Berlin 1902), 1954, hier die Zitate S. 32 ("schöpferischer Gesamtakt"), 25f. ("geweihte Stunde"). - Über Georg von Below als Gegner der Gierkeschen Genossenschaftstheorie H.Cymorek, Georg von Below und die deutsche Geschichtswissenschaft um 1900, 1998, bes.S.118ff.
Die ambivalente Gierke-Rezeption behandelt G.Dilcher, Genossenschaftstheorie und Sozialrecht: Ein 'Juristensozialismus' Otto v.Gierkes?, in: Quaderni Fiorentini 3-4, 1974-75, S.319-365, der "eine einfache Einordnung zu einer junkerlich-reaktionären Opposition" ebenso zurückweist wie "eine Vorläuferschaft zum Nationalsozialismus" (S.349). - O.G.Oexle, O.v.G's 'Rechtsgeschichte der deutschen Genossenschaft', in: Dt.Geschichtswissenschaft um 1900, hg.von N.Hammerstein, 1988, S.193-217, verteidigt Gierke sowohl gegen E.-W.Böckenförde als auch gegen H.Hattenhauer, indem er festhält, daß Gierke mit seinem Werk von 1868 als "erster und einziger Jurist ein tiefen Einblick in die ökonomische Gesetzmäßigkeit des Kapitalismus gewonnen" habe (S.198).
Übrigens entstammt Otto (von) Gierkes Ehefrau, Lili Loening, einer assimilierten jüdischen Familie. Beider Sohn, der Handelsrechtler Julius von Gierke, wurde 1938 als "Mischling erster Klasse" aus seiner Professur entfernt, "obwohl er," wie M.Stolleis schreibt, "an seiner nationalen Gesinnung und befremdlicherweise sogar an seinem Antisemitismus keinen Zweifel lassen wollte" (SB.der Wiss.Ges.Frankfurt, Bd.XXXII, Nr.3, 1994, S.57).

S. 153ff.

Die Idealisierung des Bauerntums und die Heimat- und Stammesdichtung im Zweiten Reich: Zur agrarwirtschaftlichen Krise seit 1875 und zur "Zollallianz zwischen 'Roggen und Eisen'" H. Rosenberg, Zur sozialen Funktion der Agrarpolitik im Zweiten Reich, in: H. R., Probleme der dt. Sozialgeschichte (edition suhrkamp 340), 1969, S. 51-80, bes.S. 57ff.,65ff., teilweise modifizierend K. Hardach, Die Bedeutung wirtschaftlicher Faktoren bei der Wiedereinführung der Eisen- und Getreidezölle in Deutschland 1879, 1967, allgemein auch K. E. Born, Der wirtschaftliche und soziale Strukturwandel in Deutschland am Ende des 19. Jhs.,in: Moderne dt. Verfassungsgesch., hg.von E.-W. Böckenförde (Neue Wiss. Bibl. 51), 1972, S. 451-469. - Zum "Bund der Landwirte" A. Vagts, Diederich Hahn - ein Politikerleben, in: Jb.der Männer vom Morgenstern 46, 1965, S. 155-

192. - Zur Heimat- und Stammesdichtung: Kurt May, Das Wiederaufleben der Saga in der jüngsten deutschen Prosa, in: Von deutscher Art in Sprache und Dichtung, 4. Bd., 1941, S. 415-435, St.Radcliffe, Hermann Löns - Heimatkünstler and Social Critic, in: German Life and Letters 13, 1959-60, S. 27-37, D. Lattmann, Raum als Traum: Hans Grimm und seine Saga von der Volkheit, in: Propheten des Nationalismus, hg.von K. Schwedhelm, 1969, S. 243-263, E.Blunden, The Klosterhaus Readings 1937, in: German Life and Letters 2, 1937-38, S. 33-38, ferner die in meiner Deutschen Germanen-Ideologie, S. 67, zitierte Literatur. - Das Zitat aus "Volk ohne Raum" in der einbändigen Ausgabe S. 29. - Zur stammeskundlich orientierten Literaturgeschichtsschreibung A. Bartels, Die dt.Dichtung der Gegenwart, 1898, 4.Aufl.1904, S. 132 (Dekadenz), A. Sauer in: Euphorion 1904, S. 192-195 (Rezension), A. Bartels, Heine-Genossen, 1908, S. 132 (Sauer als Jude). Vgl. dazu G. Hartung in: Weimarer Beiträge 14, 1968, S. 498ff., Fr. Koch, Stammeskundliche Literaturgeschichte, in: Dt. Vierteljahrsschrift 8, 1930, S.144, G. Fittbogen, August Sauer und Adolf Bartels. Gegensatz und Verwandtschaft, in: Dichtung und Volkstum 41, 1941, S. 237-253 , W. Muschg, Josef Nadlers Literaturgeschichte, in: W. M., Die Zerstörung der dt. Literatur, 1956, S. 133-152, Zitate S. 138, 140.

S. 157ff.

Der Streit um das deutsche Gymnasium: Fr. Greß, Germanistik und Politik. Kritische Beiträge zur Geschichte einer nationalen Wissenschaft, 1971. - W. Scherer, Kleine Schriften, hg. von K. Burdach und E. Schmidt, 1.Bd.,1893, S. 673, Wilhelm II. in: Verhandlungen über Fragen des höheren Unterrichts. Berlin, 4.-17.12.1890, 1891, S. 71ff und 74, zit. bei Greß, S. 35, 81. - Die Einleitungen zur Neuherausgabe der Preuß.Schulkonferenzen 1890/1900 von H.J.Heydorn und G.Koneffke u.d.T. "Zur Bildungsgeschichte des deutschen Imperialismus", 1973, sind ein Produkt aus dem Umkreis der sog. 'Frankfurter Schule'. Die Schulkonferenzen werden hier interpretiert als Ausdruck der Klassenherrschaft und des Präfaschismus: "Hier behandelt die herrschende Klasse ihre eigenen Angelegenheiten [...]. Man ist obödient, aber man gehört dazu" (S. 5). Chr.Führ in: Zs.f.Pädagogik 20, 1974, S.957f., und in: P.Baumgart (Hg.), Bildungspolitik in Preußen zur Zeit des Kaiserreichs, 1980, S.189-223, weist detailliert nach, daß Heydorns Einleitung "weithin frei von schulhistorischen Grundkenntnissen" ist und daß die ideologische Verbohrtheit zu den krassesten Fehldeutungen der Quellentexte führt. Der Kaiser stellte bei seiner Eröffnungs- und Schlußrede 1890 die Bekämpfung der Sozialdemokratie besonders heraus, betonte allerdings zugleich: "Daran kann doch im Ernst niemand denken, daß die Lehren der Sozialdemokratie in der Schule im einzelnen erörtert und etwa durch autoritäre Äußerungen oder in freier Diskussion widerlegt werden sollen" (Schulkonferenzen Bd.1, S.771). Führ zeigt, daß die kaiserlichen Äußerungen von den Konferenzteilnehmern so gut wie nicht beachtet wurden und daß sie in der zeitgenössischen Literatur gar nicht erwähnt werden (S.216f.). - R. Hildebrand, Gedanken über Gott, die Welt und das Ich, hg. von G. Berlit, 1910, S. 245, Anm. 393, 397, zit. bei Greß S. 108, Anm. 44, und 110f., vgl. auch S. 98, 100. - Zur Gründung des Deutschen Germanisten-Verbandes K. Bojunga in Zs.f.d.dt.Unterricht 27, 1913, S. 525. - Die "Humanismus"-Debatte, die mit der Rede Wilhelms II. auf der Schulkonferenz von 1890 eröffnet wurde, erreichte ihren Höhepunkt 1916, stand zu dieser Zeit also schon unter dem Eindruck des Krieges: E. Spranger, Das humanistische und das politische Bildungsideal im heutigen Deutschland (1916), in: E. Sp., Volk-Staat-Erziehung, 1932, S. 1-33, sieht im humanistisch-individualistischeu Bildungsideal "nichts anderes als die Parallelerscheinung zu der liberalen Staatsauffassung" (S. 9), erkennt zwar seine historische Bedeutung für die Ausbildung eines "selbstbewußten Volkstums" an (S.11) und zitiert auch zustimmend G. Roethes Äußerung, "vor der sozialistischen und materialistischen Barbarei" werde das Gymnasium schützen (S. 8); für die Gegenwart aber fordert er die "politische" Bildung, die das Individuum zur Eingliederung in den Gesamtorganismus des Staates erzieht und die "ihren Kern im Deutschen" hat (vgl. S. 24). Weniger einseitig urteilen Konrad Burdach, Deutsche Renaissance. Betrachtungen über unsere zukünftige Bildung, 1916, und Ernst Troeltsch, Humanismus und Nationalismus in unserem Bildungswesen (1916), in: E. T., Deutscher Geist und Westeuropa, 1925, S. 211-243. K. Burdach hatte allerdings schon 1886 erklärt: "Jetzt, da wir aus einem literarisch-ästhetischen ein handelndes, aus einem rückwärts gewandten ein vorwärts schreitendes Volk, da wir eine Nation geworden sind, muß das Ziel sein: das nationale Gymnasium" (Über deutsche Erziehung, Anz.f.dt.Altertum 12, 1886, S. 156-163, abgedr. in: Materialien zur Ideologiegeschichte d.dt.Literaturwiss., hg. von G. Reiß, Bd.1, 1973, S. 8).

S. 159

Gustaf Kossinna: Der zitierte Spruch geht letztlich zurück auf Cicero, der von Varro gesagt haben soll: Uns, die wir in unserem Vaterland fremd waren und - Gästen gleich, nicht Einheimischen - umherirrten, habe er [Varro] gleichsam in das eigene Haus eingeführt. Die Vossische Zeitung vom 21.7.1852 münzte dieses Wort dann auf die Brüder Grimm um (A.Kirkness, Die Geschichte des Deutschen Wörterbuchs, 1980, S. 175). - Zu Kossinna vgl. G. Smolla, Gustaf Kossinna nach 50 Jahren. Kein Nachruf, in: Acta Praehistorica et Archaeologica 16/17, 1984/85, S. 9-14 (ferner G. Smolla in: Germania 64, 1986, 682-686), und K.von See, Barbar-Germane-Arier, 1994, S. 273

S. 160ff.

Alfred Lichtwark: A. L., Eine Auswahl seiner Schriften, besorgt von W. Mannhardt, 2 Bde, 1917. - Unter den nicht wenigen Sammlungen von Lichtwark-Briefen ist hervorzuheben A. L.,Briefe an die Kommission für die Verwaltung der Kunsthalle (Einbandtitel: Reisebriefe), hg. von Gustav Pauli, 2 Bde, 1924. - Über A.L.: E. Marcks, A.L. und sein Lebenswerk, 1914, E. Marcks, A.L., in: E. M., Männer und Zeiten, 2. Bd.,1922, S. 75-90, A.v.Zeromski, A.L., ein Führer zur deutschen Zukunft, 1924, J. Gebhard, A.L. und die Kunsterziehungsbewegung in Hamburg, 1947, dazu die Einleitungen von K. Scheffler zur "Auswahl", Bd.1, S. VII—XXVIII, und von G. Pauli zu den "Reisebriefen", Bd.1, S. 5-70. - "Er war nicht in Italien gewesen": Erinnerung Richard Muthers, mitgeteilt von E. Marcks, A.L., 1914, S.16. - "Germanische Kunst": Reisebriefe Bd.1, S.237. "Schleswig-Holstein": A.L.,Briefe an Gustav Pauli, hg. von C. Schellenberg, 1946, S. 23. - Farbige Krawatte: ebdt., S. 27. - "Der Deutsche der Zukunft" in A.L., Auswahl, Bd. 1, S. 3-18, Zitate S. 6 ("Wir sind mit gutem Rechte stolz"), 4 ("Streben nach neuer Bildung"), 7 ("Das gesellige Leben"), 11 ("ästhetische Ansprüche"), 12 ("Turnen"), 8 (Lawn-Tennis), 6 (Gentleman), 5 (Offizier, Professor, Lehrer), 7 ("Auch der Reichtum"). - Gegen "Volkskunst": Auswahl, Bd. 1, S.148. - Das Scheffler-Zitat in der Einleitung zur "Auswahl", S. XI. - Es verdient übrigens erwähnt zu werden, daß L. mit der offiziellen Kunstpolitik Wilhelms II. nicht übereinstimmt: Er setzt sich für Hugo v. Tschudi ein, den Direktor der Berliner Nationalgalerie, der sich beim Kaiser mißliebig macht, weil er der modernen ausländischen Kunst Eingang in seine Galerie verschafft, und er hält mit Max Liebermann, der beim Kaiser in Ungnade ist, eine lebenslange Freundschaft, vgl. dazu A. L., Briefe an Max Liebermann, hg. von C. Schellenberg, 1947, hier auch über Tschudi S.189ff.

S. 166f.

Jahrhundertfeiern 1913: E. Marcks, 1813. Ideen und Kräfte der deutschen Erhebung, in: E. M., Männer und Zeiten, 1.Bd.,6.Aufl.1922, S.259-278, O. Hintze, Der Geist der Erhebung von 1813, in: Neue Jahrbücher f.d.klass.Altertum 32, 1913, S. 229ff., dazu O. Hintze, Festrede zur Feier des 25jährigen Regierungsjubiläums des Kaisers Wilhelm II., in: Hohenzollern-Jahrb. 17, 1913, S. 78ff., Zitat S. 92. - G. Roethe, Dt. Dichter des 18. und 19. Jhs. und ihre Politik. Ein vaterländischer Vortrag, 1919, S.5, wiederabgedr.in: G.R.,Deutsche Reden, o. J., S. 276. - M. Lenz, Luthers Lehre von der Obrigkeit, in: M.L., Kleine historische Schriften, 1910, S. 132-149, ferner M. Lenz, Der Bauernkrieg (1904), ebdt. S. 150-160. Vom "Geist der Disziplin" spricht E. Marcks in seinem Vortrag: Wo stehen wir? Die politischen, sittlichen und kulturellen Zusammenhänge unseres Krieges, in: E.M., Männer und Zeiten, 2.Bd.,1922, S. 311-337. - Vgl. dazu E. Köhler, Bildungsbürgertum und nationale Politik. Eine Studie zum politischen Denken Otto Hintzes, 1970, D. Gerhard, Otto Hintze: His Work and His Significance in Historiography, in: Central European History 3, 1970, S. 17-48, bes. S. 25-28, H.-H. Krill, Die Rankerenaissance. Max Lenz und Erich Marcks. Ein Beitrag zum historisch-politischen Denken in Deutschland 1880-1935 (Veröff.der Berliner Hist.Komm.beim Friedrich-Meinecke-Institut der FU Berlin, Bd. 3), 1962, E. Keller, Nationalismus und Literatur. Langemarck-Weimar-Stalingrad, 1970. Über das 1913 eingeweihte Leipziger Völkerschlachtdenkmal Th. Nipperdey in: Hist.Zs. 206, 1968, S.573ff.

S. 168ff.

Der Kriegsausbruch und die "Ideen von 1914": E. Marcks in: Männer und Zeiten, 2.Bd.,1922, S. 331, O. Hintze, Ursprung und Bedeutung des gegenwärtigen Krieges, in: Hohenzollern-Jahrb. 18, 1914, S. Iff.,Zitat S. XVII, E. Troeltsch, Die Ideen von 1914 (Rede gehalten in der "Deutschen Gesellschaft 1914", 1916), in: E.T.,Deutscher Geist und Westeuropa, hg.von H.Baron, 1925, S. 31-58, R. Kjellén, Die Ideen von 1914. Eine weltgeschichtliche Perspektive, 1915, Zitate S. 5f., 34, 39, das Wilamowitz-Zitat ebdt. S. 41. - J. Plenge, Der Krieg und die Volkswirtschaft, 1915; ders., 1789 und 1914. Die symbolischen Jahre in der Geschichte des politischen Geistes, 1916. Über Plenge vgl. H.Linhardt, J.Plenges Organisations- und Propagandalehre, 1965, und K. Töpner, Gelehrte Politiker und politisierende Gelehrte. Die Revolution von 1918 im Urteil deutscher Hochschullehrer, 1970, S. 82ff. Allgemein über die Haltung deutscher Professoren beim Kriegsausbruch K. Schwabe, Wissenschaft und Kriegsmoral, 1969, über die "Ideen von 1914" speziell S. 21ff., über die Haltung zur Sozialdemokratie S. 41 (dort auch der Hinweis auf das von F. Thimme und C. Legien herausgegcbene Sammelwerk "Die Arbeiterschaft im neuen Deutschland", 1915, an dem u.a. H. Oncken, Fr. Meinecke und G. Anschütz mitarbeiteten). Über Troeltsch G. M. Schwarz, Deutschland und Westeuropa bei Ernst Troeltsch, in: Hist. Zs. 191, 1960, S. 510-547.

S. 171ff.

Fichte-Renaissance: Der Aufruf der Fichte-Gesellschaft wird zitiert nach der letzten Umschlagseite der Beitr.z.Philosophie des Dt.Idealismus, 1.Bd., 1.H., 1918. - "Fichte gegen Marx": K. Diehl, Deutschland als geschlossener Handelsstaat im Weltkriege. Rede zur Feier des Geburtstages S.M. des Kaisers am 27.1. 1916 in der Aula der Albert-Ludwigs-Univ. zu Freiburg i.Br., 1916, S. 37, Anm. 10, vgl. S. 22. - J.Plenge, Eine Kriegsvorlesung über die Volkswirtschaft, 1915, S. 25. - R. Kroner, Der soziale und nationale Gedanke bei Fichte, Vortrag gehalten in der Fichte-Hochschulgemeinde zu Freiburg i.B., 1920, S. 11. - N.Edmondson, The Fichte Society: A Chapter in Germany's Conservative Revolution, in: The Journal of Modern History 38, 1966, S.161-180.

Ähnliche Gedanken wie die oben S. 166f. zitierten Historiker äußert Kurt Riezler, der langjährige Vertraute des Reichskanzlers Bethmann Hollweg (K.R.,Tagebücher, Aufsätze, Dokumente. Eingel.u.hg.von K.D.Erdmann, 1972). In seiner Tagebucheintragung vom 4.12.1915 spricht Riezler von den "zwei verschiedenen Freiheitsbegriffen", dem westeuropäischen und dem deutschen, und besinnt sich angesichts der Schwierigkeit, der "Formel von 1789" eine eigene entgegenzusetzen, auf Fichte: "Nachdenken über die enormen ideellen Gegensätze zwischen uns und Westeuropa. Wir sind thatsächlich ein fremdes, der ganzen übrigen Welt entgegengesetztes, für sie unverständliches Princip. Man sieht ganz ehrlich in uns die Quelle der Unfreiheit. Wir mit ebensolcher Ehrlichkeit uns als den Hort der wahren Freiheit. Zwei verschiedene Freiheitsbegriffe: Der Westen, praktische Freiheit ohne Reglementierung, mit möglichst wenig faktischen Koncessionen des Individuums an den Staat, Freiheit des Individuums vom Staat, Freiheit durch Gleichheit, Formel der französischen Revolution. Unsere Freiheit etwas ganz anderes. Schwierigkeit, eine der Formel von 1789 entgegenzusetzende zu finden. Am besten die Fichtes: Verwirklichung der Freiheit durch den Staat [...]. Freiheit durch Ordnung. Staat als ein überindividuell organisches [...]." In Deutschland sieht Riezler "als Gegengewicht" einen "enormen Individualismus auf allen durch diese Organisationsnotwendigkeit nicht berührten Gebieten, besonders im geistigen [...]. In Frankreich und England Gegengewicht gegen die praktische Freiheit [,] die über einen Leisten gebügelten Gesinnungen, die enorme Macht der Konvention, die jeden zu denken zwingt, was alle denken" (S. 317f.).

S. 173f.

Die Zeit nach dem Ersten Weltkrieg: Vgl. Alfred Baeumler, Politik und Erziehung. Reden und Aufsätze, 1937, S. 45: "Was ist falsch an der Antithese Volk - Staat? Falsch ist, daß man das unpolitische 'Volk' dem politischen 'Staat' entgegensetzt [...]. In der Antithese Volk - Staat haben wir die letzte Position des konservativen Liberalismus vor uns. Der Staat ist hier geblieben, was er war, ein Apparat, und das Volk ist geblieben, was es war: ein Etwas, das geschehen läßt, und mit dem etwas geschieht." Auf S. 46 folgt dann der im Haupttext zitierte Satz.

PERSONEN- UND SACHREGISTER

Universitätsverlag
C. WINTER
Heidelberg

KLAUS VON SEE,
BEATRICE LA FARGE,
EVE PICARD, KATJA
SCHULZ

Kommentar zu den Liedern der Edda

Band 3: Götterlieder

(Vǫlundarkviða, Alvíssmál, Baldrs draumar, Rígsþula, Hyndolióð, Grottasǫngr)

2000. 964 Seiten. Leinen.
ISBN 3-8253-1136-8

Aus den Rezensionen des Bandes 2:

»This first of six projected volumes of what is likely to be standard eddic commentary for years to come.«

(R. Frank in: Notes and Queries 1999)

»In entsagungsvoller Arbeit entstandene großartige Leistung.«

(K. Düwel in: Germanistik 1998)

»La présentation est claire, la démarche convaincante, la documentation solide, les analyses soigneuses tant sur le plan linguistique que sur celui de son contenu mythologique. Le présent volume est assurément un ouvrage de référence à la fois utile et précieux.«

(I. Cavalié in: Etudes germaniques 52, 1999)

»Der Edda-Kommentar stellt einen der wesentlichen Beiträge, wenn nicht sogar: d e n wesentlichsten Beitrag zur 'Edda'-Forschung dar.«

(R. Simek in: Zeitschrift für deutsches Altertum 128, 1999)

»Jeder, der sich mit eddischer Dichtung beschäftigt, hat mit diesem imponierenden Werk ein Arbeitsinstrument in Händen, wie man es sich kaum besser wünschen kann. Der Beschäftigung mit der altnordischen Literatur dürfte dieser Kommentar erheblich Auftrieb verleihen. Es besteht auch berechtigte Hoffnung, dass die Publikation der weiteren Bände zügig vorankommt. Von ihrer hohen Qualität kann man schon jetzt überzeugt sein.«

(A. Wolf in Literaturwissenschaftliches Jahrbuch N.F. 40,1999)